בס"ד

La llave del jardín cerrado

Una novela sobre el misterio del Shabat
desde la perspectiva de la Kabalá

EDICIONES OBELISCO

Si este libro le ha interesado y desea que le mantengamos informado de nuestras publicaciones, escríbanos indicándonos qué temas son de su interés (Astrología, Autoayuda, Ciencias Ocultas, Artes Marciales, Naturismo, Espiritualidad, Tradición…) y gustosamente le complaceremos.

Puede consultar nuestro catálogo en www.edicionesobelisco.com

Colección Cábala y judaísmo
La llave del jardín cerrado
Simja H. Benyosef

1.ª edición: octubre de 2023

Maquetación: *Carol Briceño*
Corrección: *Sara Moreno*
Diseño de cubierta: *Enrique Iborra*

Edita: Ediciones Obelisco, S. L.
Collita, 23-25. Pol. Ind. Molí de la Bastida
08191 Rubí - Barcelona - España
Tel. 93 309 85 25
E-mail: info@edicionesobelisco.com

ISBN: 978-84-1172-056-4
DL B 13.836-2023

Impreso en España en los talleres gráficos de Romanyà/Valls S. A.
Verdaguer, 1 - 08786 Capellades - Barcelona

Printed in Spain

Por favor, proteged la santidad de este libro.
Este libro contiene los Nombres sagrados de Hashem.
Por favor, tratadlo con el debido respeto y no lo llevéis dentro de lugares que son impuros, como el baño.

לעלוי נשמת אחי
דוד בן יוסף ורחל
תהא נשמתו צרורה בצרור החיים

Introducción

Este libro está basado en las enseñanzas de Rab Moshé Luria zt"l (1931-2009). Rab Moshe Luria zt'l, el último maestro jasídico de nuestros tiempos, quien, con su trabajo, logró sublimar el servicio divino haciéndolo manifestar a un nivel experiencial. Comparte Rab Yoel Benharrouche, uno de sus *talmidim,* discípulos, que él vino al mundo a transmitir a través de sus escritos y enseñanzas la dimensión interior de la Torá que el Arí z"l no pudo completar debido a su muerte temprana, dos años antes del tiempo que le se le había otorgado en potencia.

El Arí z"l fue el santo rabino Itzjak Luria, zt'l, principal kabalista del siglo XVI, también conocido como el *Arí haKadosh.* Una de las grandes contribuciones del Arí z"l fue difundir la Luz del santo Zóhar. Aunque el Zóhar fue revelado a Rabí Shimon bar Yojai *(Rashbí)* después de la destrucción del Templo, aun así, en la forma de una preciosa vasija puesta en un lugar tan alto que nadie era capaz de alcanzarla, sus enseñanzas permanecieron fuera de alcance hasta que las revelase el Arí z"l.

Las explicaciones del mismo Rab Luria aclaran aún más estas complejas enseñanzas –las del santo Zóhar así como las del Arí z"l– añadiéndoles explicaciones alegóricas basadas en las relaciones humanas que nos permiten relacionarnos con estos conceptos tan elevados. Y si puedo añadir, mi propia intención ha sido la de ampliar aún más estas hermosas enseñanzas para hacerlas comprensibles a toda la Comunidad de Israel, no solamente para los Sabios de la Torá que tienen la preparación adecuada para comprender los escritos originales.

Las enseñanzas de Rab Luria explican el judaísmo como un intenso amor que solamente se realiza si los dos lados se concentran exclusivamente el uno en el otro. No hay palabras para expresar mi gratitud hacia nuestro ya fallecido maestro de Torá. Su Torá seguirá viviendo, una herencia eterna para las generaciones por venir.

Condensar las hermosas enseñanzas de Rab Luria ha sido un tremendo desafío. Así como *La luz de Efráim,* el libro me vino primero en forma de novela; mi idea era de presentar estas enseñanzas así como suceden en la vida. Esta presentación me permitió explicar conceptos complejos de forma más informal de lo pudiera haberlo hecho en un texto, y también de explicarlos para lectores con diferentes niveles de preparación.

La llave del jardín cerrado es la historia de nuestra llegada a este mundo como un alma llena de conciencia Divina pero que se encuentra en un estado de amnesia total. Nos olvidamos de quiénes somos, por qué estamos aquí y qué vinimos a hacer. Somos puestos en un mundo de una oscuridad de tal intensidad que ni siquiera podemos identificarla. Al comenzar a escribir el libro, mi intención era la de compartir con el lector que la oscuridad espiritual es una ilusión óptica y que lo único que hemos de hacer para disolverla es ponernos las gafas del Shabat. Cuando la Reina Shabat nos deja al final del Shabat, la mayoría de nosotros hemos de devolver las gafas del Shabat. Sin embargo, podemos conservar el magnetismo de la dimensión interior de la Torá –un imán suficientemente fuerte para atraer a nosotros la conciencia del Shabat y acelerar nuestra ansiada redención– para el individuo, así como para la nación entera. Ahora que he terminado el libro, mi esperanza y plegaria es que cada uno de nosotros quede con una relación de amor que reine en su conciencia cada hora del día:[1] *mientras estás sentado en tu casa, mientras vas por el camino, cuando te vas a dormir y cuando te levantas.*

Este libro no es una declaración política: está basado en una verdadera historia y excepto el malvado que tiene una enfermedad mental, todos los otros personajes son presentados con el calor y la hospitalidad con la que crecí en Marruecos. Gocé utilizando el hermoso paisaje y los colores vívidos de Marruecos como base de la historia.

1. Perífrasis del *Shemá,* nuestra declaración de fe: Deuteronomio 11, 19. Respecto a la Torá, se consideró la edición a cargo de Daniel ben Itzjak, Barcelona, Ediciones Martínez Roca (Grupo Planeta). Todas las citas son de esta edición.

La trama está basada en una historia verdadera, aunque me he tomado la licencia poética de cambiar muchos de los elementos para acomodar el mensaje que quería transmitir. Más aún, el drama original muestra una tal intervención Divina en los más pequeños aspectos de nuestra vida diaria que no pude poner todos los elementos en la práctica del principio: la ficción tiene que ser lo más similar posible a la realidad –tiene que ser creíble–. La vida real no.

La historia es como sigue. Una mujer judía de Marruecos a quien llamaremos Luna, que era mi empleada, siempre me hablaba con emoción de su hermana, a quien había raptado un árabe cuando era niña. Su madre había muerto, y los niños fueron recogidos por una tía que enviaba a la niñita –la hermana de una– al *shuk,* el mercado de víveres al aire libre, para que comprara panecillos frescos con la idea que su propia hija pudiera llevarse uno a la escuela. En una de esas mañanas la secuestró un árabe, y la mantuvo en un cuarto totalmente oscuro durante quince años. Finalmente pudo escapar gracias a una de las mujeres de su apresador, a quien ella misma había podido ayudar a curar una herida en su pie. Inicialmente fue a la policía y cuando contó su historia la llevaron al juez. El juez, que era un hombre mayor, le dijo que en su presente estatus, una mujer soltera y joven que no sabía quién era ni quiénes eran sus parientes, él no podía ayudarla. Ofreció casarse con ella sólo protocolariamente para poder adquirir los derechos para protegerla. La muchacha aceptó su oferta y vivió bajo su protección y cuidado durante unos años.

Mientras tanto, Luna escuchó de un viaje en el que los participantes viajarían a Marruecos a visitar la tumba del *tzadik* Rab Amram ben Diuán, zt'l, un gran sabio de la Torá que era un hacedor de milagros en el siglo pasado, y sintió el profundo deseo de unirse a los viajeros para poder rezar en la tumba del *tzadik* para encontrar a su hermana. Como mi familia proviene originalmente de Marruecos, el nombre de este *tzadik* forma parte de mi herencia. Recuerdo que mi madre me contaba cómo en la *hilulá-yortzeit* de Rebí Amram (*la fecha en que abandonó este mundo),* multitudes de gente van al cementerio donde está él enterrado en el pueblo de Uazán y en memoria del *tzadik* encendían velas y las lanzaban encendidas a un árbol con pesadas ramas de hojas verdes, que se encontraba cerca de la tumba. Mi madre me contó más de una vez cómo ella misma vio la llama de miles de velas ardiendo entre las hojas cuyo verdor permanecía intacto.

No obstante, desafortunadamente, Luna no podía costearse el viaje. Fue al banco y solicitó un préstamo; el empleado verificó su línea de crédito y volvió con una negativa rotunda a su petición. Luna se llevó la mano al corazón y dijo con tono dramático: «¡Acaba de apuñalarme en el corazón! ¿Sabe para qué necesito este dinero? Mi hermana fue secuestrada cuando éramos niñas y quiero viajar a Marruecos para rezar para que podamos recuperarla».

En breve, el empleado consultó de nuevo a sus superiores y le concedieron el préstamo –¡sólo en Israel!–.

En la tumba de Rebí Amram, Luna pidió con toda su alma, hasta el punto de que un hombre con barba que formaba parte del viaje se acercó a ella y le dijo: «Lo que sea que está usted pidiendo se le va a conceder en el lapso de un año». Antes de dejar Marruecos, Luna contrató una abogado que se especializaba en restitución de propiedad, y le solicitó que usara sus contactos para encontrar a su hermana. De hecho, no había transcurrido el año indicado cuando escuchó Luna las tan esperadas noticias: ¡habían localizado a su hermana, y ésta estaba lista para reunirse con ella! Luna y sus hermanos viajaron a Marruecos y se reencontraron con su hermana perdida. Luna fue después a visitar a la abogada para darle un regalo que le había comprado para expresar su gratitud. Unos minutos antes de la cita, llamó a la puerta en la casa del abogado. Abrió un sirviente, la dejó entrar y la llevó a la sala de espera, diciéndole que habría de esperar unos minutos. Luna miró en su derredor, y captó su atención un retrato en una mesa auxiliar. Se aproximó y miró la cara de la joven en el retrato por largo tiempo, hasta que se abrió una puerta detrás de ella y apareció su anfitriona.

La abogada aceptó el regalo, expresando lo contenta que estaba de haber podido ayudar. Luna le preguntó:

—Por favor, dígame: ¿quién es la joven en el retrato?

La abogada respondió con una mirada de tristeza:

—Oh, es una foto de mi hermanita, quien inmigró a Israel y perdimos contacto con ella.

—¡Pero si la conozco! –exclamó Luna–. La he reconocido: ¡fue maestra de mi nieta el año pasado!

La hermana de Luna se sintió obligada de permanecer en Marruecos en gratitud al hombre que la había salvado, y así como se lo había prometido, había respetado su privacidad. Él, sin embargo, no aceptó su sacrificio. «¡Regresa a tu país, con tu familia! –le dijo–. Yo quedaré bien; mis hijos cuidarán de mí. Tú podrás rehacer tu vida con los tuyos». Cuando Luna regresó a Israel con su familia, le dije a Luna que deseaba conocerla, y unos días después ellas vinieron juntas.

—¿Dónde está? –le pregunté a Luna.

—En la sala –dijo, y la llamó–: ¡Gueula!

—¡Qué buena idea! –le dije–, habéis añadido la palabra *gueula*-redención, a su nombre.

—¿Qué quieres decir? –preguntó Luna–. *Ése es el nombre que le puso mi madre cuando nació.*

La idea de encontrarse en la oscuridad toda la semana junto con la increíble *hashgajat peratit,* intervención Divina personal del modo en que fue restituida a su familia me inspiró a utilizar su historia como base para ilustrar el concepto del Shabat como día de luz.

La Gueula que es la heroína de este libro no tiene relación alguna con la verdadera Gueula, aunque no pude resistir darle a nuestra heroína este nombre. Nuestra Gueula representa cualquier hombre o mujer que tiene sed de crecer y ser capaz de relacionarse con el Creador con una conciencia más elevada. El uso de jóvenes que aprenden conceptos elevados que suelen quedar más allá del alcance de su grupo de edad es un intento para animar a los que anhelan emprender tal estudio. Escogí el diálogo como forma de transmisión para simular una clase en la que se anima a los participantes a hacer preguntas, porque me permitió más libertad para explicar los elevados conceptos de este estudio. He tratado de introducir los conceptos de forma gradual, incluyendo una lista de todos los conceptos presentados al final de cada capítulo, y escribí cada capítulo de acuerdo con los conceptos que se habían expuesto hasta ese momento.

Es importante comprender que el diálogo en este libro es un medio para transmitir las enseñanzas de la dimensión interior de la Torá en un formato accesible permitiendo la repetición de conceptos básicos y el repaso de la materia presentada, facilitando así su integración. Por lo tanto, quién de los personajes sea el que hable –sea Reubén, la Voz o las jóvenes– es irrelevante porque el uso de personajes es tan sólo una técnica literaria cuyo objetivo es presentar el cuerpo de enseñanzas muy complejas en una manera asequible.

No puedo subrayar bastante que la Voz que habla con la heroína del libro es total y exclusivamente un elemento de ficción que introduje para facilitar la introducción de conceptos elevados dentro de la verosimilitud requerida por la trama. Aparte del *magid*-ser angélico que enseñó a Rabí Yosef Karo, el único ejemplo de comunicación espiritual que yo conozca es el que le vino al famoso Gaón de Vilna, quien se apresuró a rechazarlo temiendo la impureza que podría contener, y en su deseo que su adquisición de conocimientos de Torá fuese el fruto exclusivo de su propio estudio, en cumplimiento de la Voluntad Divina.

El pueblo de Israel está pasando tiempos difíciles. Hay muchos que tienen tragedias en sus vidas y… la vida continúa, pero la persona se queda anonadada. La única manera de abandonar el estado de «paralización espiritual» –y lo digo por experiencia personal– es elevándose, dejándola atrás. ¿Y cómo se logra eso? Comenzado a preparase para el Shabat de la manera que nos enseña la dimensión interior de la Torá, desde el principio de la semana, junto con las ocupaciones diarias de cada cual, y entonces se puede entrar en el «jardín» del Shabat, como queda explicado al final del epílogo.

Rabbi Moshe Schatz

17a Givat Shaul St.
Jerusalem, 95477 Israel
Tel. 972 2 6512649
Fax 972 2 6535438
Autor de: *Sparks of the Hidden Light*

משה שץ
רחוב גבעת שאול 17 א׳

ירושלים עיה״ק ישראל
תיקון ליל שבועות הרש״ש זיע״א
עטרת תפארת
כתר מלכות על ספירת העומר
תרשיש שהם וישפה

בס"ד

Gocé profundamente del manuscrito de Simja Benyosef, *La llave del jardín cerrado – novela sobre el misterio del Shabat desde la perspectiva de la kabalá.* Teje de un modo muy bello el tema interior del Shabat (cogido de *Shaar HaCavonot)* en el curso de una novela acerca de una familia que está viviendo el Shabat en una aventura que atrae al lector a interesarse en la experiencia del Shabat; sientes que estás allá con ellos, compartiendo su dolor y su alegría. Lloré durante todo el libro y en los últimos capítulos no podía dejarlo. Me senté durante cinco horas seguidas sin comer ni beber nada hasta que terminé. No hay mejor manera de aprender que a través de las historias que representan los conceptos en la vida. Es sabido que los buenos escritores representan en la vida las experiencias interiores a través de sus habilidades narrativas que abren emocionalmente el corazón del lector y hacen de un libro un *best seller.* En verdad, esto es lo que el estudio del *Tanaj* y las historias de los *Tsadikim* habrían de causar en nosotros. Sin embargo, si no tienen ese efecto en nosotros es porque la Torá sigue en exilio.

Los hombres no deben dejar el libro porque algunos de los protagonistas son muchachas. El género no es un problema aquí porque la kabalá nos dice que los hombres y las mujeres están hechos de aspectos masculinos y femeninos que conforman el verdadero equilibrio de Adán. Cada género puede extraer de su conciencia la característica masculina/femenina a la que alude el texto. Cada género tiene sus ventajas y desventajas y puede uno beneficiarse del otro. Lograr el equilibrio espiritual es esforzarnos por pulir nuestras *midot*-rasgos característicos.

Por lo tanto, ¡comer las *seudot*-comidas del Shabat para el bien del Shabat es más excelso que ayunar en el Yom Kipur! Teniendo esto en mente, no es de extrañar que diga el Talmud que al comer en Shabat de modo apropiado, con el espíritu del Shabat, se merece la expiación de sus transgresiones, así como en el Yom Kipur.[2]

En breve, diré que después de leer *La llave del jardín cerrado* mi experiencia del Shabat se profundizó, ya no es la misma. Benyosef trajo a la vida los conceptos kabalísticos del Shabat de modo tan brillante, en particular para la persona secular, que incluso un kabalista que está familiarizado con ellos sentirá una novedad al leer este libro.

Que Simja Benyosef siga manteniendo el buen trabajo de producir más trabajos que tengan una fuerte influencia en *klal Yisroel.*

Que todos los que lean este libro profundicen su experiencia del deleite del Shabat.

Moshe Schatz

---

2. Shabat, 118b

Agradecimientos

Quisiera expresar mi infinita gratitud, ante todo a *Hakadosh Baruj Hu* por darme la fuerza de seguir redactando este libro durante todos los años que me tomó completarlo hasta que estuviese listo para transmitir sus enseñanzas a Kneset Israel. Sea Su Voluntad que llegue a ser este libro un *kidush Hashem*-santificación de Su Santo Nombre y que acelere nuestra ansiada *gueulá*-redención.

A Rab Moshé Schatz por coger tiempo de su *magnum opus* en el que introduce las enseñanzas de la kabalá, *Mayán Moshé,* para leer *La llave del jardín cerrado,* y escribir su calurosa aprobación.

A Rab Yitzjak Abadi mi gratitud por su ayuda durante este proyecto y por ayudarme a aclarar la relevancia de nuestras solicitudes personales en nuestro servicio divino.

A mi hijo Gabriel Pinjás, por leer el manuscrito y ayudarme a comprender que los versículos que cito en el libro no causan su efecto en la traducción a menos que incluyan también el hebreo original. Sea la Voluntad de Hakadosh Baruj Hu de traer a Gabriel Pinjás con su familia pronto a *Eretz Israel* en «alas de águila», con un medio fácil de sustento que le permita estudiar la Torá.

A la joven de catorce años, Tova Helfenbaum, por leer el manuscrito en su forma original y por sus excelentes sugerencias que adopté con gratitud. Sea la Voluntad del Creador de concederle a Tova el beneficio de construir un *bayit neeman beIsrael* con su verdadero compañero de alma en el momento apropiado y de continuar utilizando sus talentos para facilitar la *gueulá.*

Un agradecimiento especial a Dina Rajel ע״ש, por su ayuda entusiasta al leer los primeros diez capítulos y por ayudarme a comprender que los que siempre han cumplido la Torá podrían beneficiarse de una ilustración de lo que significan el Shabat y la *tefilá*-oración en el mundo celestial. «¡No tiene usted idea de cuántas muchachas tienen dificultades con la *tefilá!* –me dijo–. Yo lo sé. Recuerdo cuántas veces durante mis años escolares, en el momento de la Amidá, me fijé que la mitad de la clase no participaba en la oración. Su libro ayuda a tener una idea de lo hay en potencial».

A la Rabanit Jana Benaim, por su caluroso interés en el libro que me animó a esforzarme por traducirlo al español.

A Jana Abadi, por su sugerencia de poner los temas de cada capítulo en la tabla de contenidos y por su insistencia que tradujera el libro al español. Sea la Voluntad del Todopoderoso facilitar el establecimiento de Jana y de sus hijos en *Eretz Israel*.

Jerusalem, Rosh Chodesh *Jeshvan* תשפ"ג

Capítulo uno

Las gafas del Shabat

—¡Hola, chicas! ¿Está todo listo para Shabat?

Reubén meneó la cabeza mirando con desagrado la habitación a su derecha. Decir que la habitación estaba desordenada hubiera sido subestimar la situación. Sentada en la esquina del cuarto, mirando por la ventana estaba una joven de cabello oscuro.

—Gueula –dijo él–, ¿no podrías arreglar tu habitación, aunque sea un poco, en honor al Shabat?

—¿Tú sabes cuántas veces he tratado de hacerlo, Abba? –respondió la joven–. Miro todo lo que tengo que hacer y me siento abrumada. Enciendo la radio para ponerme a trabajar, pero un momento después la música empieza a irritarme y entonces la apago. Empiezo a limpiar el desorden, pero entonces me vienen a la mente toda clase de pensamientos acerca de cualquier cosa que esté pasando por mi cabeza, ¡y es muy duro concentrarme en lo que estoy haciendo!

—Eso es porque eres perezosa y no lo intentas lo suficiente –exclamó otra muchacha detrás de él, quien podría haber sido el reflejo de la primera, excepto que la segunda tenía un lunar sobre el labio superior–. ¡Mira mi habitación! ¡Yo no tengo problema en mantenerla limpia! Lo que hago es que no la dejo tan desordenada, no porque me guste limpiar, sino porque no puedo estar en una habitación desordenada.

Reubén no necesitaba mirar la habitación a su izquierda para saber que estaba en orden impecable y limpia; pero ningún halago salió de su boca. En cambio, reprendió a la joven que acaba de hablar:

—¡Eso no está bien, Tehilá! Estoy seguro de que a Gueula no le gusta el desorden más que a ti. Simplemente le es más difícil concentrarse en una tarea de lo que lo es para ti; ¡pero criticarla por eso es como reírse de alguien que necesita gafas! ¡Como hermana gemela de Gueula, tú deberías ayudarla a volver a su tarea en lugar de criticarla!

—¡Oh, ella está muy bien sin necesidad de que yo le preste atención! –dijo Tehilá bruscamente–. Deberías ver toda la atención que obtiene cuando comienza a cantar o a hacer recipientes de cerámica.

Mientras tanto, la joven de la cual estaban hablando parecía haberse desconectado y estaba mirando por la ventana. Con un profundo suspiro, Reubén decidió que ése no era el momento para abordar el tema y dijo:

—Continuaremos discutiendo esto, pero después, chicas. ¿Tenemos listo todo lo que necesitamos para nuestras comidas del Shabat?

—Sí, Abba –dijo Gueula saliendo de su aturdimiento–, y no te preocupes, no me ofende, estoy acostumbrada a ello; todo el mundo me llama cabeza de chorlito… excepto tú, Abba. –Y sonrió suavemente–. La mujer marroquí vino hace un rato, y entregó toda la comida guardada en recipientes limpios. Cuando le pagué, nos ayudó a meter lo que necesitábamos para esta noche en vasijas apropiadas y moldes para el horno, y apartó el resto de la comida. Incluso nos ayudó a ponerlo todo en la placa para calentarlo en el Shabat. Y a decir verdad, al agradecerle su bondad, me sentí orgullosa de poder hablar el árabe de Marruecos que aprendí de ella. ¡Siempre trato de practicar mi árabe con ella, hasta el punto que dice que hablo como una nativa! La gente ha sido muy buena con nosotros desde que faltó *Imma,* mamá.[3]

—Sí, pero ¡mirad el desorden que hay en la cocina! –exclamó Reubén en voz baja.

—¿Por qué estás hablando tan bajo, Abba? –preguntó Tehilá–. ¡Apenas te puedo oír!

—Porque siento que me estoy alterando por el estado de la cocina después de haber pasado una buena parte del día de ayer explicando a mis estudiantes lo importante que es tener la casa limpia y ordenada en honor de la Reina Shabat. ¡Como sé que el viernes es muy fácil enfadarse, debo tomar medidas especiales para evitarlo!

---

3. Los judíos de origen marroquí suelen preferir de decir que una persona ha «faltado» en lugar de decir que ha muerto.

—Tal vez si viera tu enfado, eso me ayudaría a hacer un esfuerzo especial para limpiar los viernes –suspiró Gueula pensando en su madre, cuyas últimas palabras habían sido: «Cuida de tu padre. Tan difícil como es para ti todo esto, mi amor, es aún más difícil para él. Y cuida de la manera en la que entras en el Shabat. Tu desafío será que ni tu padre ni la Reina Shabat tengan que extrañarme».

Su madre no le había recordado que tenía que ser bondadosa, y temerosa de D-os, como lo había hecho con Tehilá. Su última petición había sido que empezara una relación de *javruta,* estudio de la Torá con un compañero, con su padre, como para asegurarse de que él no se no se sumiera en la soledad.

Reubén sonrió al decir,

—¡No quiero la *dirá metukenet*-apartamento ordenado, digno para recibir a la Presencia Divina, al precio de caer en el pozo del enfado! ¡Gracias, pero… no, gracias! ¡Si me enfado, se me va el Shabat! Es mucho más fácil hacerlo yo mismo –finalizó remangándose la camisa.

—¡No, Abba, nosotras lo haremos! –exclamaron las dos jóvenes a la vez.

—¿Por qué no vas más bien a arreglar tu habitación, dejándola digna para la Reina Shabat, Gueula? Y Tehilá, ¿tal vez podrías tú ayudarla?

—¡Deja que ella te ayude en la cocina, papá –se apresuró a responder Gueula–, y así sentiré que de esa manera yo también te estoy ayudando, dado que estaré ordenando mi dormitorio sin ayuda –finalizó mirando a su hermana con ojos interrogantes.

Tehilá asintió, diciendo:

—Además, me sería mucho más fácil limpiar contigo que con Gueula, porque no sé dónde van todas las cosas en su habitación.

—Bien. ¡Entonces, manos a la obra! –exclamó Reubén, y añadió mientras Gueula estaba saliendo de la cocina–: ¿Por qué no cantas las canciones del Shabat que sabes mientras estés ordenando, querida? ¡La energía del Shabat te ayudará a terminar el trabajo, ya lo verás!

La clara y armoniosa voz de la joven pronto los alcanzó desde la habitación adyacente, llenando el espacio. Reubén recordó el momento en que ella le pidió estudiar la Torá con él; recordaba las muchas dudas que le habían surgido al respecto, y aceptó solamente para ayudarla a superar su déficit de atención. Sus pensamientos entonces se dirigieron a Tehilá, quien al sonido de la voz de su hermana gemela apretó los labios y empezó con su propia tarea, haciendo un esfuerzo evidente por hacer ruido. Reubén suspiró, pensando cuánto necesitaban sus hijas a su madre.

—Tehilá –dijo él–. Hashem manda a cada alma a la tierra equipada con las herramientas que esa alma necesita para acercarse a Él en su estancia aquí. Las herramientas de tu hermana incluyen su voz y su naturaleza artística. Tú tienes tus propias herramientas, querida. Puede ser que no sean tan fáciles de encontrar como una buena voz, pero no son menos poderosas... De hecho, ¡tú misma vas a determinar el grado de efectividad de tus herramientas, dependiendo del modo en que las utilices! –finalizó con una sonrisa.

Tehilá sonrió a su vez a su padre:

—Gracias por decirlo, Abba. Tienes razón. Algunas veces puedo ser realmente antipática, cosa que no quiero ser.

—¡Así se habla! Ven y pongámonos al trabajo. ¡La Reina no nos va a esperar si no estamos listos para recibirla!

Aproximadamente una hora después, el apartamento quedó digno de recibir a la presencia real.

—¡Daos prisa en terminar de prepararos para el Shabat! –presionó Reubén a sus hijas–. ¿Os habéis dado cuenta de lo tarde que es? No, por favor, no contestéis el teléfono ahora –añadió al escucharse el timbre del teléfono.

—¡No te preocupes, Abba, yo estaré lista! –exclamo Tehilá contestando el teléfono.

De hecho, no le llevó mucho tiempo antes de que lo estuviera. De vuelta en la cocina lo revisó todo, verificando que la placa especial para calentar los alimentos para el Shabat estaba conectada y si las bebidas estaban en la nevera, así como cada uno de los detalles de la mesa del Shabat. Al momento entro Reubén, que se había puesto el traje blanco que reservaba para el día del Shabat.

—¡Vamos, muchachas, por favor, encended las velas para que podamos ir al campo y darle la bienvenida a la Reina Shabat! –exclamó.

Las jóvenes se miraron la una a la otra y luego a su padre. Reubén las miró a su vez, diciéndose de nuevo lo difícil que era distinguirlas. Y, aun así, ¡eran tan diferentes de carácter!

Tehilá hizo una mueca:

—Yo realmente preferiría darle la bienvenida a la Reina en la sinagoga, Abba –dijo, y agregó con una sonrisa–, y al mismo tiempo puedo también reunirme con mis amigas. ¡Durante la semana apenas tenemos tiempo para charlar!

—¿Eso es Shabat para ti, Tehilá, una oportunidad para socializar? –preguntó Reubén, con una sonrisa–. De todas maneras, ¡no es imprescindible darle la bienvenida al Shabat en un campo! Podemos hacerlo en cualquier lugar que escojamos. Y tú, Gueula, ¡ni siquiera estás lista! ¿Otra vez soñando despierta?

La joven pensó otra vez en su madre, preguntándose si había logrado cumplir lo que le prometió al separarse de ella.

—Yo iré contigo, Abba. Dame dos minutos para vestirme.

No mucho más de dos minutos después, Gueula regresó llevando un vestido negro.

—Por favor, no digas nada, Abba –le pidió anticipando la protesta que vio en los labios de su padre–. Sé que a ti no te gusta cuando yo uso mi vestido negro en Shabat, pero me hace verme delgada y elegante.

—Lo único que iba a decir es que es genial lo rápido que te ha arreglado –comentó Reubén sonriendo–. ¿Traes tu *sidur*-libro de rezos, contigo?

Gueula alzó un libro forrado de cuero para que lo viera.

—¡Claro que lo tengo! –dijo agachándose para recoger un trozo de papel que había caído de dentro de las páginas del *sidur*.

—¿Qué es lo que se te acaba de caer? –preguntó su padre.

—Desde que empezamos nuestro estudio semanal de la Torá el año pasado, escribo los puntos más importantes que me explicas; y los repaso el Shabat por la tarde.

—Está muy bien que tomes notas; es la única manera de acordarse de lo que se aprende. Pero ¿cómo puedes volver a encontrarlas en esos trozos de papel que veo en tu *sidur*? –preguntó Reubén desconcertado.

—Bueno, las únicas notas que están en mi *sidur* son las del mes pasado que aún no me sé. Las otras ya me las he aprendido de memoria y me las sé; de hecho, regresan a mi mente con frecuencia, en el momento que más lo necesito… e incluso te imagino en mi mente diciéndome estas enseñanzas, Abba –terminó con una sonrisa de satisfacción personal.

—¡Maravilloso, mi amor! ¡Ven, vámonos! ¡*Shabat Shalom!* –añadió, mientras miraba a su otra hija con cariño.

—¡*Shabat Shalom!* Abba –dijo Tehilá–, no estás molesto conmigo, ¿verdad?

—Por supuesto que no. Siempre que te involucres activamente en el proceso de recibir el Shabat, ¿por qué voy a molestarme?

Unos minutos después, Gueula y Reubén subían por una colina a través de un campo detrás de su casa, en Arieli, el *moshav*-asentamiento israelí donde vivían. Al llegar a la cima de la colina, pararon.

Volviendo la cabeza hacia el este, dijo Reubén:

—¡Digamos el salmo 29, *Habu l'Hashem!*

—Espera un momento, Abba –dijo Gueula–. Creo estamos girando en la dirección incorrecta. Siempre que voy a la sinagoga me fijo que todos giran hacia el oeste.

—Por favor, confía en mí, mi amor; estamos en la dirección correcta, pero no te puedo decir más en este momento.

—Pero, Abba, ¿no hay que decir el *Shir HaShirim*-el Cantar de los cantares primero? –preguntó Gueula.

—¡Claro! –dijo Reubén–. Yo ya lo dije mientras te preparabas. El tiempo es un factor esencial en este momento, mi amor. Si te retrasas te pierdes la elevación espiritual que Hashem nos ofrece para todo el Shabat. No, –añadió con firmeza–; no más preguntas ahora. Digamos las oraciones de *Kabalat Shabat*-bienvenida del Shabat juntos. Ves, Gueula –dijo Reubén unos momentos más tarde–, al leer el salmo 29, la canción *Lejá Dodí*-¡Ven, oh, amado!, y los salmos 92 y 93, estamos recibiendo a la Reina Shabat. La dimensión interior de la Torá nos enseña una manera especial de hacerlo. Hemos de poner la mano izquierda en el pecho, la mano derecha sobre la izquierda y luego cerrar los ojos, permaneciendo en silencio por unos momentos, imbuidos por un temor reverencial como si estuviésemos en la presencia de un rey tan importante que todos nuestros sentidos se han paralizado:[4] no existe nada más en este momento. Después comenzamos a recitar el salmo 29 con los ojos cerrados.

—¿Con los ojos cerrados? ¿Y si no te lo sabes de memoria? –preguntó Gueula alzando una ceja.

—El cerrar los ojos nos permite concentrarnos en el significado profundo de lo que estamos haciendo. Sin embargo, hay una opinión rabínica según la cual, si estás leyéndolo en un libro de rezos sin mirar alrededor, se considera como si tuvieses los ojos cerrados. En todo caso, el salmo 29 es el que se recita en la sinagoga el día del Shabat al devolver el rollo de Torá al Arca, o sea, que la mayoría de los presentes se lo saben de memoria. ¿Recuerdas? Empieza con las palabras «Habu L'Adonai».

—¡Oh! ¿Ése? Sí; yo también me lo sé –dijo la joven.

—Puede comprenderse el significado interior de este salmo al pensar lo difícil que es de relacionarse con Hashem mientras estamos involucrados en nuestras actividades semanales. Es un poco como si pensaras en una vela encendida frente a ti, ante la cual hay varios velos. Durante la semana, Hashem pone esos velos en nuestra mente, y son tan densos que…

—Sí, como el velo que separa la sección de hombres de la de las mujeres en nuestra sinagoga –sugirió Gueula con tono burlón–. ¡No puede verse nada!

La sonrisa de Reubén suavizó su mirada y su ceja alzada. Continuó:

—En el Shabat, sin embargo, Hashem nos permite alzar estos velos para que podamos relacionarnos con Él de un modo totalmente diferente que el resto de la semana.

—¡Guau! ¿Cómo se hace eso?

—Principalmente con nuestra mente.

—¿Con nuestra mente? Cuando me conduces a algún sitio por la ciudad y tenemos que esperar que el semáforo se ponga verde, hago un juego conmigo misma en el que miro la luz con el deseo interior de que

4. Las enseñanzas de este capítulo adaptadas de «Petijá leMizmor Habu l'Hashem», en el trabajo de Rab Moshé Luria *Sefer Bet Genazái: Pitjéi Tefilá,* vol. 3., pág. 166 y sigs.

se vuelva verde. Me digo a mí misma que si mi deseo es lo bastante intenso, puedo causar su transformación en verde... Y finalmente, así sucede –dijo riendo–. ¿Entonces lo que estás diciendo es que cuando comienza el Shabat, hemos de tener el fuerte deseo de que estos velos se desvanezcan, y, de hecho, desaparecen?

—¡Muy bien! Excepto que no desaparecen, sino que se elevan. ¿Te has fijado cuántas veces decimos *Habu l'Hashem* en el salmo 29?

—¡Claro! Tres veces.

—Bueno, ten en mente que cada vez que decimos *Habu l'Hashem* estamos haciendo bajar una Luz maravillosa que tiene el poder de suscitar la elevación de las barreras espirituales que nos distancian del mundo celestial. Además, esta Luz que hacemos bajar no sólo causa la elevación de estos velos que te mencionaba, sino que nuestras almas pueden unirse a ellos y ascender también en diferentes momentos del Shabat. Y dos cosas más: fíjate en que la segunda vez que decimos *habu* nos están diciendo que atribuyamos a Hashem *cavod*-gloria y *oz*-poder. Si piensas en las letras hebreas de las primeras tres palabras –*Habu l'Hashem Cavod*–, si unimos las letras en posición inicial, pero al orden inverso...

—¡Espera! Déjame seguir a mí: o sea, en lugar de las letras en posición inicial *heh, lamed, jaf,* tenemos que pensar en estas letras en orden inverso, *jaf, lamed heh...* כלה ¡Guau! Da la palabra *calá*-novia. ¿A qué novia se refiere?

—La *calá* contiene todas nuestras almas aquí abajo, en un estado de unicidad que sólo sucede en momentos especiales. Esta unicidad se refiere a la cercanía entre una novia y su prometido que se aman, pero aún no han llegado a la unión total que es el matrimonio. Lo que imbuye a esa Luz que baja con tal fuerza es nuestro deseo, nuestro intenso anhelo de elevar a la *calá*... No, no me hagas más preguntas ahora, por favor; te diré más en otro momento. Sigamos ahora recibiendo al Shabat; con los ojos aún cerrados, cantamos el bello poema escrito en el siglo XVI por Rab Shlomo Alkabetz, *Lejá Dodí*-¡Ven, oh, amado! Luego decimos el salmo 92, *Un cántico para el día de Shabat,* y el 93 que nos habla de Hashem revestido de majestad...

—Bueno, seguro que no me sé *Lejá Dodí* de memoria –dijo Gueula secamente.

—Entonces podemos comenzar con el salmo 29 y luego quizás si comienzo yo a decir una línea a lo mejor tú puedes completarla, porque después de todo, ¡conoces bien las palabras!

—Sí, probablemente. ¡Hagámoslo! –exclamó la joven con entusiasmo, dejando su *sidur* sobre una piedra cercana.

Padre e hija se situaron en la cima de la colina con los ojos cerrados. En contraste con Reubén que se mantenía totalmente inmóvil, Gueula se movía hacia la izquierda y la derecha, y de vez en cuando abría un ojo para ver en qué estaba su padre. Unos minutos después, Reubén comenzó a cantar el salmo, y Gueula se unió a él; el claro sonido de su voz la ayudó a dejarse ir y sumergirse en el momento.

Al terminar el salmo, Reubén dijo él solo una oración que comenzaba con las palabras *Ana becóaj.*

—Estoy diciendo una serie de versículos cuya función es de ayudar a que se eleven los velos que te he mencionado. Es más, los kabalistas se refieren a los salmos de *Ana becóaj* como «las alas». Sigamos ahora con *Lejá Dodí.* Con estas palabras nos estamos dirigiendo a Hashem, pidiéndole que venga con nosotros a recibir a la novia Shabat. *Lejá Dodí*-¡Ven, oh, amado! –comenzó Reubén.

—*Likrat Calá*-hacia la novia –terminó la joven sonriente.

—*Penéi Shabat*-el semblante de Shabat –prosiguió Reubén.

—*Nekabelá*-¡Vayamos a recibirla! –dijo Gueula.

La joven abrió los ojos y miró a su padre.

—¿Abba? –dijo en un tono interrogador.

Con una mirada resignada, Reubén abrió los ojos y respondió con cariño:

—¿Sí?

—A menudo te oigo hablar del alma adicional que recibimos en el Shabat, ¿qué hace el alma adicional por nosotros? –preguntó.

—Éste no es un buen momento para tener una larga discusión, Gueula, pero te voy a responder brevemente. ¿Recuerdas cuando viste un libro hecho de dibujos entremezclados que contenían una dimensión oculta, un aspecto del dibujo que no se podía distinguir con una vista normal?

—¡Claro! Teníamos que ponernos un par de gafas especiales, y con ellas podía distinguirse otro aspecto del dibujo que estaba totalmente escondido de antemano. Podía mirarse el dibujo general sin ni siquiera sospechar que ocultaba otro, y esa otra dimensión pasaba totalmente desapercibida.

—Bueno, entonces puedes pensar en el alma adicional como en un par de gafas especiales que te permiten ver... ser consciente... o mejor dicho, que amplían tu conciencia del increíble regalo que Hashem nos ha dado con el Shabat. Por supuesto, no me refiero al acto de ver con nuestros ojos físicos, sino a ver con el corazón. Así como lo que podemos llamar «las gafas especiales» te permitieron discernir la dimensión oculta de un dibujo, así también las gafas del Shabat, quiero decir, la conciencia especial que recibimos en el Shabat, nos permite discernir un grado de cercanía a Hashem que no podríamos logrado de otra manera. Estamos hablando de una conciencia que emana del alma adicional del Shabat, que te ayuda acercarte a Hashem paso a paso a través de los diferentes momentos del Shabat, de una manera a la que no tienes acceso alguno durante los otros días de la semana.

—No es la primera vez que oigo que necesito gafas diferentes para ayudarme a concentrarme en mis tareas –comentó Gueula con un suspiro–. ¡A lo mejor las «gafas del Shabat» me ayudarán también durante los otros días de la semana!

—¿Sabes?, la Torá nos enseña cómo atraer a nosotros la Luz del Shabat para iluminar nuestra semana. Hablaremos de esto mañana noche en nuestra *seudá*-comida *Melavé Malká*-con la que despedimos a la Reina Shabat.

—¡Muy bien! Abba, me ha encantado lo que me has explicado, pero ahora creo voy a ir a unirme a Tehilá en la sinagoga. Seguiremos hablando mañana en nuestro tiempo de *javruta* –añadió la joven pensando de nuevo en su madre.

—¡Hecho! –aprobó su padre sonriendo–. Me encontraré con vosotras dos en la sinagoga en cuanto termine de cantar mi *Kabalat Shabat.* ¡Shabat Shalom! –terminó sin darse cuenta de que a la distraída Gueula se había olvidado de coger su *sidur* de la piedra en que lo había dejado.

Capítulo uno – Las gafas del Shabat

- *Dirá metukenet*-apartamento ordenado
- Enseña Rav Yejezkel Bing en su obra *Nekudot Hakesef*, en el primero de los tres tomos sobre el Shabat, que según el Arí z"l es importante ponerse ropa exclusivamente blanca en el Shabat. Hay que tener ropa blanca reservada para el Shabat, inclusive la ropa interior, y no ponerse esta ropa en ninguna otra ocasión, excepto en *Yom Tov,* los días festivos o si se va a una *seudá simjá,* una ocasión festiva de alegría, así como una boda. Quienes viven en lugares en los que no se estila vestirse de blanco en el Shabat, pueden hacerlo por lo menos durante las *seudot,* comidas. Rab Bing cita la enseñanza del Rebe jasídico de Kamarna zt'l, según el cual quien se viste de blanco en el Shabat está protegido contra el impulso del mal, contra el fuego de Gehinom, y acerca la *gueulá*-redención; «Si se vistieran de blanco todo el pueblo de Israel en el Shabat, ya habría llegado la *gueulá*» dice el Rebbe de Kamarna *(Nekudot haKesef,* op. cit. pág. 60).
- Servicio de oraciones de *Kabalat Shabat*-para darle la bienvenida al Shabat.

Capítulo dos

De creencia a conciencia

Cuando Reubén regresó a casa, las muchachas ya estaban allí, esperándole. Con ellas estaba otra joven que él no conocía.

—*Shabat Shalom,* Abba –dijo Tehilá–. Una familia acaba de mudarse a nuestro *moshav*-asentamiento. Acaban de llegar de Rusia. Yo quería invitar a su hija, Batia, a quedarse a cenar con nosotros, pero no puede porque su madre la necesita en su casa. ¿Podríamos invitarla para la comida mañana por la mañana?

—¡Por supuesto! Pero tenemos nuestra *seudá*-comida del Shabat por la mañana inmediatamente después de los servicios en la sinagoga al *netz*-la salida del sol... ¿No le importa a vuestra amiga comer tan temprano?

—¿Tan temprano hacen una comida completa? Lo siento –dijo Batia–, pero no quiero comer tan temprano el sábado. Sin embargo, puedo quedarme aquí algún tiempo esta noche porque nosotros empezamos más tarde.

—Comprendo –dijo Reubén sonriendo–. ¡Bienvenida! ¿Qué tal es tu hebreo?

—Gracias –dijo la joven, sonriendo a su vez–. Acabamos de terminar una sesión de *Ulpán*, o sea, que es bastante bueno.

Después de felicitar a sus hijas por la mesa de Shabat, que lucía muy hermosa, Reubén comenzó a cantar *Shalom Aleijem,* mientras que Tehilá le susurraba a Batia:

—Está dándoles la bienvenida a los ángeles que le han acompañado de la sinagoga.

—¿Está dando la bienvenida a... quién? –preguntó Batia con el ceño fruncido, susurrando a su vez.

—Shss… –murmuró Reubén, y continuó cantando, mientras que con un gesto invitaba a sus hijas que cantaran con él.

Un momento después, Reubén recitó la oración de *kidush* sobre el vino. Puso su mano derecha en la cabeza de cada una de sus hijas, primero sobre Gueula, que era mayor por unos minutos, y luego sobre Tehilá, bendiciéndolas, y a continuación fueron todos a lavarse las manos ritualmente antes de comer pan. Reubén cogió la bandeja del pan y quitó la cobertura bordada de las *jalot*-los panes del Shabat, y se vieron doce panecillos de pita dispuestos en la bandeja en dos capas.

En la primera capa, los seis primeros estaban dispuestos en forma de dos triángulos, uno frente al otro. Los seis segundos estaban dispuestos por encima de los primeros. Cogió los dos panecillos de la capa superior, que estaban en el centro uno al lado del otro, y dijo la bendición *hamotzí* sobre ellos. Cuando todos probaron el pan, Tehilá le explicó a Batia, que se fijaba en la forma en que estaban dispuestos los panes de pita:

—¡Fíjate, Batia! Como hay que poner doce panecillos en la mesa para cada *seudá* del Shabat, los compro pequeñitos, y mi padre nos enseñó que hay que disponer los seis primeros en forma del signo de puntuación hebreo, *segol,* pero como ves, hacia el lado, y los seis segundos encima de los primeros, y él cogió los dos de en medio para hacer la bendición.

—¿Y qué hacéis luego con tanto pan? –pregunto Batia–. ¡Seguro que no podéis comer tanto!

—Se lo damos a la familia que vive cerca de nosotros, que tienen muchos hijos, y lo usan para hacerles bocadillos para el colegio –contestó Gueula levantándose y dirigiéndose hacia la *plata*-placa eléctrica que calentaba las comidas del Shabat. Cogió el plato de pescado y lo llevó a la mesa.

Cuando unos momentos después estaban todos sentados a la mesa y había comenzado la comida, le dijo Tehilá a su padre:

—Hay tantas cosas acerca del..., no estoy segura de cómo decirlo..., acerca del judaísmo, que Batia no comprende, Abba. Ésa es una de las razones por la cual la invité esta noche. Cuando se mudaron sus padres de Rusia, pidieron que los pusieran en un *moshav*-asentamiento de personas que cumplen la Torá, y metieron a su hija en una escuela religiosa, pero ellos personalmente no se rigen según la Torá. Por eso pensé invitarla esta noche para que vea un aspecto del Shabat que no conoce.

—¿Por qué quisieron tus padres vivir entre gente religiosa? –preguntó Reubén–. ¿No temieron que limitara su libertad e independencia?

—Poco después de que llegáramos de Rusia –dijo Batia–, nos ofrecieron una visita guiada por Jerusalén un sábado. Nuestro autobús aparcó fuera de la ciudad antigua de Jerusalén, y el guía nos explicó que era para no ofender a los judíos que observan la Torá, quienes no conducen los sábados. De camino al *kotel*-muro occidental vimos parejas rodeadas de varios niños, y todos ellos iban vestidos con ropa limpia y elegante. "Estoy segura de que ellos también se pegan con el rodillo de amasar", dijo mi madre riéndose, "igual que hacemos nosotros". Pero cuanto más mirábamos, más parecía que no era el caso. Por la manera respetuosa en la que se hablaban unos a otros, en la que se ayudaban unos a otros, quedaba claro de que existía una armonía especial entre ellos. Y además parecía emanarse de ellos una alegría interior que mis padres no estaban acostumbrados a ver.

»Luego, al llegar al *kotel* vimos a un grupo de hombres, cada uno de ellos envuelto en un chal de rezo, que nos dijeron se llama *talet*. Mis padres se dieron cuenta de que parecían tener una facultad especial que les permitía sumirse en su rezo como si se estuvieran expresando con una inteligencia que provenía del corazón. He oído a mis padres hablar de esto bastantes veces, o sea, que me acuerdo. Entonces mis padres decidieron mudarse a un asentamiento donde la mayoría de las personas fuesen como las que acabábamos de ver en el *kotel,* con la expectativa de que así, nuestras vidas cambiarían también.

»Yo cuestiono su decisión porque no pertenecemos aquí y creo que nunca llegaremos a formar «parte del grupo». El Shabat es para nosotros un día en el que podemos encender la televisión y quedarnos despiertos por la noche tan tarde como nos parezca sin preocuparnos por tener que levantarnos al día siguiente. Para vosotros parece ser algo totalmente diferente y me gustaría comprenderlo. La lista de cosas que había que hacerse en el Shabat o para el Shabat y de otras cosas que estaban prohibidas que me dieron en el colegio no ayudó. Traté de quedarme un Shabat entero sin escuchar música, ver la televisión y ni siquiera dibujar, y lo único que pasó es que me quedé tan frustrada que tenía ganas de gritar –terminó.

—Eso es porque solamente te fijas en las cosas físicas que hacemos –musitó Gueula–. Hay otro motivo detrás de todo lo que hacemos, pero me cuesta trabajo explicarlo bien. Abba, ¿por qué no hablas tú?

—Lo haría con gusto; pero ¿quiere Batia escuchar?

Tras un momento de silencio, dijo la joven:

—Sí que quiero. En Rusia estamos muy interesados en desarrollar los increíbles poderes de la mente humana; por lo tanto, siento curiosidad, ya que me he dado cuenta de que para vosotros, las costumbres espirituales no sólo involucran la mente, sino también el cuerpo.

—Estás hablando del cuerpo y de la mente, pero ¡lo que hacemos involucra muchísimo más que eso! Deja que te pregunte algo: ¿crees en Hashem?

Después de una larga pausa, Batia respondió:

—Creo que hay un Dios en el cielo que creó el mundo, pero, a decir verdad, no creo que tenga mucho que ver con nosotros. Digamos que quiero comenzar a guardar el Shabat, por ejemplo. No veo qué diferencia puede significar para Dios si enciendo la luz, o si mi padre enciende un cigarrillo después de la comida. ¡Eso no es trabajo! ¡Quizás mi padre comenzaría a cuidar el Shabat si se lo facilitarais un poco al no hacer cosas que parecen exageradas y nos hacen creer que todo aquel que cuida el Shabat tiene que hacerlas también!

»Señaló mi padre que antiguamente, encender fuego requería un trabajo considerable, y por lo tanto tenía sentido de prohibir tal ocupación en el Shabat.[5] Hoy en día se puede encender fuego con un fósforo y eso no puede considerarse trabajo.

---

5. La discusión que sigue acerca del concepto de *melajá*-actividad creativa en contraste con el de *avodá*-trabajo, incluyendo el ejemplo presente acerca de encender fuego está adapta-

—Lo que se nos pide no hacer en el Shabat no está necesariamente relacionado con el trabajo físico, sino con cualquier cosa que constituya una *melajá*-actividad creativa, como lo definen los Sabios –respondió Reubén–. Es más, ¡la mayoría de las mujeres casadas trabajan más en Shabat que durante la semana! Sus hijos no están ocupados en el colegio, sino que están todos en casa, y si son pequeños, tienen que distraerlos. Además, suelen tener invitados para las *seudot*-comidas del Shabat, y eso requiere trabajo físico, particularmente porque muchas quieren servir manjares especiales, más elaborados que una simple comida semanal. Más aún, igualmente cuando sus hijos son mayores y ayudan con los quehaceres físicos del Shabat, nuestro deseo es utilizar cada minuto del día del Shabat para ocupaciones que tengan que ver con las enseñanzas de la Torá que amplían nuestra conciencia, y todo eso requiere esfuerzo. Sin embargo, es un esfuerzo físico que no se considera trabajo.

»O sea, que el tema principal aquí no es el trabajo:[6] hay algo otro que «está en el aire», algo muy grande que te vas a perder si estás ocupada en cualquiera de las treinta nueve actividades creativas que se nos pide no hacer.

»Ahora bien, tú hablas hebreo. Cuando dices la palabra *melajá*-actividad creativa, ¿qué otra palabra similar te viene a la mente?

—*Malaj*-ángel –contestó inmediatamente Batia–. Pero no veo la conexión.

—¿Cómo vas a verla? Nunca has estudiado el tema. Tienes razón, sin embargo, la palabra *melajá* (plural *melajot)* está asociada con la palabra *malaj*-ángel, mientras que *avodá*-trabajo proviene de la palabra *eved*-sirviente.[7] Así como un ángel es espiritual y produce maravillas, así también su *shelijut*-misión está imbuida de una naturaleza espiri-

---

do del trabajo de Rab Imanuel Bar Urian *Mataná Yesh Li BeBeit Genazái*, cap. 1: «*Biur Inian Lamed Tet Melajot*», págs. 77 y sigs.

6. La sección que sigue está adaptada de Rab M. Luria, *Bet Genazái al haTorá, Sefer Shemot,* vol. 2, *Ki Tisa, «Laasot et haShabat»,* págs. 1071ff; y de Rab Jayim Friedlander, *Siftei Jayim,* sección acerca de *Kabalat Shabbat, «Laasot et haShabat»* vol 3, págs. 424 ff. Véase también acerca de *hasajat hadaat,* Rab Moshé Luria «*Shalhuva de esha beerev Shabat*» en *Pitjéi Tefilá*, vol. 3, págs. 65 y sigs.

7. Rab Bar Urian discute este tema en las páginas 79-80.

tual. Asimismo, una *melajá*-actividad creativa produce un efecto espiritual que es etéreo. En otras palabras, una *melajá* ocasiona una creación espiritual totalmente nueva que viene a revestirse en el objeto de la *melajá*.

»En cambio, un sirviente es físico, y su trabajo es material y revelado, es decir, que resulta evidente al observador. De modo parecido, la palabra *avodá*-trabajo evoca una tarea física que no renueva ninguna fuerza espiritual en el mundo. Por lo tanto, está permitido hacer *avodá*-trabajo en el Shabat, porque no produce una creación nueva en el mundo. Éste no es el caso con la *melajá,* porque suscita una renovación espiritual. De hecho, cuando haces una *melajá,* o una *mitzvá,* como resultado se crea un ángel; este ángel está estrechamente vinculado a tu alma, y al hacer tú esta *mitzvá,* o esta *melajá,* se añade su fuerza espiritual a la de tu alma, completándola aún más.

—¡Guau! Lo que estás diciendo presenta este tema de una perspectiva totalmente distinta, que casi no se podría sospechar a menos que lo hubieses estudiado.

—Además –continuó Reubén–, hay una iluminación espiritual que está emitida en tres diferentes momentos durante el Shabat. Por lo tanto, se nos pide que digamos las oraciones pertinentes en esos tres momentos y que tomemos comidas especiales, para ayudar a sensibilizarnos a la cercanía de Hashem en estos momentos.

»Por consiguiente, la característica especial de la experiencia del Shabat **no es su aspecto de descanso,** sino el hecho de que es un día de intimidad especial entre Hashem y las almas colectivas de Israel. Fue para poder estar totalmente involucrado en esta unión especial por lo que Hashem cesó toda actividad creativa al llegar el Shabat, y no porque hubiese terminado su creación.

—Entonces, si Hashem cesó toda actividad creativa, ¿por eso dijiste antes que «hay algo otro que está en el aire», que constituye la base de la experiencia de Shabat? –preguntó Batia.

—Exacto. Y esas iluminaciones de las que hablé son emanaciones de una energía que ayudan al pueblo de Israel a acercase a Hashem, pero... hay una pega: esta energía sólo funciona cuando viene de ambos lados, quiero decir, Hashem emite esta energía y enfoca Su amor en nosotros siempre que nosotros hagamos lo mismo.

—Tiene sentido –musitó Batia–; como un cable eléctrico que sólo va a funcionar si hay corriente en ambos lados.

—No sé si yo hubiese utilizado ese ejemplo –comentó Reubén sonriendo–, pero esencialmente, ésa es la idea. O sea que, de nuevo, lo que no podemos hacer no es necesariamente lo que llamamos «trabajo», sino cualquier cosa que vaya a acaparar nuestra mente. Quizás sea por eso por lo que los Sabios le pusieron el nombre *melajá,* actividad creativa, a esas treinta y nueve formas de involucramiento físico, porque no cabe duda de que hay que centrar la atención para hacer una actividad creativa. Por lo tanto, abajo como Arriba: cuando cesamos todas las actividades aquí abajo para centrarnos en los elementos de la experiencia del Shabat, si puede decirse así, Arriba también se para la actividad para permitir que tenga lugar este vínculo íntimo.

»Esta cercanía especial que Hashem tiene con nosotros en el Shabat fue la razón profunda por la cual Hashem creó el mundo, ¿comprendes?

Batia exclamó de pronto:

—¡Nadie me ha explicado el judaísmo de esta manera!

—La Torá no se limita a ser una lista de cosas que hay que hacer y otras que hay que evitar –comentó Reubén–; es un modo de vivir con el objetivo de que el Altísimo pueda entrar en tu vida. Cuando logras vivir de este modo, puedes distinguir la *hashgajat peratit*-intervención Divina personal en todo lo que sucede. De hecho, ésa es una de las metas de la dimensión interior de la Torá: el ayudarte a ver *yijud*-unicidad en todo, y a comprender que todo en la vida nos es dado para ayudarnos a estar *yajad*-juntos con Hashem.

»Hashem nos ha pedido hacer cierto número de cosas y evitar un número de otras. Las cosas que nos pidió que hagamos, así como las que nos pidió que evitemos, se llaman *mitzvot.* Puede parecer que tengamos un número arbitrario de *mitzvot,* pero no es así. Tenemos el mismo número de *mitzvot* que partes del cuerpo: 613. Cada parte de nuestro cuerpo está vinculada a una parte de nuestra alma por un conducto espiritual...

—¡Ah, sí! –interrumpió Tehilá–. Se me había olvidado esa explicación. Es como un conducto que se bloquea cuando no usas tus partes de cuerpo para hacer la *mitzvá* que le corresponde, y entonces es más difícil relacionarse con Hashem.

—¡Ya he hecho algunas de lo que llamáis *mitzvot* y nunca he sentido nada! –comentó la joven moviendo la cabeza.

—Como espero poder explicarte, aceptamos cumplir las *mitzvot* incondicionalmente, con el anhelo de merecer una relación íntima con Hashem al nivel de compañero del alma.

Batia parecía aún más perpleja que cuando había llegado.

—Lo siento –dijo–. No me hagáis caso; me doy cuenta de que me faltan todos los conocimientos que forman parte de vuestra conciencia y ¡no puedo pretender aprenderlo todo en un momento!

—Muy perceptivo de tu parte –aprobó Reubén–. No obstante, ya que estás aquí esta noche, al menos tratemos de rellenar lagunas. Dinos qué te pasó por la mente mientras yo hablaba.

—Gracias. Estaba pensando en lo que dijiste acerca de las *mitzvot,* ya que sentí conexión con esa idea, y me pregunté cómo se relaciona con la idea de ser compañera del alma de D-s. Me suena raro. ¿Cuál sería la idea de querer ser compañera del alma de D-s? ¿Es eso… normal? Quiero decir, ¿es lo que todo el mundo quiere?

—¡Es lo que Hashem quiere! –respondió Reubén.

—Estoy segura de que Hashem se da cuenta de que no todo el mundo va a poder relacionarse con Él a ese nivel –comentó Gueula.

—¡Estás muy equivocada, querida! –observó Tehilá en un tono burlón–. ¿Dónde estabas todas las veces que Abba subrayó que cada una de las almas de Israel puede lograrlo a través de su *avodá*-servicio divino? En la luna de nuevo, me imagino –terminó como si se lo dijese a sí misma.

Reubén miró fijamente a su hija durante mucho tiempo mientras que todos en la mesa permanecían en silencio.

—Lo siento –susurró Tehilá–. Eso ha estado muy mal por mi parte, ¿no? –terminó mirando a su hermana.

—Bueno, un poco –exclamó Gueula–; pero no importa, particularmente porque me ha ayudado a recordar algo que estudié con Abba relevante en nuestra discusión. Hablamos de ello hace unos días, y concluimos que el grado de cercanía del que está hablando Abba se aplica más a Kneset Israel en conjunto que al individuo. Hoy en día, durante los días de semana no podemos alcanzar ese nivel. En hebreo los días de semana se llaman ימי חול-*yeméi jol,* de la palabra aramea *julín*-secular, en contraste con los días cuya naturaleza es *kodesh*-santa, como el Shabat y *Yom Tov*-las festividades, días imbuidos de *kedushá*-conciencia Divina –dijo, mirando a Batia–. Además, la palabra *jol* significa literalmente «arena», ¿comprendes?, porque en los días de semana estamos separados el uno del otro como granos de arena. En cambio, en el Shabat, Hashem dirige hacia nosotros una *heará*-iluminación especial que nos unifica como grupo. En el Shabat, entonces, podemos aspirar a este grado de cercanía...

—... pero la mayoría de nosotros ni siquiera lo intentamos porque el impulso al mal nos engaña, convenciéndonos de que podría disminuir nuestro goce de la vida, y que de todos modos, nunca podríamos llegar a ese nivel –añadió Tehilá.

—¡Gracias! –exclamó Reubén a sus hijas–. Alguien que tiene en mente llegar a ese nivel de cercanía a Hashem siempre va a tratar de hacer más de lo que la Torá nos pide explícitamente.

—¡Pero eso es muy subjetivo! –objetó Gueula–. ¡Hay un sinfín de cosas que podrían adoptarse y terminaríamos por volvernos locos!

—¡Excelente comentario! –dijo Reubén–. Primeramente, en nuestros días, no se puede adoptar cada cual lo que le parezca; hay rabinos, maestros que nos guían, que nos indican cuál es el sendero más apropiado. Por ejemplo, hace un rato Gueula y yo fuimos a recibir la Reina Shabat en el campo, y yo leí el *Shir haShirim.* Todo lo que hicimos formaba parte de, como lo expresó el maestro jasídico Rab Moshé Luria, cosas que son demasiado excelsas para confinarlas a las letras, en el sentido que no hay *halajá*-ley que nos diga que tenemos que hacerlas. Las hacemos porque estudiamos el tema en fuentes fidedignas y aprendimos que es un elemento importante de nuestra relación con Hashem. A pesar de que puede resultar difícil leer el Cantar de los Cantares en este momento en que hay tantas otras cosas reclamando nuestra atención, aun así, aceptamos esta responsabilidad para siempre.

—Yo tengo otra objeción –dijo Batia–, pero dejadme aclarar que al expresarla, sólo estoy repitiendo las que oí decir a mi padre, porque después de escuchar un poco de vuestras enseñanzas, estoy comenzando a no sentir lo mismo. La Torá sólo nos pide no trabajar en el Shabat, pero parece que la gente religiosa hace añadidos a lo que pidió la Torá y esto les dificulta la vida a otros, quitándoles las ganas de guardar el

Shabat. Por ejemplo, ¿por qué es necesario apresurarse a comenzar el Shabat temprano los viernes por la tarde en lugar de esperar que comience el día, en el momento que comienzan todos los otros días, con la puesta de sol?

—Como estás estudiando en una academia de Torá para chicas religiosas, sabes que hemos de rezar tres veces al día. En el momento de nuestras tres oraciones diarias hay una energía espiritual que interconecta todas las almas de Israel para formar la entidad espiritual de Kneset Israel en el estado de unicidad llamado *yijud*-unificación con Hashem. La unificación suscitada por nuestras oraciones diarias hace bajar del mundo celestial una bendición de bienestar para todo el pueblo de Israel, pero aquellos de nosotros que estamos de hecho sumidos en la oración podemos sentir una cercanía especial a Hashem en ese momento.

»Ahora bien, llega el viernes y hay luces divinas especiales que, además de la Luz de nuestra alma adicional del Shabat, son dirigidas a nosotros, pero nos corresponde a nosotros abrirnos para poder recibirlas. Nos dice Rab Luria:[8] «Para iniciar la unificación en el mundo celestial el pueblo de Israel ha de mostrar el anhelo de una novia. En otras palabras, hemos de mostrar nuestro deseo de estar cercanos a Hashem, ya que la palabra *calá*-novia está relacionada con la expresión *calot hanefesh*-ansia del alma. Para mostrar el anhelo de Kneset Israel por Hashem se nos pide iniciar el proceso de elevación al mundo celestial al involucrarnos en una serie de actividades; el nombre de este proceso de elevación es *tosefet Shabat*».

—Deduzco de lo dices, Abba –comentó Gueula–, que nuestra tarea principal es de mostrar, no sólo mostrar –se corrigió a sí misma–, sino sentir un gran anhelo por el Shabat, y me imagino que por eso estás tratando de enseñarnos la dimensión interior del Shabat, porque ¿cómo puedes sentir ese profundo anhelo si en realidad no tienes idea de lo que está sucediendo? También dijiste que una manera esencial de expresar nuestro anhelo es algo llamado *tosefet Shabat,* que todavía no has explicado.

---

8. *Sefer Bet Genazái: Shir haShirim,* págs. 140-141.

—¡Guau, gracias! –exclamó Batia mirando primero a Reubén y luego a Gueula–. ¿Qué significa *tosefet Shabat?* Veo que la palabra *tosefet* viene de *lehosif,* que significa «añadir». –Hizo una pausa y sonrió, diciendo–: Creo que he respondido a mi propia pregunta.

—Has comprendido lo más importante; *tosefet Shabat* es... ¿Cómo puedo expresarlo? Puede compararse a un tren celestial espiritual que Hashem proporciona para los que quieren ascender a la dimensión del Shabat, dejando atrás los otros días de la semana y sus problemas. El mayor requisito es, como es el caso con todos los otros trenes, que tienes que estar lista a coger este tren celestial cuando viene, y no cuando te conviene. Pero los detalles te los daré en otro momento.

»Y para terminar lo que te decía antes, con cualquier *mitzvá* que cumplas, estás haciendo una afirmación: estás pidiendo que la *kedushá,* palabra que podemos traducir como «conciencia Divina», baje a residir en la parte de cuerpo que utilizaste para cumplirla. Y, de hecho, así sucede.[9] Si lo comprendes de este modo, puedes ver que cumplir unas cuantas *mitzvot* no es bastante. Tienes que decidir que deseas esta relación más que cualquier otra cosa en el mundo... o no.

Hubo una larga pausa en la mesa, y todos parecían estar concentrados en la comida ante ellos.

—Para volver al asunto de sentir las *mitzvot,* Abba –dijo Gueula–, ¿no podría decirse, como me explicaste anteriormente, que durante la semana no podemos verdaderamente sentir nuestra relación con Hashem debido a los velos que puso en nuestra mente?

—¡Ésa es mi hija! –exclamó Reubén complacido–. En efecto, durante la semana, es como si desde Arriba nos pusieran velos en la mente para no permitirnos el acceso a las dimensiones espirituales del mundo celestial; pero el viernes, en anticipación del Shabat, se elevan esas dimensiones, que es lo que dices tú, que nos quitan los velos de la mente, para que así tengamos acceso a estas dimensiones cuando esta-

9. Esta definición del efecto de las *mitzvot* está adaptada de las enseñanzas de Rab Moshé Jayim Luzzato, conocido como Ramjal, «*Sefer Derej Etz Jayim: Hakdamá leSefer Klak Pijéi Jojmá*: וכל מצוה שהוא עושה, הרי זו קריאה לקדושה לבוא ולשרות לחלק מן החלקים שבגוף המקבל [ומקביל] למצוה ההיא, והרי נפדה החלק ההוא של הגוף ושורה עליו הקדושה»

mos preparados a ello. Eso que has dicho me hace ver que lo que dicen tus maestras de que tienes un problema de atención, y te cuesta enfocar en los temas de estudio, quizás no sea cierto. En efecto, en el Shabat se alzan los velos, y es más fácil percibir la Presencia de Hashem con nosotros.

—Pues siento defraudarte, Abba –continuó Gueula–, pero ¡yo no siento la Presencia de Hashem en Shabat tampoco!

—Imagínate que estuvieras encarcelada en algún sitio, en el que tus captores te dejaran en la oscuridad total durante la semana, pero que tú supieras que en el Shabat te permitirían ver la Luz... –Se interrumpió a sí mismo al darse cuenta de que su hija le miraba con horror, su cara totalmente blanca–. ¿Qué sucede, mi amor?

Gueula se estremeció

—Me pareció una idea tan horrible... –Y luego, moviendo la cabeza–: No sé por qué reaccioné de ese modo. Es que parecía tan horrible...

—La oscuridad representa el exilio, mi amor –dijo Reubén con dulzura–. Significa encontrarse en una situación en la que no sentimos la cercanía de Hashem, como cuando se está en el exilio. Y el Shabat es el día en el que recibimos el misterio de la fe, una fe suficiente para toda la semana entrante, en la que estaremos distanciados por las mil y una cosas que requieren nuestra atención. El misterio de la fe es la *emuná*-conciencia de nuestro contacto con Hashem.

—Quieres decir que creemos que hay tal contacto –especificó Batia.

—No dije «creencia»; dije «conciencia». En otras palabras, no es sólo que lo crees, sino que lo sabes. Puedes relacionarte con el mundo que te rodea con la conciencia expandida o reducida. La fe que tenemos la oportunidad de absorber en el Shabat es una conciencia expandida en la que puedes alejar de ti la constricción del temor y la ansiedad que te acosan durante el resto de la semana. ¿Comprendes? Hashem siempre fija Su atención en nosotros, pero la intensidad de Su atención depende del modo en que noso tros nos relacionemos con Él... ¿Cómo ves tú la diferencia entre creencia y conciencia?

—Pues... si es una creencia –respondió Batia–, no estás segura, pero si es conciencia, lo estás; estás consciente de cierta realidad. ¿Pero cómo podemos saber al nivel de nuestras almas interiores? ¡No sabemos nada! –concluyó.

—Hashem nos ayuda a saber de diferentes modos, pero el más importante es conectarse a la increíble cercanía con Hashem que tenemos en el Shabat y atraerla al resto de la semana. Como me gustaría enseñarte, nuestra cercanía con Hashem es como la de los novios, y aún más –musitó–; y recibimos un nivel de *emuná,* que es como la experiencia sensorial de esta cercanía durante las *seudot*-comidas del Shabat. El santo Zóhar llama a las comidas del Shabat *seudot* de fe perfecta, o, de la manera que yo lo entiendo, *seudot* de conciencia expandida. Cuando se estudia acerca del significado interior de estas *seudot* y se internaliza la energía espiritual que te proporcionan a través de las oraciones, en particular de la Amidá que le precede a cada una de las *seudot,* este nivel de fe, o realmente de conciencia, puede estar contigo por el resto de la semana.

»Quizás te hayas dado cuenta de que la Amidá que rezamos en el Shabat es diferente cada una de las tres veces en que rezamos en el Shabat: la noche del Shabat, el Shabat por la mañana y el Shabat por la tarde. Cada una de ellas tiene un párrafo especial que distingue la calidad única de este tiempo. Escuchad las enseñanzas de Rab Luria al respecto:[10] «Las diferencias en las oraciones del Shabat indican tres niveles de cercanía y *devekut*-vínculo apasionado entre Hashem y Kneset Israel. [...] Los tres niveles están relacionados con las luces divinas de *daat*-conocimiento íntimo que evoca el vínculo apasionado entre Hashem e Israel».

»Por lo tanto, por medio de las tres oraciones del Shabat estamos haciendo bajar estas tres clases de luces, como dice el Rav en la cita que os he leído: luces de *daat*-conocimiento imbuido con *devekut.* Estas luces nos vienen inicialmente como luces circundantes en los momentos de oración porque son muy excelsas y necesitamos la *seudá*-comida en la que participamos idealmente en seguida después de su oración correspondiente para internalizarlas.

---

10. «*Shalosh Seudot beShabat*», en *Bet Genazái al haTorá: Shemot I,* pág. 142.

»Cuando internalizamos estas luces al participar en la *seudá* que le sigue a cada oración, la conciencia de esta cercanía puede acompañarnos toda la semana.

Reubén de pronto se fijó en su reloj y añadió

—Se está haciendo tarde y debemos terminar la comida, ya que de no ser así os costará trabajo levantaros mañana.

—Sí –dijo Batia–, y yo me tengo que ir. Pienso... me gustaría reconsiderar vuestra invitación a la segunda *seudá* del Shabat mañana por la mañana. Entonces os veo mañana, ¿no? –terminó con una sonrisa tímida.

—¡Fantástico! –dijo Gueula–. Como dijo Abba, iremos a la sinagoga al amanecer, o sea que pasaremos por tu casa mientras aún sea de noche.

Batia tragó saliva, cerró los ojos por un segundo y los volvió a abrir. Luego dijo con firmeza:

—Me encantaría venir si me invitáis.

—Con mucho gusto –dijo Reubén–. Espéranos fuera de tu casa a las cinco de la mañana.

Capítulo dos – De creencia a conciencia

- Tema de las doce *jalot*-panes en la mesa del Shabat
- Diferencia entre *avodá*-trabajo físico y *melajá*-actividad creativa
- Las iluminaciones espirituales que bajan en el Shabat
- Efecto de las *mitzvot*
- Aspectos de nuestro *avodat Hashem*-servicio divino demasiado altos para confinarlos dentro de las letras
- Concepto de *kalot hanefesh*-anhelo del alma
- Concepto de mundos espirituales como velos en la mente
- Tres *seudot* de *emuná*-conciencia

Capítulo tres

El tren celestial

A la mañana siguiente, todo sucedió como lo habían planeado. Las muchachas salieron de la caravana inmediatamente después de la *tefilá*-oración y regresaron a la casa. Al llegar, Batia trató de ayudar a sus amigas a organizar la *seudá,* pero no se lo permitieron.

Se abrió la puerta del hogar de Reubén y Tehilá, que había visto que se acercaba su padre, le saludó con la mano como bienvenida.

Iban a sentarse a la mesa cuando exclamó Gueula:

—¡Esperad! Se me ha olvidado de nuevo lavar la copa de *kidush.*

Cogió de la mesa una preciosa copa de plata que contenía unas gotas del vino tinto de la noche anterior y corrió a lavarla.

Batia miró a Tehilá con ojos interrogantes.

—Abba nos dijo que quería que dejásemos en la mesa del Shabat la copa con unas gotas del vino de *kidush* toda la noche y que sólo la laváramos antes de la segunda *seudá,* pero siempre se nos olvida al poner la mesa por la mañana –explicó la joven.

—La idea es dejarles a las fuerzas del mal un poquito del elemento a través del cual Hashem nos hace bajar de Su *shefa*-abundancia para que no se tomen más –intervino Reubén–. Pero debemos dejar las gotas del vino que se utilizó para el recitar el *kidush;* o sea, que si se toma más vino durante la comida es mejor utilizar otro vaso. Y con la misma idea, al terminar la *seudá* y quitar la mesa, dejamos un poquito de pan en la bandeja de las *jalot*-panes de Shabat, así como del tamaño de una aceituna.

Unos minutos después, Reubén indicó en qué sitio habían sentarse todos.

—Por favor, traed de la nevera ese vino blanco nuevo del Golán, y traed también mosto –pidió–. En realidad, sería mejor que utilizáramos vino tinto, como lo enseñan nuestros sabios, pero éste es un vino muy bueno que acaban de producir y he escogido esta *seudá* para probarlo.

Descorchó la botella y vertió el pálido líquido en la copa de *kidush* mientras las muchachas se servían mosto. Comenzó Reubén a cantar *zemirot*-canciones del Shabat.

Pronto sirvieron las jóvenes algunas ensaladas y salmón en escabeche; cuando terminaron el primer plato, dijo Reubén:

—Quiero explicaros un concepto que mencioné anoche, que es esencial en la experiencia del Shabat: se llama *tosefet Shabat.* Existen dimensiones espirituales, llamadas mundos espirituales, por encima de nosotros que nos impiden percibir la cercanía Divina durante el resto de la semana como la sentimos en el Shabat o Yom Tov. El jueves por la noche, en honor del Shabat, comienzan a ascender hacia el mundo celestial, incluyéndose la una dentro de la otra. Es importante darse cuenta de que elevamos las dimensiones espirituales que están por encima de nosotros con cada una de nuestras tres oraciones diarias, y nuestras almas ascienden con ellas. Ahora bien, en el período de tiempo que comienza el jueves por la noche y termina al principio del Shabat, los mundos celestiales ascienden a medida que nos involucramos en ciertas actividades que os explicaré, y nuestras almas ascienden con ellas, en un proceso denominado *tosefet Shabat.*

»Cuando la gente está presa en la inexorable carrera de la vida moderna y sus almas no pueden ascender al mundo espiritual por sus propios méritos, han de asegurarse de formar parte del elemento de elevación suplementario llamado *tosefet Shabat,* que Hashem provee para Su pueblo. Sin el *tosefet Shabat* no lograrán participar en el *aliat neshamá*-elevación del alma que forma parte integral del Shabat.

»Respetarán el día del Shabat con todas sus *mitzvot,* pero sus almas no sentirán elevación interior y tendrán que enfrentarse con la semana entrante sin esa energía espiritual adicional que te queda después de un buen Shabat –terminó Reubén.

—Dices que sus almas no sentirán elevación interior –repitió Tehilá–. Yo conozco a gente muy dedicada a cada aspecto del *avodat Hashem*-servicio divino y, no obstante, mantienen que no hay diferencia entre lo que sienten en el Shabat y los demás días.

—No quiero hablar de lo que cada cual siente, ya que es muy subjetivo –respondió Reubén–. No obstante, si entras en el Shabat en el último minuto, después de una carrera loca para terminarlo todo, lo que sientas va a ser diferente a lo que sucedería si entraras con armonía interior y anhelo, después de estar lista para recibirlo por bastante tiempo. Ahora bien, aunque no lo sientas, forma parte del *emunat Israel*-la fe en la cual se basa nuestro *avodat Hashem*, de creer que si cumplimos lo que enseñan los Sabios acerca de la dimensión interna del cumplimiento del Shabat, nuestras almas se elevarán gradualmente a través de los momentos determinados del Shabat.

—¿Puedo repetir lo que has dicho acerca del *tosefet Shabat?* –pidió Batia. Al asentir Reubén, continuó–: ¿Podríamos decir que al comenzar el Shabat, Hashem emite una Luz de Arriba, que, así como un imán, atrae las dimensiones espirituales hacia su Fuente? Entonces, quien esté listo a unirse a este «tren celestial» puede aprovechar este tiempo para sí mismo, así como para todo el pueblo de Israel.

—¡Está muy bien explicado! –aprobó Reubén con una sonrisa–. El tema principal es que aunque este proceso esté iniciado desde Arriba, aun así, hemos de tratar de formar parte del proceso, ante todo estando listos a tiempo. Muestras que estás lista a tiempo al decir las oraciones de *Kabalat Shabat* por lo menos dieciocho minutos antes de la puesta del sol. En verdad, lo deberías decir mucho antes, como pienso explicaros, pero si no lograras estar lista y recitar el *Kabalat Shabat* dieciocho minutos antes de la puesta del sol…

—… te pierdes el «tren celestial» –completó Tehilá, como si estuviera repitiendo una lección–. Pero según la *halajá*-ley, si sucede algo y te retrasas, puedes decirlo incluso unos minutos después, no recuerdo cuantos, y ¡no estarás rompiendo el Shabat!

—Correcto –replicó Reubén–; ¡pero tu alma se perderá la elevación del Shabat! Os mencioné que Hashem emite Su poderosa ayuda desde Arriba para ayudarnos a salvar la distancia. Estas dimensiones espirituales ascienden, regresando a su Fuente por mandato Divino. Sin embargo, el esfuerzo que hagas involucrándote en las oraciones que se dicen en este momento, así como con todas las preparaciones que habrás hecho antes, el sexto día de la semana, forman parte integral del proceso por el cual podrás unirte a estas dimensiones y ascender con ellas a la más elevada de todas. Y, de nuevo, esto sólo puede suceder a través de tu involucración activa en el proceso de su elevación.

—Cuando dices *erev Shabat,* ¿a qué te refieres exactamente? ¿A qué hora del viernes comienza y cuándo termina? –preguntó Gueula.

—*Erev Shabat* comienza en la quinta hora del viernes, empezando a contar desde el punto del *netz*-alba –respondió Reubén–. Comenzamos a recibir el elemento adicional de elevación del *tosefet Shabat* al aceptarlo conscientemente en el momento que nos llega, en la quinta hora del viernes. El final de *erev Shabat* es cuando, de hecho, aceptamos el Shabat. La mujer entonces enciende las luces del Shabat y después dice el servicio de *Kabalat Shabat.* Un hombre que no tiene esposa ha de encender la luces del Shabat y recitar la *berajá*-bendición él mismo y decir después *Kabalat Shabat.*

»Centrémonos ahora en cómo funciona el concepto de *tosefet Shabat* dentro del tiempo que tenemos disponible *erev Shabat.* Y aquí, en realidad depende del lugar en que estés en tu *avodat Hashem*-servicio divino. O estás lista y puedes dedicar tus viernes a Hashem de la manera más excelsa posible, o bien tienes demasiadas responsabilidades para poder centrarte exclusivamente en las preparaciones de Shabat.

»Según el santo Rab Itzjak Luria, zt'l, célebre kabalista del siglo XVI, a quien nos referimos como *HaArí haKadosh*-el santo Arí z"l, si eres de la primera clase de persona, has de decir Minjá temprano el viernes por la tarde. Luego, en cualquier momento entre el final de tu Minjá y el principio de tu *Kabalat Shabat,* podrías estar leyendo el *Shir haShirim.* A continuación, podrías decir el servicio de *Kabalat Shabat,* pero como veremos, tienes que esperar a que llegue la hora apropiada para decirlo.

—¿Qué sucede si la persona trabaja, o no tiene tiempo para estar lista para el Shabat tan temprano por alguna razón, pero sinceramente desea pertenecer al primer grupo? –preguntó Batia.

Reubén sonrió.

—Me gusta el modo en que lo expresas, porque muestra que pudiste integrar lo que te estaba diciendo, pero debo corregir lo que dijiste. No es cuestión de tener tiempo sino de «hacer tiempo».

—¿Tengo que hacer tiempo para qué, exactamente? –preguntó Batia–. ¿Cuál es mi objetivo? ¿Asegurarme de estar lista para coger el tren celestial?

—¡Muy buena pregunta! –exclamó Reubén–. Para poder responderte he de mostrarte algunas enseñanzas básicas. Shabat es la Reina, como se dice en arameo, *Matronitá deMalká,* que literalmente significa «la reina del rey». Esta expresión implica que donde hay un rey ha de haber una reina también. En este caso, la reina es Kneset Israel...

—Un momento, por favor –interrumpió Batia–. Quiero preguntarte acerca de la expresión has utilizado, Kneset Israel; sé que traduce como «la Comunidad de Israel» y significa todo el pueblo de Israel junto, pero de la manera que lo dijiste da la impresión que se refiere a otra cosa, a otro significado relacionado con esta expresión.

—Eres muy perceptiva –subrayó Reubén–. La dimensión interior de la Torá distingue entre *Kneset Israel de Arriba*-nuestras raíces de alma colectivas apegadas a Hashem en el mundo celestial, y *Kneset Israel de abajo,* es decir, la entidad espiritual de nuestras almas colectivas en el mundo terrenal espiritualmente apegadas la una a la otra bajo nuestras formas físicas.

—Lo siento, pero no comprendo a qué te refieres con la expresión «entidad espiritual».

—Me alegro de que me lo hayas preguntado. Una entidad espiritual es una entidad en la que la colectividad completa es mayor que la suma de sus partes. Un ejemplo de esto es el ser humano. En el cuerpo humano, la colectividad completa es más que una colección de partes, es decir, de partes de cuerpo juntas. Y otro ejemplo es un bosque, que es más que la suma de los árboles que crecen en él, hasta el punto de que hay una expresión en inglés que nos advierte de no confundir el bosque con sus árboles. En otras palabras, hay que tratar de apreciar la colectividad y no quedarse en los detalles –aclaró Reubén.

—Bueno, entonces estás diciendo... que Kneset Israel es en realidad una expresión código para algo mucho más grande. Y estás marcando la diferencia entre lo que significa esta expresión en el mundo celestial y lo que significa aquí abajo, aunque una es la extensión de la otra –dijo Batia mirando a Reubén con expectación.

Éste último asintió, diciendo:

—Continúa; lo que has dicho es correcto.

—Entonces añadiste que Kneset Israel de Arriba se refiere a nuestras raíces de alma, ahí es donde me he quedado atascada.

—Aprecio que hayas tenido el valor de pararme –dijo Reubén–. Nuestra alma es una estructura espiritual completa compuesta por muchos niveles. Cada uno de éstos representa un estado de conciencia específico y la sabiduría interior de la Torá enseña cómo se va de nivel a nivel. Algunos de estos niveles son demasiado elevados para ser contenidos en nuestros cuerpos: nos referimos a éstos como nuestras almas celestiales, es decir, el aspecto de nuestras almas que está en el mundo celestial. El más alto de estos niveles está apegado a Hashem en el mundo celestial y lo llamamos nuestra raíz del alma.

—Gracias –dijo Batia–. Entonces decías que todas nuestras raíces del alma juntas, en el punto en el que están apegadas a Hashem en el mundo celestial, forman una entidad celestial llamada Kneset Israel de Arriba... Pero mi problema es que lo poquito que yo sabía de aquí y allá de antes de haberos conocido interfiere con lo que me estás diciendo. Mi pregunta acerca de Kneset Israel de Arriba es cómo se relaciona con el concepto de la Presencia Divina-la Shejiná.

—La palabra «Shejiná» proviene de la palabra hebrea *shojén*-residir –respondió Reubén–. Nos referimos a la Shejiná al final de nuestras tres oraciones diarias, en *Aleinu leshabeaj*, diciendo:

וּשְׁכִינַת עֻזּוֹ בְּגָבְהֵי מְרוֹמִים; es decir, la Shejiná está en lo más excelso del mundo celestial. Aludimos al punto el en que todas nuestras almas celestiales se apegan a Hashem Arriba. O sea que en nuestras discusiones podemos utilizar «Shejiná» y «Kneset Israel de Arriba» intercambiando las dos expresiones.

—Lo que me parece increíble –dijo Batia después de pensar un momento– es que Kneset Israel de abajo nos incluye a todos nosotros, el pueblo de Israel, y sin embargo ¡tú nos haces pensar que Kneset Israel forma parte de la revelación Divina!

—Tiene razón, Abba –comento Gueula–. Yo tengo la misma pregunta con otras palabras: la Shejiná es la Presencia Divina, es decir, un aspecto de Hashem. Entonces, ¿cómo puede ser también las almas colectivas de Israel?

—Comprendo tu objeción –asintió Reubén–. Has de darte cuenta que la Shejiná celestial es la raíz celestial de las almas colectivas de Israel y, en ese sentido, nos referimos a ella en la forma femenina como una entidad femenina que recibe todas las influencias transmitidas a Sus hijos en el mundo terrenal, y es revelada en los Hijos de Israel.

»Dicen los Sabios que la Shejiná fue exiliada, que significa que para protegernos tiene que dejar el excelso mundo celestial en el que pertenece y bajar a una dimensión más baja en la que ha de contender con las fuerzas externas de cuya existencia nosotros somos responsables debido a nuestras trasgresiones. No obstante, si el pueblo de Israel es responsable por la distancia de la Shejiná de Su Fuente Divina, tiene sentido que así también pueden restaurar la unión en el mundo celestial, y lograr esta restauración es la razón de su existencia.

»Y ahora voy a responder a tu pregunta: ¿Cuál es mi objetivo: asegurarme de estar lista para coger el tren celestial?. Rab Luria cita una alegoría que, en mi opinión, muestra por qué es importante que consigamos el *tosefet Shabat* desde la perspectiva de Hashem:[11]

»Había una vez un rey que tenía hijos. Sus hijos le amaban, así como él los amaba a ellos. Les dijo: «Mirad, todo cuanto hago es para vosotros. Me paso el tiempo haciendo cosas para tratar de ayudaros. Os pido ahora que hagáis algo por mí, que me honréis de este modo: dedicaos a mí un día por semana. Quiero que os alegréis conmigo en mi día de alegría.

»Así también está Hashem diciéndole a Israel: así como yo me regocijo con vosotros en vuestros días de alegría, os estoy pidiendo que os regocijéis conmigo en Mi día de dicha que es el Shabat.

—Entonces es como si el texto estuviera diciendo: ¡estad listos para subir en el momento que os mando el tren celestial de Shabat! –parafraseó Batia.

Reubén puso el libro en su lugar en el estante y sacó otro, que abrió por una página en la que había pósit, y leyó:[12]

—A pesar de que el regalo de ascender al mundo celestial es un regalo y no depende del hombre, aun así, el Arí z"l explicó en *Shaar ha-Cavanot* del Shabat que cada alma de Israel recibe un alma adicional en

---

11. Como lo cita Rab Luria en «*Bejol beití neemán hu*», de «*Hashmatot sefer haZohar Bereshit beshem Sefer haBahir al hapassuk et shabetotái tishmoru*». El ensayo *Bejol beití neemán hu se encuentra en Bet Genazai al haTorá: Bemidbar I,* págs. 345 y sigs.

12. Rab Moshé Luria «*Tosefet Shabat*», en *Maamaréi Shabat,* segunda ed. pág. 302b.

el Shabat que proviene del Alma Colectiva de Israel. En cambio, quien se esfuerza por prepararse [a través de su involucración en todo lo requerido para formar parte del suplemento adicional de ascensión del *tosefet Shabat]* recibe su propia alma adicional del Shabat. [...] **Y cuanto más se esfuerce** [por involucrarse] **en el suplemento adicional del *tosefet Shabat* mucho antes de la *shekiá*-puesta del sol, más se beneficiará personalmente**, a pesar de que para este momento, ya habrá recibido su alma adicional del Shabat. Por lo tanto, [a partir del momento en que acepta el Shabat] le está prohibido hacer *melajá.*

»En resumen, el *tosefet Shabat* es un regalo...

—... pero has de estar allí para recibirlo –observó Tehilá–. Tienes que haberlo hecho todo para poder tener tiempo y decir las lecturas indicadas que nos has mencionado. Estas lecturas son como tu «billete» para entrar en este «tren celestial» que Hashem está ofreciendo para los muchos, y en mi opinión la mayoría de nosotros, que probablemente no puedan subir por sus propios méritos.

—Entonces, ¿podrías, por favor, repasar con nosotras todo lo que haya que hacer? –pidió Batia.

—Por supuesto –respondió Reubén–. Tratad de encontrar un lugar en vuestra casa, o en la vecindad, desde donde podáis contemplar a distancia, en la dirección de la puesta del sol. Después de que terminéis el *Shir haShirim,* podéis ir a ese lugar con la intención de darle la bienvenida a la Shejiná, que está ahora dejando tras de sí la impureza con la cual está en contacto durante el resto de los días de la semana y ahora está de regreso a Su Hogar celestial: *ésa* ha de ser vuestra única intención.

—¡Guau! –se sorprendió Tehilá–. No has dicho nuestra intención principal, sino nuestra *única* intención. Entonces si hacemos este tremendo esfuerzo, porque no cabe duda de que es un esfuerzo tratar de terminarlo todo antes del tiempo indicado, cuando ya es un desafío terminar a la hora normal, para salir de nuestra lucha semanal, ¡eso no bastante!

—Tienes razón –aprobó Reubén–. No lo es. Como vamos a estudiar juntos, el Shabat no es para nosotros: es el día de alegría de Hashem y se nos pide que contribuyamos a esta alegría, cada uno de nosotros según su preparación. Como os decía, entonces, en este lugar especial, cerrad los ojos por un momento teniendo en mente que estáis recibiendo a la Shejiná, dándole la bienvenida, y con esta intención en mente, recitad el servicio de *Kabalat Shabat*.

»Cuando terminéis de recitar *Kabalat Shabat,* tened en mente de que estáis acompañanda la Shejiná a vuestra casa, es decir, cada uno de nosotros la acompaña a su propia casa. Y ahora que le hemos dado la bienvenida, nuestra intención es ayudarla con nuestras *tefilot,* oraciones, a elevarse al mundo celestial que le corresponde. Al entrar en casa vamos alrededor de la mesa del Shabat cantando de nuevo todo el servicio de *Kabalat Shabat,* es decir, los salmos 29, 92 y 93. Con esto estamos definiendo los límites de un lugar en el que las fuerzas del mal no podrán entrar. Ése era el misterio del *majané*-campamento de Israel en el desierto: mientras en el campamento estaban protegidos contra las fuerzas del mal que estaban en el desierto –explicó Reubén–, así también, al ir alrededor de este espacio determinado estamos marcando los límites del lugar que será digno para la residencia de la Shejiná para todo el Shabat. Sólo la *kedushá*-conciencia Divina estará permitida dentro de este lugar.

»Después de que terminemos de cantar el servicio de *Kabalat Shabat* mientras andamos alrededor de la mesa, vamos al lugar en el que están encendidas las velas del Shabat. Contemplamos estas llamas por un momento, teniendo en mente que la Shejiná está ahora ascendiendo a Su Hogar, al que pertenece, y nuestro más ferviente deseo es hacer todo cuanto podamos para que esto suceda de la mejor manera.

»Los kabalistas enfocan la mente en ciertos Nombres Divinos al contemplar las velas del Shabat, teniendo en mente iniciar el *yijud*-la unificación celestial que sucederá en el Shabat, que en realidad está comenzando en este momento.

»Después de esto, quien pueda hacerlo debe ir a la sinagoga con la intención de decir las oraciones de *Kabalat Shabat* de nuevo, esta vez junto con los congregantes que estén en la sinagoga. No obstante, si a la persona le es difícil ir a la sinagoga en este momento también puede decirse el *Kabalat Shabat* por tercera vez en otro lugar de la casa. Y si cuando llegamos a la sinagoga, la comunidad de la que formamos parte no ha llegado aún al servicio de *Kabalat Shabat,* lo decimos nosotros solos, porque el tiempo apremia. Para recibir el suplemento del *tosefet Shabat* hemos de haber terminado de decir las oraciones de *Kabalat*

Shabat por lo menos dieciocho minutos antes de la *shekiá.* Hemos de permanecer en la sinagoga hasta el final del servicio, aunque ya hayamos dicho las oraciones solos, para poder oír y responder a *barejú* y al *kadish.*

—Pero, Abba –argumentó Tehilá–, hay personas que no pueden hacerlo, personas que trabajan y no pueden irse más temprano del tiempo indicado.

—Tengo un comentario –replicó Reubén–. Cuando Hashem les pidió a los Hijos de Israel que ofrecieran donativos de tiempo y trabajo artístico para la construcción del *Mishkán*-Santuario Portátil en el desierto, Hashem se dirigió a *todo aquel que tuviera ese deseo en su corazón.* Tienes que *desear* de hacer ese servicio y rezarle a Hashem que te permita de hacerlo. Y después continúas cumpliendo tus responsabilidades hasta que le veas salida, una salida honorable.

—Es decir, ¡escaparse no es una opción! –añadió Gueula con una sonrisa.

—Y lo que les estoy diciendo es también relevante para la mujer que anhela involucrarse en este santo *avodat Hashem* de participar en el *tosefet Shabat,* pero en este momento, tiene niños pequeños que acaparan su atención. Si se ocupa de sus hijos con paciencia y alegría esa ocupación será el mayor regalo que pueda ofrecer al mundo celestial en este momento. No obstante, ha de preservar la chispa de su deseo vibrante sin permitir que se apague, porque cuando llegue el tiempo de que esté libre de participar en el *tosefet Shabat,* el anhelo que haya permanecido vibrante en su corazón mientras crecían sus hijos la ayudará a utilizar este tiempo para *Kabalat Shabat* en lugar de cualquier otra cosa.

»Hagamos ahora una pequeña digresión para que os hable acerca de los diferentes niveles del alma adicional del Shabat y de cómo los recibimos: recibimos el nivel adicional de *nefesh* al decir *boi calá*-¡Ven, oh, novia! al final de la composición musical *Lejá Dodí,* que, dicho sea de paso, decimos solamente la primera de las tres veces en las que decimos *Kabalat Shabat*... La razón primordial por la que decimos *Lejá Dodí* en este momento es su final en que decimos *boi calá* tres veces...

—Permíteme que te interrumpa, Abba –intercaló Gueula, y al asentir Reubén, añadió–, hay quienes cantan las palabras *boi calá* en este momento con la tonada de las ceremonias nupciales, y ¡es tan bonito![13] Lo puedes escuchar el domingo, si quieres.

—Esto no fue una interrupción, Gueula, sino que completaste lo que estaba explicando –la alabó Reubén–. Es más, añadiré que decimos *boi calá* tres veces. La primera vez inclinándonos hacia la derecha y la segunda inclinándonos hacia la izquierda. La tercera vez decimos *¡boi calá Shabat Malketá!*-Ven, oh, novia, Reina de Shabat, al inclinarnos hacia delante con la intención de elevar a nuestra amada Shejiná al mundo celestial en el que corresponde. Tened en mente que al decir *boi calá* por tercera vez hay que decirlo en un susurro, pero las palabras que le siguen, *Shabat Malketa,* se dicen en voz alta. También tenemos en mente que al elevarse la Shejiná, nosotros recibimos otro nivel del alma adicional.

»Recibimos el *rúaj*-espíritu adicional cuando los miembros de comunidad están diciendo *barejú* en la sinagoga –continuó Reubén–. Y en este momento también estaremos recibiendo el nivel del alma adicional de *neshamá* cuando decimos «extiende sobre nosotros Tu palio de la paz»- וּפְרוֹשׂ עָלֵינוּ סֻכַּת שְׁלוֹמֶךָ; justo antes de decir la Amidá. El escuchar *barejú* antes de *arvit*-la oración de la noche es por lo tanto esencial porque hemos de tener en mente de que estamos recibiendo el aspecto del alma adicional del Shabat llamado *rúaj*-espíritu al escucharlo.

»Digamos ahora que estáis en la sinagoga y se os olvidó tener en mente recibir el nivel adicional de *rúaj* al decir *barejú* en la sinagoga por primera vez, **o bien que no lo oísteis.**[14] En ese caso, al final de la oración de la noche del Shabat, cuando los congregantes estén diciendo el último *barejú,* tenéis que tener en mente que estáis recibiendo juntos el nivel adicional de *rúaj* así como el de *neshamá*-alma elevada. La razón detrás de esto es que, como os mencioné, si no recibisteis el nivel adicional de *rúaj* os es imposible recibir el nivel adicional de *neshamá* al

13. Quien desee escuchar cómo se canta *boi calá* con la tonada de las ceremonias nupciales puede solicitar que se lo envíe por *email.*

14. Las enseñanzas que siguen son adaptadas de Rab Jayim Vital, *Shaar haCavanot*-דרוש ב' דרושי ערבית ליל שבת.

escuchar *ufros aleinu sucat shelomeja*-extiende sobre nosotros Tu palio de la paz. Por lo tanto, ahora, en el segundo *barejú* justo antes de la oración final *Aleinu leshabeaj,* tenemos en mente recibir juntos los niveles adicionales de *rúaj* y de *neshamá.*

—¿Qué va a suceder cuando nos casemos? –preguntó Tehilá–. ¿Cuándo podremos encender las velas del Shabat para recibir el suplemento del *tosefet Shabat?*

—El hombre acepta el Shabat al decir *arvit;* por lo tanto, idealmente, ha de terminar de decir *arvit* al llegar el momento de *plag haminjá.*[15]

---

15. Como explicado en el capítulo dos, «Ascender con el *tosefet Shabat*»:
Precisamos ahora una breve digresión para comprender las diversas opiniones acerca del momento en que se acepta el Shabat. El concepto judío de día comienza de la noche en adelante; comienza a la *shekiá*-puesta del sol y continúa el día siguiente hasta la *shekía.* Para facilitar esta explicación, consideremos un día modelo en que la salida y la puesta del sol abarcan desde las 6 de la mañana hasta las 6 de la tarde.
Si fuesen idénticos el día y la noche, y sucediese la salida del sol a las 6 de la mañana y la puesta del sol a las 6 de la tarde, consideraríamos el día como sigue:
De 96 a 72 minutos antes que el primer rayo de sol apunte en el horizonte se denomina *alot hashajar,* que suele traducirse como «alba». El primer rayo que apunta en el horizonte se llama *netz hajamá*-«salida del sol».
Jatzot-mediodía ocurre cuando se encuentra la persona en pie en un espacio abierto y no tiene sombra del todo. Media hora después de esto se puede decir *Minjá*-la oración de la tarte, y se denomina *Minjá Guedolá*-la primera Minjá.
En los días del Templo, se consideraba que comenzaba la noche nueve horas y media después de la salida del sol y que continuaba hasta *alot hashajar.* Cuando los judíos transgredimos y tuvimos que ir al exilio, nos pidieron considerar la mitad del tiempo entre *Minjá Ketaná*-la segunda Minjá y el último rayo de la puesta del sol; es decir, diez horas y cuarenta y cinco minutos después de la salida del sol, llamado *plag haminjá:* según la opinión de Rabí Yehudá, esta *plag haminjá* es, de hecho, la última oportunidad de rezar *Minjá.* No obstante, según los estudios de los sabios talmúdicos y sus opiniones, se puede rezar *Minjá* hasta que el último rayo de sol deja el horizonte, que llamamos puesta del sol, y se puede rezar *Arvit* desde la puesta del sol en adelante.
En cambio, según la Kabalá todos las oraciones han de decirse mientras que el sol sigue en la tierra, basado en el versículo: יִירָאוּךָ עִם שָׁמֶשׁ -*para que Te teman mientras brille el sol.* Por lo tanto, hay que terminar de decir la *Amidá*-oración silenciosa de *Arvit* antes de la puesta del sol, es decir antes de que desaparezca el último rayo de sol en el horizonte. Según el Zóhar, sólo debe recitarse la *Amidá* de *Arvit* hasta la puesta del sol, cosa que presenta un desafío en lo que concierne al Shabat: si nos guiamos según los sabios kabalistas, hemos de aceptar el Shabat antes de que el último rayo de sol desaparezca en el horizonte.

La mujer acepta el Shabat al encender las velas; por lo tanto, ha de encenderlas en el momento de *plag haminjá.*[16]

»¡No es fácil encenderlas tan temprano! Para lograr hacerlo, la mujer casada ha de decir el *Shir haShirim* lo bastante temprano para terminar de decirlo antes de *plag haminjá,*[17] y luego encender las velas en *plag haminjá.* A la mujer le han confiado la responsabilidad del cuidado del hogar y lograr estar lista para *plag haminjá* ya sería una proeza para ella. Sin embargo, si tiene tiempo en seguida después de *plag haminjá,* puede decir las oraciones de *Kabalat Shabat* como su esposo, y luego decir *arvit,* la oración de la noche.

—Pero si no puede encenderlas antes de *plag haminjá,* es probable que no pueda ir a la sinagoga con su marido. Entonces, según lo que acabas de decir, ¡se va a perder el aspecto del alma adicional de *rúaj* porque no puede decir *barejú* ella sola! –exclamó Tehilá.

—Puede recibir el aspecto de *rúaj* leyendo un texto del Zóhar designado para este propósito, tanto es así que está incluido en muchos *sidurim*-libros de oración de hombres seculares. Es un texto importante, en particular para los que no pueden ir a la sinagoga los viernes por la noche, ya que como os mencioné, su lectura obtiene el mismo efecto que el *barejú,* que no puede decirse sin un *minián*-grupo de diez hombres:

וְלוֹמַר בָּרְכוּ אֶת ה׳ הַמְבוֹרָךְ. אֶת דַּיְקָא דָא שַׁבָּת דְּמַעֲלֵי שַׁבְּתָא: בָּרוּךְ ה׳ הַמְבוֹ־
רָךְ. דָּא אַפִּיקוּ דְבִרְכָאָן מִמְּקוֹרָא דְחַיֵּי וַאֲתַר דְּנָפִיק מִנֵּיהּ
כָּל שַׁקְיוּ לְאַשְׁקָאָה לְכֹלָּא וּבְגִין דְּאִיהוּ מְקוֹרָא בְּרָזָא דְאָת קַיָּמָא קָרִינָן לֵיהּ הַמְ־
בוֹרָךְ אִיהוּ מַבּוּעָא דְבֵירָא וְכֵיוָן דִּמְטָאָן הָתָם הָא כֻּלְּהוּ לְעוֹלָם וָעֶד. וְדָא אִיהוּ
בָּרוּךְ ה׳ הַמְבוֹרָךְ לְעוֹלָם וָעֶד:

»Cuando el *jazán* que dirige las oraciones dice «Bendecid a (אֶת) Hashem, el Bendito». La palabra *et* alude a la Shejiná. Estamos pidien-

Es importante notar, no obstante, que no todos los kabalistas concuerdan con esta opinión. Por ejemplo, según Rab Yaakov Sofer, autor del compendio de Halajot basadas en enseñanzas kabalistas *Caf haJayim,* aceptar el Shabat antes de *plag haminjá* no es válido-.
המנחה דקודם אינה כלום

16. Según Rabi Yehudá, en el Shabat, durante Januká, las luces de Januká se encienden una hora antes de la *shekiá* y las luces del Shabat en seguida después.

17. La hora de *plag haminjá* en diferentes lugares del mundo puede verificarse en la página web myzmanim.com.

do que toda la *shefa* fluya hacia abajo hasta la Shejiná, imbuyendo todos los mundos celestiales en el proceso.

»Y los judíos sefaraditas suelen decir otra versión de esta oración:

אָמַר רִבִּי עֲקִיבָא: חַיָּה אַחַת עוֹמֶדֶת בָּרָקִיעַ וּשְׁמָהּ יִשְׂרָאֵל, וְחָקוּק עַל מִצְחָהּ יִשְׂרָאֵל. עוֹמֶדֶת בְּאֶמְצַע הָרָקִיעַ וְאוֹמֶרֶת, בָּרְכוּ אֶת ה׳ הַמְּבֹרָךְ. וְכָל גְּדוּדֵי מַעְלָה עוֹנִים וְאוֹמְרִים, בָּרוּךְ ה׳ הַמְּבֹרָךְ לְעוֹלָם וָעֶד.

»Dijo Rabí Akiva: un ángel *jayá* se mantiene en el firmamento y se llama Israel. Impreso en su frente está Israel. Se mantiene en el centro del firmamento y dice: «¡Bendecid a Hashem, el Bendito! Y todos los seres angélicos responden: ¡Bendito es Hashem, el Bendito, por siempre y para siempre!

»Hemos de terminar ahora –dijo Reubén.

—¿Podríamos continuar más tarde? –preguntó Batia con timidez.

—Con mucho gusto –dijo Reubén–. ¿Por qué no te unes a nosotros para la Tercera Comida esta tarde? –sugirió.

—Pasaremos a buscarte a eso de las cinco de la tarde –dijo Tehilá.

Capítulo tres – El tren celestial

- Dejar un poco de vino en la copa de *kidush*
- Dejar un pedacito de pan en la bandeja de *jalot*-panes después de la primera comida del Shabat
- Oración-meditación para recibir a la Reina Shabat
- Vueltas alrededor de la mesa antes de las comidas del Shabat
- Decir el servicio de *Kabalat Shabat* tres veces
- Aceptar los niveles del alma adicional en diferentes momentos del Shabat

Capítulo cuatro

La luz oculta de la Creación

Reubén estaba sentado a la mesa estudiando un libro cuando se abrió la puerta de repente y entraron las tres muchachas causando un gran estruendo.

—¡Señoritas! –comenzó con tono de protesta, pero se interrumpió al distinguir la mirada de terror en los ojos de sus hijas–. ¿Qué ha pasado? –preguntó bruscamente, y en seguida tuvo que elevar la voz para silenciar las de ellas ya que comenzaron a hablar a la vez.

—Gueula, por favor, habla tú –pidió.

—Tehilá y yo fuimos a buscar a Batia como habíamos acordado. Su casa está lejos de la nuestra, como sabes, o sea, que tuvimos que andar bastante hasta llegar allí. Pero no nos dimos prisa porque tú sueles llegar tarde a casa después de la oración del Shabat de la tarde. La recogimos y comenzamos a andar despacio. Como de costumbre, mis pensamientos se dejaron llevar por la corriente pensando en todo lo que ha aprendido este Shabat, y me dieron ganas de cantar. La mayoría de las personas que viven por aquí están dormidas a esta hora del día del Shabat, o sea, que no me preocupé de que alguien pudiera oírme.

»A Batia le gustó tanto la canción que se sentó en un campo que no queda lejos del huerto de manzanas en el que fuimos a recibir el Shabat, y ambas nos sentamos con ella. De pronto, Tehilá se levantó y me miró con ojos asustados, me dijo que me callase y que nos fuéramos de allí. Yo no le hice caso, porque me imaginé que Tehilá estaba enfadada por mi canción como suele suceder siempre que canto, pero ¡me equivoqué!

—¡Sigue! –la urgió Reubén–. ¿Qué era?

—¡Un moro nos estaba mirando! –continuó la joven con temor en los ojos–. Estaba allí mismo, detrás de uno de los manzanos de la colina, o sea, que yo no le había visto. De pronto, al elevar la voz en mi canción, me paré cuando vi su semblante siniestro y su mirada de... no sé..., hambre, quizás. Comenzamos todas a correr y vinimos aquí.

Con una risa brusca, añadió:

—¿Sabes qué? Estaba cantando el salmo 92, del que hablamos esta mañana. Me lo sé de memoria porque acabamos de aprenderlo en mi clase de canto. Vi a este hombre poco después de cantar «mis ojos aún han de ver [la caída] de los que me acechan; mis oídos aún han de oír [la derrota] de quienes se levantan contra mí»-

וַתַּבֵּט עֵינִי בְּשׁוּרָי בַּקָּמִים עָלַי מְרֵעִים תִּשְׁמַעְנָה אָזְנָי.[18]

Reubén se sentó con pesadez y se cogió la cabeza entre las manos.

—Entonces, por eso te sabías este salmo tan bien cuando cantamos juntos anoche para *Kabalat Shabat* –musitó–. Es culpa mía –añadió–. Tenía tal deseo de hacerte vislumbrar la dimensión interior del Shabat que ignoré el peligro de que cantases al aire libre. Informaré a la policía de inmediato; tienen que buscarle.

—Pero, Abba, ¿no dice el salmo que en el Shabat, los enemigos de Hashem van a perecer y que todos los malvados serán dispersados? Dice que van a desaparecer. ¿Por qué nos ha sucedido esto? –preguntó Gueula.

—Sí que dice eso, y lo que está prometido en este salmo sucederá en el día en que entremos en la dimensión del Shabat para siempre –dijo Reubén–, después de la *gueulá*-redención. Hoy día aún tenemos que ser cautelosos y protegernos contra nuestros enemigos, en Shabat como en cualquier otro día.

—Abba, ¿podrías cantar una canción de Shabat para ayudarnos a dejar atrás este episodio? –pidió Gueula–. Esa canción que mi maestra compuso basada en la oración que leemos en el Shabat de la mañana, *Nishmat col jai,* en la que agradecemos a Hashem, o más bien, expresamos nuestra incapacidad de agradecerle lo suficiente. ¡Me encanta esa canción![19]

---

18. Salmos 92:12.
19. Las palabras de la oración *Nishmat col jai* fueron adaptados a la canción compuesta por la señora Miri Israel, una maestra de coros de Jerusalem, en gratitud a Hashem por haber salvado a su bebé de una enfermedad grave.

Reubén asintió y comenzó a cantar, cerrando los ojos.[20]

—«Si tuviéramos la boca llena de canción, tan llena de canción como el mar; si nuestra lengua pudiese cantar como muchas muchas olas, si nuestros labios estuviesen tan llenos de alabanza como la expansión del cielo, y nuestros ojos brillasen como el sol y la luna, aun así, no podríamos darte las gracias lo suficiente, Hashem, nuestro Creador Todopoderoso y Creador de nuestros antepasados».

—Gracias, Abba –dijo Tehilá–. Eso era lo que necesitábamos–. Vamos –les dijo a las otras dos jóvenes–, pongamos la mesa y sirvamos la comida.

Durante los próximos momentos reinó el silencio al estar participando en la tercera comida.

Reubén abrió la discusión preguntando si alguien tenía una pregunta o algún comentario.

—¡Yo tengo una! –exclamó Batia–. Mi pregunta está relacionada con la impresión que recibí anoche de que las personas religiosas parecen hacer más de lo que requiere la Torá, y al hacerlo, les dificultan el camino a otros.

»Retuve de tus enseñanzas anoche que, de algún modo, al leer palabras que están impresas en un libro, las mismas palabras tres veces al día, puede uno conectarse con otra realidad en la que se puede alcanzar una percepción sensorial del Creador. Aunque esto es un desafío para mi sentido de la lógica, aun así pude aceptarlo y creer que es cierto, pero ¿se debe decir la oración de la mañana tan temprano? –terminó conteniendo un bostezo.

—¿Estás verdaderamente interesada en recibir una respuesta completa o estás solamente compartiendo las quejas de tu padre como lo hiciste anoche? –preguntó Reubén con intención.

—Deseo profundamente recibir una respuesta completa –respondió Batia–. Ésta no es sólo de mi padre, sino que es mi queja también. Me

---

20. וְאִלּוּ פִינוּ מָלֵא שִׁירָה כַּיָּם וּלְשׁוֹנֵנוּ רִנָּה כַּהֲמוֹן גַּלָּיו וְשִׂפְתוֹתֵינוּ שֶׁבַח כְּמֶרְחֲבֵי רָקִיעַ מָלֵא מָלֵא
וְעֵינֵינוּ מְאִירוֹת כַּשֶּׁמֶשׁ וְכַיָּרֵחַ אֵין אֲנַחְנוּ מַסְפִּיקִים לְהוֹדוֹת לְךָ הַשֵּׁם אֱלֹהֵינוּ וֵאלֹהֵי אֲבוֹתֵינוּ

Quien desee escuchar esta canción puede solicitarla por correo electrónico: simchahben-yosef@yahoo.com.

costó mucho levantarme tan temprano y no pude concentrarme como hubiese querido, como lo hubiese hecho al estar más descansada.

—El momento ideal para decir la Amidá es justo el de la salida del sol, *netz* en hebreo –dijo Reubén–; o sea, que no estás haciendo nada especial al rezar al amanecer, sino que estás haciendo la *mitzvá* como debe de hacerse.[21] En su comentario a los salmos,[22] a propósito del salmo 92, escribió Rab Moshé Jayim Luzzato, conocido como Ramjal, que cuando dice el salmo,[23] «hablar de Tu bondad por la mañana» se refiere al *or haganuz*-la luz oculta de la Creación, que Hashem escondió, reservándola para los *tzadikim.* O sea, que como veis, esa luz está con nosotros todo el tiempo, pero no tenemos acceso a ella. Enseñan los Sabios que esta luz fue escondida en el sentido de que oculta la unificación celestial de Hashem con Kneset Israel. Como os mencioné, esta unificación es el significado interior de nuestra Amidá diaria. Nos revela Ramjal que esta luz oculta brilla libremente en el momento de *netz* y la absorben todos los que están rezando la Amidá en este preciso momento.[24]

»Ya que estamos hablando de la oración matinal, permitidme que os pregunte algo –añadió Reubén–: ¿Cómo os laváis las manos al levantaros por la mañana?

—Yo voy al baño, donde tengo un recipiente ritual para lavarme las manos –respondió Gueula.

—Eso es un error –objetó Reubén–; y me culpo a mí mismo por no enterarme antes de cómo os laváis las manos por la mañana. Enseña el Zóhar que si al construir una casa se fija un lugar específico para el cuarto de baño, que en esa época hubiera sido una pequeña cabaña

---

21. Rav R. Moshé Luria, *Pitjéi Tefilá,* vol. 2, «Zman Tefilat Shajarit Hearat Or haGanuz [A]», pág. 310.
22. La enseñanza que sigue es adaptada de Rab R. Moshé Luria, «Zman tefilat shajarit hearat or haganuz», en *Bet Genazai: Pitjéi Tefilá,* vol. 2,»págs. 314-318.
23. Salmos, 92, 3; mi traducción se inspiró en la traducción al inglés de Rab Avraham Sutton. *Yearning for Redemption: The Psalms of King David.* Puede comprarse solicitándola por *email.*
24. Rab Moshé Luzzato, *Adir BaMarom*, pág. 452, en *shevaj hamelej n.º 2.* Le estoy agradecida a Rab Moshé Schatz por buscar esta referencia y ayudarme a escribirla para este libro.

fuera de la casa, ese espacio se convierte en un lugar de impureza antes de que fuera construido. Lavarse las manos ritualmente en el cuarto de baño es correcto según la *halajá*-ley. Ahora bien, quien desea los más elevados niveles de pureza ha de lavarse las manos fuera del baño. Lo mejor es preparar un recipiente especial para ello y dejarlo cerca de la cama antes de acostarse, y durante el resto del día se va a la pila que esté más cerca y no forme parte de un cuarto de baño. Es más, según algunos kabalistas, es mejor poner el recipiente con los utensilios para el lavado ritual de las manos en un banquito cerca de la cama que sea lo suficientemente alto para poder lavarse las manos al despertar y recitar la *berajá*-bendición antes de poner un pie en el suelo.

—Pero, Abba, yo pensé que nosotras, las mujeres, ¡no teníamos que preocuparnos de estas cosas! –dijo Tehilá–. Quiero decir… pensé que teníamos que lavarnos las manos ritualmente, así como los hombres, pero no teníamos que preocuparnos por esos detalles de adónde hemos de lavárnoslas.

—¿Cómo puedes decirme una cosa así, Tehilá? –dijo Reubén con una mirada de sorpresa–. No recuerdas vuestra amiga… ¿cómo se llamaba?... ¿La que estuvo saliendo mucho tiempo con un muchacho para casarse, pero no podía decidirse?

—¡Sharon! –exclamaron Gueula y Tehilá a la vez, mirándose la una a la otra–. Es cierto, se me había olvidado –admitió Tehilá–. Estaba angustiada acerca de su decisión, tanto es así que te la trajimos y sólo le preguntaste dónde se lavaba las manos por la mañana. Cuando dijo que lo hacía en el cuarto de baño, tú le diste el consejo que acabas de darnos…

—… y en tres días decidió aceptar –continuó Gueula sonriendo–. Eso sucedió hace como un año, y tienen la mejor unión matrimonial, *Baruj Hashem.*[25]

—Cuando acabamos de despertar por la mañana es cuando las fuerzas de la impureza tienen más habilidad de afectarnos, y pueden llegar hasta nuestros mismos pensamientos, o sea, nos corresponde a

25. Esta historia auténtica fue adaptada de un episodio en la vida de Rav Mordejai Eliyahu zt'l.

nosotros a utilizar todos los medios que nos da la Torá para alejarlas de nosotros.

»Ahora voy a deciros otra cosa que debéis tener en mente cuando lleguéis a estar listas para comenzar el día diciendo la *tefilá*-oración diaria con el *netz*-la salida del sol –continuó Reubén–. Tratad de acostaros temprano para poder levantaros lo bastante temprano para tener una hora y media disponible desde el momento que estéis listas para servir a vuestro Hacedor hasta el momento de *netz*.

—¿Cómo has calculado este tiempo, una hora y media? –preguntó Gueula.

—El momento exacto de *alot hashájar*-el alba es como una hora y media antes del *netz,* pero hay que verificar en un calendario a qué hora exacta es todos los días. En ese momento, las fuerzas de la impureza tienen el poder de afectar a los que están dormidos, y los afectan con más intensidad que en otros momentos, de modo que es importante estar despierto para evitarlo. En cuanto a mí, si he estado despierto toda la noche y me siento exhausto, puedo echarme a dormir una siesta en algún momento durante la noche, pero me aseguro de despertar media hora antes del alba-*alot hashájar.* ¿Y sabéis qué? Es muy agradable tener media hora libre antes de comenzar a decir la *shajrit-tefilá* de la mañana.

Batia hizo un movimiento leve con la cabeza como para ayudarse a integrar las enseñanzas que transmitía su anfitrión.

—Todo lo que has enseñado me ha ayudado a comprender la importancia capital de la *tefilá* como nuestro «servicio del corazón» y expresión de nuestro amor. Me conmovió comprender que en el momento que estamos inmersos en la Amidá aquí abajo, hay un *yijud*-unificación Arriba. ¡O sea, que cuando esté lista a emprender el servicio de la *tefilá* de la mañana, me va a resultar difícil de hacerlo en otro momento que el *netz!* –comentó.

Hubo una larga pausa, que Tehilá rompió:

—Abba, siento interrumpir, pero ya es hora de *arvit*-la *tefilá* de la noche.

—Gracias –dijo Reubén–; ¡me voy!

—Abba, ¿podemos ir contigo? –preguntó Gueula.

—¡Por supuesto! –aprobó Reubén–. Sólo que tienes que traer tu propio *sidur* contigo, porque quiero decir la *tefilá* en la sinagoga privada de nuestros vecinos, y no tienen bastantes libros…

—¡Oh, mi *sidur*! –exclamó Gueula–. Se me olvidó en el campo cuando cantamos juntos, Abba. Voy a ir a buscarlo –terminó, y salió corriendo.

—Adelántate tú, Abba –sugirió Tehilá–. Nosotras esperaremos a Gueula.

Asintiendo, Reubén salió de la casa con su libro de oraciones bajo el brazo. Gueula corrió hasta el campo y no tardó en divisar su libro de oración, en el mismo lugar en el que lo había dejado. Con un suspiro de alivio, llegó al lugar, se metió el libro en el bolsillo… y ahogó un grito: ante ella estaba el árabe que las había asustado anteriormente… un momento después sintió un dolor agudo y perdió el conocimiento.

Capítulo cuatro – La luz oculta de la Creación

- *Tefilá* matinal con el *netz*-salida del sol
- Lavado de manos ritual de la mañana

Capítulo cinco

La oscuridad es un estado mental

Tratando de salir del estupor mental en el que se encontraba, la muchacha movió la cabeza y ahogó un grito al sentir oleadas de dolor en la cabeza. Escuchó un motor en la distancia, pero cuando estiró el cuello para mirar por la ventanilla, lo único que podía verse eran nubes. Su dolor se convirtió en terror al ver la cara de un hombre inclinado hacia ella, con una mirada malévola en los ojos. El hombre vertió un poco de líquido en un pañuelo y lo mantuvo cerca de la cara de la joven. Ella trató de girar la cabeza para evitar el olor punzante que la ahogaba, pero sentía demasiado dolor para luchar... y de nuevo perdió la conciencia.

Despertó horas más tarde y de nuevo se preguntó dónde estaba. «Tengo que estar en algún hospital –pensó haciendo una mueca de dolor–. Pero ¿por qué está esto tan oscuro? Tengo que pedir ayuda... Yo... Yo... ¿Quién soy yo?», gritó al darse cuenta de que no recordaba nada. Nada. Pero no acudió nadie. La invadió el terror al fijarse en las tinieblas que la rodeaban sin lograr distinguir nada. Gritó de nuevo; ¿de dolor? ¿De miedo? ¿De las náuseas que la invadían? No importaba.

La luz de pronto iluminó la habitación. Entró un hombre vestido con una *djelabía.*

—Por fin te has despertado, Leila –dijo.

—¿Leila? –frunció el ceño–. Ése no es mi nombre.

—De ahora en adelante, ése va a ser tu nombre. Tienes que olvidar tu nombre del pasado.

Gueula, pues era ella, tuvo que sonreír ante la ironía de su petición:

—Considere usted que ya lo he hecho –dijo–. No puedo acordarme de nada. Es como si alguien me hubiese golpeado en la cabeza... –Entrecerró los ojos al tocarse el punto que le dolía en la cabeza–. ¡Fue usted quien lo hizo! ¡Usted me golpeó en la cabeza y por eso no me acuerdo de nada acerca de mí misma!

»Pero... ¿por qué? ¿Qué quiere de mí?

—Quiero que te cases conmigo. Tu antiguo nombre y tu identidad no me importan.

Entrecerrando los ojos, la muchacha exclamó:

—Soy judía. ¡Por lo menos de eso me acuerdo! ¡Qué curioso, no se me ha olvidado nada acerca de mi fe, sólo he perdido la conciencia de mi identidad personal, y no me casaría con usted aunque fuera el último hombre del mundo!

—¿Preferirías quedarte aquí, encarcelada en este sótano, en las montañas Atlas de Marruecos, lejos de todo? Nadie te va a encontrar aquí, ¿sabes? Te dejaré en esta oscuridad hasta que cedas o te mueras de frustración.

—¿Eso es lo que representa el matrimonio para vosotros? Para nosotros es bastante diferente, y no aceptaré otra cosa. No puedo aceptar otra cosa –repitió–. Sería injusto hacia la santa alma que recibí al venir al mundo.

—¿Qué sabes tú de esas cosas? –dijo el hombre con una risa dura–. Puede que termines tus días en esta prisión y ¡eso verdaderamente no sería justo hacia ti misma! En lugar de eso, podrías casarte conmigo y yo te daría todos los lujos que puedan comprarse con dinero.

Gueula se movió ligeramente, tratando de aliviar su dolor de cabeza cambiando de posición:

—Ya le he dado mi respuesta –dijo fríamente–. Sólo tenga en mente que no estamos solos. Hay Uno que nos vigila y a quién le importa. Uno que no va a dejar escapar lo que está haciéndome. Tiene razón: al fin y al cabo, yo no sé nada; pero estoy tan segura de que Él me va a proteger, que es como si lo supiera.

El hombre entrecerró los ojos

—¿Qué edad tienes? ¿Quién te ha enseñado?

—No lo sé –le cortó Gueula–. Usted me ha quitado la conciencia.

Luego, cambiando de actitud, dijo:

—¡Déjeme irme de aquí! –le suplicó–. Ya ve que no voy a ceder nunca. Deje que me vaya y no le diré nada a la policía acerca de usted, se lo prometo.

—Nunca te dejaré a menos que me vea obligado a ello –dijo él despacio–. Te he observado durante muchos días, esperando una oportunidad de cogerte. Cada vez que salías de tu casa con esa muchacha que se parece tanto a ti, pero yo podía ver la diferencia, yo estaba allí, oculto entre los arbustos. Gasté una fortuna fletando un vuelo para llevarte a Marruecos, ya que no podía darles una fecha exacta porque no estaba seguro de cuándo podría atraparte. ¡También tenía que encontrar un piloto que aceptase mis planes y me ayudaría a evitar a las autoridades! Ahora que te tengo, no voy a forzarte: no me casaré contigo a menos que consientas de buena voluntad. Esperaré; estoy seguro de que es sólo una cuestión de tiempo hasta que cedas.

—Bueno, vamos a verlo, ¿no? ¿Cómo es que habla hebreo tan bien?

—Porque pasé varios años trabajando en Israel hasta que murió un tío mío de pronto y me dejó su fortuna. Entonces tuve que regresar y tomar posesión de su herencia.

El hombre fue hacia la puerta y añadió:

—Voy a traerte algo de comida, Leila; ahora vuelvo.

Cuando salió de la habitación, Gueula sintió que la fuerza que la había mantenido ante su enemigo estaba disminuyendo.

—¿Por qué me has hecho esto, *Ribonó shel Olam*-Señor del Universo? –gimió–. ¿Era yo tan malvada que no pudiste encontrar ningún otro para hacer que le sucediera esto? Yo sé que Tú eres Conocedor de todos los secretos, pero por alguna razón, me cuesta aceptar esto. ¿Qué va a ser de mí?

Se dio la vuelta en la cama en la que estaba acostada y sintió un objeto duro presionando su pierna derecha. Se fijó a ver lo que había allá y vio que tenía un bolsillo en la falda. Metió la mano y sacó un librito del que salieron muchos trozos de papel. Frunciendo el ceño con curiosidad, abrió el libro. Al darse cuenta de que era un *sidur*-libro de oraciones, lo tiró hacia el otro lado de la habitación en un ataque de rabia, y luego comenzó a sollozar histéricamente.

No pasó mucho tiempo antes de que escuchara el sonido de pasos que se aproximaban. Paró de llorar y se sentó en la cama rápidamente secándose las lágrimas con el revés de la mano. La puerta se abrió lentamente y entró su captor, que llevaba una bolsa. Fue a la esquina del cuarto, en la que había unos estantes, y puso en uno varios frutos y verduras, una caja de crackers y seis botellas de agua mineral.

—Éste va a ser tu rincón de la comida, Leila, para que la encuentres con facilidad –dijo.

«¿Para que la encuentre con facilidad? ¿De qué está hablando?» se preguntó.

—Te he traído pimientos, tomates y pepinos que ya están lavados, y la fruta lo está también, o sea, que te lo puedes comer así. Sólo bebe el agua mineral que te he traído, porque si bebieses agua del grifo podrías ponerte enferma.

—Adiós por ahora, Leila; volveré en unos días para ver si has cambiado de idea. Ven a ver cómo he colocado tu comida porque pronto no vas a poder distinguirlo tan claramente.

—¿Quieres decir que tiene la intención de apagar las luces y dejarme en la oscuridad? ¡No puede ser! –dijo con voz entrecortada.

Enderezándose, miró alrededor de ella, el cuarto estrecho, con la cama en la que estaba sentada, la ventana estrecha y alto en el muro, fuera de su alcance. Se fijó en el cuarto de baño, a la derecha según se entraba, y se miró al espejo. Se le fueron las ideas al mirar la reflexión de su labio superior, como si buscara algo que no se encontraba.

El sonido de la voz de su captor la volvió a la realidad.

—Ven y mira dónde he puesto tu comida antes de que apague la luz –dijo él.

Regresó a la habitación y miró lo que llamaba el rincón de la comida, a la izquierda, cerca del cual había una mesa y una silla. Aún estaba mirando a su alrededor cuando se cerró la puerta despacio detrás de ella y la oscuridad llenó el ambiente de nuevo.

Anonada, fue a echarse en la cama, aterrorizada por su miedo a la oscuridad. Las lágrimas no tardaron en brotar y lloró hasta quedarse dormida. Despertó unas horas después, sintiéndose descansada físicamente, pero emocionalmente en pedazos. Se levantó, y con los brazos extendidos ante ella, fue a tientas al baño. Se lavó ligeramente, pensando que no se atrevería a darse un baño ni una ducha siempre que su captor pudiera entrar sin anunciar su presencia. Cuando salió, parte de ella se dio cuenta que sus labios estaban pronunciando la bendición a D-s, Quien cura y sostiene todo cuerpo y obra maravillas. Sonrió amargamente, pensando cuántas de las bendiciones que decía a lo largo del día eran como ésta, totalmente por rutina, ya que no sentía gratitud alguna, ni tampoco podía pensar en D-s como sanador y aún menos como hacedor de maravillas.

—Oh –exclamó de pronto, al recordar que acababa de soñar con un gran pie que pisoteaba el libro de oraciones que la había acompañado al exilio–. Perdóname *Ribonó shel Olam*, pero estaba enfadada, Tú lo comprendes.

—¡Cuando dijiste esas bellas expresiones de fe delante del árabe, estabas hablando sólo con la boca, no con tu corazón! –la acusó la Voz en su mente.

—¡Esa voz... esa voz! –musitó–. ¿Dónde te he oído antes? ¿Quién eres tú para mí?

—Eso ahora no tiene importancia. ¡Respóndeme!

—Lo que estás diciendo no es cierto. En ese momento eso es lo que sentía en lo más profundo de mí. Pero después, me acordé de la enormidad de lo que está sucediéndome y caí en un estado de... ¿cuál era esa palabra que me enseñaste un día...?, *katnut*-conciencia reducida.

»¿Qué hago yo ahora? ¿Cómo encuentro mi *sidur* en la oscuridad?

—Búscalo con un fuerte deseo de encontrarlo y de utilizarlo –fue la respuesta que obtuvo.

Gueula se agachó, poniéndose de rodillas, y fue por el cuarto, tanteando para encontrar su libro; no pasó mucho tiempo antes que lo encontrara cerca del pie de la mesa. Lo besó con fervor y dijo:

—Me doy cuenta de Tu bondad oculta al hacer que mi *sidur* se encuentre conmigo en la situación en la que estoy, lejos de todo, *Ribonó shel Olam.* Pero dime, ¿no podías haber extendido Tu bondad y haberme evitado este trauma? Y también dime, ¿para qué me sirve un *sidur* en un cuarto totalmente oscuro?

Como si estuviera buscando una respuesta del cielo, alzó los ojos al lugar en el que había visto una ventanita, y se frotó los ojos al ver la luz del alba que comenzaba a expandirse en el mundo.

—¡Luz! ¡Luz! ¡Hay luz! –exclamó–. Lo que dijo de que estaría totalmente en las tinieblas no era cierto. Entra la luz del día por esta ventanita. Eso significa que sólo tendré luz limitada porque la ventana es muy estrecha, y que sólo será durante las horas del día y no por la noche, ¡pero al menos no tendré que estar en la oscuridad todo el tiempo!

Como sentía frío, decidió acostarse en la cama mientras esperaba que hubiese bastante luz del día para leer. En la cama trató de vaciar su mente en preparación para la oración. Usando una técnica que le vino espontáneamente, cerró los ojos y relajó todos los músculos. Se imaginó que salía de su cuerpo y se elevaba más y más, dejando su cuerpo atrás.

—¿Qué significa la oscuridad? –se oyó preguntar.

—La oscuridad es un estado mental; no es la falta de luz física –estaba diciendo la Voz–. Piensa en cómo la Torá se relaciona con la oscuridad.[26] Al principio del relato de la Creación, dice:[27] «y a la oscuridad la llamó Noche». Esto nos indica que los conceptos «noche» y «oscuridad» son en realidad equivalentes; pero no se refieren sólo a una falta de luz física. Ése es solamente el significado literal. Las letras hebreas de la palabra *laila*-noche aluden a la dimensión interior de estos términos, ya que las mismas letras pueden reagruparse para formar la palabra *yelalá*-lamento. O sea, que la oscuridad señala emociones oscilando entre la ansiedad a la desesperación, que amenazan con superarnos cuando nos sentimos distantes de Hashem.

—¿Cómo se combate este sentimiento de oscuridad cuando se está, de hecho, lejos de Hashem? –preguntó.

—Atrayendo luz a ti misma desde la fuente más excelsa: ¡el Shabat! –respondió la Voz–. En el Shabat, la noche tiene la misma cualidad de luz que el propio día. Fíjate en el versículo que aparece en la Biblia después de los seis días de la Creación: «Y fue de tarde, y fue de mañana, un día». Luego, al final del sexto día:[28] «Y cesó el séptimo día de toda Su obra que había hecho». O sea, que al referirse al Shabat, el versículo no dice «Y fue de tarde, y fue de mañana», porque el Shabat entero se considera luz.

---

26. El análisis de la oración que sigue está adaptado del ensayo de Rab Moshé Luria en *Bet Genazái* acerca de *Bereshit: Vayetze,* págs. 683 y sigs.

27. Génesis 1, 2.

28. Génesis 2, 2.

»Las tres comidas que hemos de preparar para el Shabat se vinculan al versículo en que los israelitas recibieron información acerca del maná en respecto al Shabat.[29] Se nos pide de participar en tres *seudot*-comidas en el Shabat, porque este versículo repite la palabra *hayom*-hoy tres veces. Tomamos estas comidas al anochecer, la mañana y la tarde, indicando así que todos estos tiempos se llaman *yom*-día, y que en el Shabat el concepto de «noche» como se aplica los otros días de la semana, no existe.

—¡Pero en el Shabat hay noche y oscuridad, igual que durante el resto de la semana!

—En las noches de Shabat, hay la misma clase de luz espiritual que durante el día, y a pesar de que hay oscuridad física, no es la misma clase de oscuridad que durante la semana, que es lo que causa que las noches del resto de la semana se llamen «noche». La oscuridad de las noches del Shabat es de una índole distinta.

»Todas las mañanas, en nuestras oraciones, bendecimos a Hashem por crear la oscuridad. Por lo tanto, al agradecerle por ser Creador de la oscuridad-בּוֹרֵא חֹשֶׁךְ- estamos en verdad refiriéndonos a la luz del mundo espiritual de בריאה-*creación*, que irradia con tal intensidad que no tenemos medios de percibirla. Por eso la llamamos oscuridad.

»¿Y sabes qué? La Luz que Hashem nos envía durante el Shabat es de la misma clase que la de בּוֹרֵא חֹשֶׁךְ -Creador de la oscuridad, tan intensa que no podemos percibirla.

—¡Ni siquiera recuerdo cuándo es Shabat! He perdido la cuenta con todo lo que me ha sucedido.

—Recuerda lo que te dije una vez:[30] «Quien está viajando por el desierto y no sabe cuándo es Shabat, debe contar siete días a partir del día en el que se dio cuenta que se le había olvidado. Debe también santificar ese día diciendo *kidush* y *havdalá*-el servicio del final del Shabat».

---

29. Éxodo 16, 25, «Comedlo hoy, pues hoy es Shabat para El Eterno. Hoy no lo encontrarán en el campo».
30. Tratado Shabat 69b. Citado de Rab Eliahu de Vidas, *Reshit Jojmá*, *Shaar Kedushá*, capítulo 2. Mi traducción.

—¡Espera! –gritó, sintió que la Voz iba bajando de intensidad en su oído interno–. ¡No me dejes! ¡Tengo miedo!

—Te voy a decir algo, aunque es probable que no me comprendas. No obstante, dilo y repítelo una y otra vez hasta que se vuelva parte de ti. Algún día te será útil:[31] «El misterio de la confianza-*bitajón* es que la Luz de Hashem nos viene como una afluencia que va y viene, y, sin embargo, seguimos teniendo confianza en que Hashem nos revelará Su bondad en el futuro. La intención Divina ante la afluencia y el retroceso de la Luz forma parte del proceso de la Creación, para que sólo recibamos el bien en la medida apropiada. La providencia Divina y la confianza están entremezcladas la una con la otra, ya que **la medida de la confianza que tiene la persona en el Altísimo determina la *hashgajá*-intervención Divina personal que vaya a venirle.** La intensidad con la cual el hombre concentra sus pensamientos en el mundo celestial vinculando todo lo que le sucede a la providencia Divina es el misterio de nuestra iniciación de abajo; es decir, el servicio divino que hacemos que es la manera en la que enviamos maná hacia Arriba, eso es lo que atrae hacia abajo la Luz de Hashem desde las más altas dimensiones.

Sintiéndose en paz, Gueula abrió los ojos. Había un poco de luz en la pequeña habitación. Se levantó de la cama, y en pie cerca de la ventana, abrió su *sidur* y comenzó a leer con su voz clara.

Capítulo cinco – La oscuridad es un estado mental

❋ Concepto de *bitajón*-confianza

31. Adaptado de Rab Itzjak Jaber, (*talmid*-discípulo del Gaón de Vilna), *Pitjéi Shearim.*

Capítulo seis

El sexto día-וְהָיָה בַּיּוֹם הַשִּׁשִּׁי

El Shabat había terminado en Israel. En el *moshav*-asentamiento Arieli, un agente de policía en la comisaría estaba hablando con un hombre de edad madura que estaba frente a él con ansiedad y preocupación.

—Lo siento, Reubén –dijo–, pero confía en nosotros. Continuaremos nuestra búsqueda sin descanso en los próximos días.

Reubén le apretó la mano con gratitud en silencio, ya que no creía que pudiese hablar sin romper a llorar, y salió de la comisaría. Al llegar a su casa, tras llamar a la puerta, Reubén abrió y entró. Tehilá estaba llorando, tirada en un sillón. Batia estaba sentada a su lado, y de vez en cuando le acariciaba la mano.

Tehilá saltó de su asiento cuando vio a su padre.

—¿Ha habido suerte? –preguntó, pero vio la respuesta en la cara de su padre.

—Aún no –respondió Reubén con una mirada de cansancio. Luego saludó a Batia inclinando la cabeza y le dijo–: Gracias por quedarte con Tehilá. ¿Quieres unirte a nosotros para *Melavé Malká*-la comida en que despedimos a la Reina Shabat?

—¿Estás loco? –gritó Tehilá–. Mi hermana está Dios sabe dónde, con algún raptor, ¿y vamos a sentarnos a gozar de una comida?

—Ante todo –dijo Reubén con severidad, como si toda su energía le hubiese regresado en ese minuto–, la preocupación que sientes por tu hermana no te da derecho a faltarle al respeto a tu padre, así como yo no utilizo mi propio dolor para atacarte con mis palabras.

»Hemos rastreado minuciosamente toda la zona que rodea el *moshav*-asentamiento. Mucha mucha gente se ha unido a nuestra búsqueda. No podemos hacer nada más por ella esta noche, y no quiero que nos perdamos la *seudá* de despedida del Shabat, *Melavé Malká,* a causa de la preocupación por Gueula. Si en las comidas del Shabat ascendemos a la Luz, en esta última comida nos acordamos del rey David, cuya misión era de atraer hacia abajo Luz divina para iluminar nuestra oscuridad, y eso es lo que necesitamos, ahora más que nunca.

»No quiero utilizar a Gueula como una excusa para caer en un estado de *katnut*-constricción en el que vaya a centrarme en los problemas que me han caído encima en lugar de pensar en la *hashgajá*-intervención Divina que me los ha enviado. En lugar de eso, quiero participar en la comida en la que acompañamos a la Reina Shabat para despedirla, y enseñar la Torá a quien quiera escuchar, para el beneficio de Gueula. Quiero decir, que el mérito de esta *seudá* en la que vamos a participar y el de la Torá que vamos a estudiar vayan a Gueula; ella lo necesita, dondequiera que esté.

»Si estás cansada, puedes ir a acostarte –terminó cerrando los ojos por un momento.

Tehilá se dejó caer en su silla, llorando histéricamente.

—No puedo, no puedo –dijo finalmente–. Todo esto es culpa mía; siempre fui mala con ella, y ahora se me ha ido...

—Por favor, ¡no te derrumbes! ¡Sé fuerte, mi amor! –dijo Reubén en voz baja–. Ahora te necesito.

Tehilá hizo un claro esfuerzo por recuperarse.

—Perdóname, Abba –dijo limpiándose los ojos–. Es que yo no tengo tanta fuerza interior; Gueula siempre tuvo más que yo. Puede que se deba a la Torá que siempre estudiaste con ella; aunque ella lo odiaba, ¿sabes?

Con una media sonrisa, replicó su padre:

—Le costaba trabajo comprender a veces y, sobre todo, ubicarse en el estudio, es decir, encontrar su propia relación con el estudio desde su propia perspectiva, pero sin duda alguna *no* lo odiaba.

Sacudió la cabeza

—Pero ¿por qué estamos hablando en pasado? *Im yirtzé Hashem*-si quiere Hashem, Gueula regresará a nosotros. Tenemos que grabar en nuestra mente el versículo que leemos en los salmos de alabanza del

Halel, que nos recuerdan que cuando una persona es recta,[32] «No temerá las malas noticias; su corazón es firme; confía en Hashem».

—Podría reaccionar de esta forma si lo que hubiera desaparecido hubiera sido nuestro coche, o una suma importante de dinero –razonó Tehilá–. Podría decirme que si nos lo quitaron fue porque Hashem nos estaba diciendo que en realidad no lo necesitamos y que nos estaba impidiendo acercarnos a Él. Pero ¿cómo puedo no temerlas cuando es mi hermana gemela la que ha desaparecido? –dijo finalmente comenzando a llorar de nuevo.

—¿Sabes?, el Talmud cuenta la historia del sabio llamado Hilel el Anciano, que estaba de camino a su casa con un estudiante suyo, cuando oyeron gritos que provenían de una casa cercana. «Estoy seguro de que esos gritos no vienen de *mi* casa», dijo Hilel…

—¿Cómo? ¿Se juzgaba tan santo que nada malo podría suceder en su casa? –comentó Tehilá, sin esperar a escuchar el final de la historia–. Lo siento, pero en mi libro, ¡eso se llama *gaavá*-orgullo!

—No creo que *gaavá* haya sido el problema de Hilel –dijo Reubén sonriendo a su pesar–. Era un hombre de extrema humildad. Lo que quiso decir es que estaba seguro de que los miembros de su casa nunca gritarían de esa forma. Si tuviesen una fuerte ansiedad por un peligro inminente, estarían leyendo salmos mientras confiaban en que Hashem les salvaría de la situación que los amenazaba; y si ya hubiese sucedido una catástrofe, lo aceptarían como Voluntad de Hashem.

»¿Sabes?, todas las mañanas en nuestras oraciones, cuando alabamos a Hashem como Creador de la oscuridad, *Boré joshej*, nos referimos a la oscuridad espiritual en la que Hashem se halla en la que no podemos percibirle.[33] Bueno, hay que comprender que Hashem está siempre en la Luz, pero como la Luz es tan excelsa que no la podemos percibir, a nuestros ojos es como si fuera oscuridad. Al decir estas palabras, nos estamos recordando a nosotros mismos que, fundamentalmente, la constricción de la Luz, la oscuridad emocional que a veces amenaza de

---

32. Salmos 112, 7.
33. La discusión acerca de la oscuridad y la fe relacionadas con nuestras oraciones diarias ha sido adaptada de Rab Moshé Luria *Sefer Bet Genazái: Maamaréi Shabat*, 2.ª edición, «Maamar Laila kayom yaír», págs. 479 y sigs.

asfixiarnos... –inspirando profundamente el hombre cerró los ojos por un momento y espiró despacio– ... es sólo un instrumento para ayudarnos a cumplir nuestra misión en la tierra. ¿Y cuál es esa misión? Encontrar a Hashem en la oscuridad espiritual en la que nos ha puesto. Más aún, hemos de comprender que la razón por la cual nos puso en el estado de oscuridad es que Él desea que utilicemos nuestra oscuridad para adquirir un nivel más elevado de Luz del que teníamos antes, acercándonos a Él más que lo estábamos antes.

»Cuando estamos afectados con algún *jurbán*-destrucción física o espiritual de alguna clase, todos regresamos al Creador de la oscuridad, *Boré joshej.* Pero hemos de creer que Él se encuentra allá en la oscuridad incluso más que en la Luz, porque, nunca lo diré bastante, ***la medida de la confianza que tiene la persona determina la hashgajá*-intervención Divina personal *que vaya a venirle.***

—¿Cómo puedo esforzarme en confiar que ella está bien? ¿Cómo puedo controlar mi mente? –murmuró la joven, como hablando consigo misma–. ¡Es tan difícil!

—Una manera de hacerlo es aceptar un nuevo aspecto del servicio divino que aún no hagas y pedir que los méritos espirituales vayan a ella. Te voy a dar un par de sugerencias y tú decides lo que vas a hacer. Una de ellas es que podrías comenzar a decir *arvit*-la oración de la noche. Siempre te has negado a hacerlo, manteniendo que en el colegio te enseñaron que no era para las mujeres. Aunque yo sé que están equivocados,[34] no quise hablarte de ello porque no quería confundirte con mensajes conflictivos. Sin embargo, ahora tu hermana se encuentra en grave peligro, y ya sabes, ¡nuestro poder como judíos se centra mayormente en nuestra boca!

—¿Qué quieres decir?

—Tenemos el poder de mitigar los decretos Divinos de justicia estricta por medio de nuestras oraciones. ¿Y no es eso lo que necesitamos ahora? Una razón importante para comenzar a decir la oración de la noche es que en ese tiempo en el mundo espiritual comienza el proceso

---

34. Véase *Or Yitzjak,* compendio de *Halajá*-leyes por Rab Yitzjak Abadi, «shlita, jiyuv tefilá lenashim», *kovetz* 272; se lo puedo enviar al quien lo solicite por correo electrónico.

de reunir las santas chispas que han dejado caer todos los que se han desviado del camino de la Torá, y al decir la oración de la noche estarías participando en el proceso de elevar las chispas.[35] La palabra hebrea *arvit* proviene de *arevut*-dulzura, que implica que con cada *arvit* que dices estás causando un *taanug elión*-placer en el mundo celestial; un placer que se renueva todos los días, ya que un deleite que es permanente ya no es un deleite.

—¡No me di cuenta de que fuese tan importante! ¡Y no es que no lo haya intentado! Pero me cuesta mucho decir la oración de la noche. Por la noche, suelo estar cansada, y a menudo, atemorizada –Gueula también le temía a la oscuridad– y no tengo el estado mental que se requiere para decir la *tefilá* (rezar).

—La razón por la cual te sientes asustada es que ése es el momento del día en el que nos sentimos más distantes de Hashem. Como la oración de la noche es lo que nos han dado para cubrir esa distancia, al no decirla estás evitando la ayuda que nos ofrecen de Arriba para enfrentarnos con ello.

—¿Y qué puedo hacer? Requiere una energía mental que simplemente no tengo a esa hora del día.

—Mira, estar ante Hashem como se ha dicho que hizo Abraham, en el momento en que la luz del sol resplandece en el mundo,[36] prender tu chispa interior de amor por Hashem y tu deseo de entrar en la íntima comunión de la oración, no es tan difícil como parece. Minjá, la oración de la tarde que instituyó Itzjak, ya es un mayor desafío. La oración de la tarde ha de decirse en momentos en que estás ocupada con muchas otras cosas; tienes que pararlo todo y tratar de reestablecer tu vínculo con Hashem.

»Ahora bien, *arvit,* la oración de la noche que instituyó Yaakov, se suele decir en la oscuridad de la noche, *laila* en hebreo, que tiene matices de *yelalá*-lamento. Esta clase de oscuridad viene al mundo cuando los *dinim*-las fuerzas de justicia estricta abruman las dimensiones celes-

---

35. Rab Moshé Luria *Vayimaasú beErez Jemdá»,* [Bet] en *Sefer Bet Genazái: Eretz Israel,* vol. I, págs. 57 y sigs.

36. El análisis de la oración que sigue ha sido adaptado de Rab Moshé Luria *Bet Genazái* acerca de *Bereshit, Vayetze,* págs. 683 y sigs.

tiales. Los *dimim*-fuerzas de justicia estricta son poderes externos al lado de la santidad, y son los que nos causan el estado de constricción mental que llamamos oscuridad de la noche. Como es en ese momento cuando nos sentimos más distantes de Hashem, ¡no es sorprendente que en lo que concierne a Yaakov, esta oración esté sólo descrita como una *peguiá*-encuentro! Y no todos tienen el valor de mantenerse ante Hashem en momentos de ocultamiento, cuando tenemos aprensión porque sentimos la constricción de la noche a nuestro alrededor y no nos sentimos cercanos a Él. Pero por otra parte, es durante esos momentos de constricción cuando más se necesitan nuestras plegarias para ayudar a eliminar esa constricción.

—Si mi pequeño esfuerzo va a ayudar no sólo a mi propio problema, sino al bienestar de todo Israel, como estás explicando, entonces por supuesto que lo haré. Dame otra sugerencia.

—Antes de sugerir nada más, quiero subrayar lo importante que es decir la oración de la noche al principio de la noche, lo más temprano posible, porque ése es el momento en el que la constricción es más densa. He visto a varias muchachas que decían la oración de la noche después de medianoche, y aunque según la *halajá*-ley se puede decir hasta las primeras luces del amanecer, llamadas en hebreo *alot hashajar*, no logran los mismos resultados espirituales que si lo hubiesen hecho más temprano. El Zóhar nos dice que en cuanto que oscurece, las fuerzas de la impureza van al mundo celestial con acusaciones contra nosotros y estamos respondiendo a esos cargos con nuestra oración de la noche.[37] En cambio, en cuanto llega *jatzot*-el punto de medianoche, la Shejiná entra al Edén para deleitarse con las almas de los rectos, y como resultado las acusaciones son menos violentas, las fuerzas de la impureza no tienen el poder de acusarnos después de eso.

»Otra idea puede ser crear un grupo de *Tehilim*-salmos dividiendo el libro de los Salmos por el número de amigas que estén dispuestas a participar en el grupo con la intención de terminar el libro de salmos todos los días. Lo más fácil es que compres un libro de los Salmos que se componga de libritos en los que ya estén divididos los salmos y darle

---

37. Zóhar Pinjas, 243a.

uno a cada amiga que quiera participar, con la intención de pedir por Gueula.

—¡Eso no será difícil! Cada una de nuestras amigas ya está pidiendo por ella. Gracias, Abba, por ayudarme a pensar qué puedo hacer. Perdóname por haber sido grosera contigo antes.

Aceptando sus disculpas con una sonrisa, sugirió Reubén:

—Vamos, pues, a tomar la comida *Melavé Malká.* Sé que vas a servir pastelería, Tehilá, pero para mí, por favor caliéntame un poco del pollo que sobró de hoy. Según algunas opiniones, es bueno tomar algo de carne o pollo en este momento para dar el mensaje de que esta *seudá* no es menos que las demás.

Batia ayudó a Tehilá a poner la mesa. Luego, pusieron el agua a hervir y calentaron panecillos en la tostadora; Tehilá sacó un recipiente de la nevera y puso pequeños pasteles en una bonita fuente y la dejó en la mesa. Pronto, el aroma del café y del pan caliente llenó el aire. Se lavaron las manos ritualmente y se sentaron a comer.

—Me gustaría utilizar el tiempo que estemos participando en el *Melavé Malká* para discutir este tema, y explicar cómo realzar nuestras preparaciones para el Shabat –dijo Reubén–. Estoy seguro de que os habéis dado cuenta que cuando decimos el salmo del día al final de las oraciones de la mañana, nos referimos a los días en hebreo como יום שני -segundo día, יום שלישי -tercer día. Sin embargo, cuando llegamos al viernes, decimos יום השישי -**el sexto día.** El misterio de la letra *he* (ה) añadida tiene que ver con el valor numérico de la *he,* que es cinco. Por lo tanto, cuando decimos el salmo al final de las oraciones de la mañana es un recordatorio de que la Luz del Shabat va a comenzar a brillar pronto.

—Recuerdo como Gueula ponía su despertador para que sonara en la quinta hora del viernes, cinco horas después del *netz,* para acordarse de que en ese momento debía tener en mente recibir el primer nivel del alma adicional del Shabat, que viene en esa quinta hora del día –dijo Tehilá limpiándose una lágrima.

—¡En efecto! ¡Gracias por decírmelo! –dijo Reubén–. De hecho, Rab Luria escribe que ya a partir de la cuarta hora las fuerzas de la impureza comienzan a separarse de las de santidad a medida que la Luz del Shabat comienza a brillar. No obstante, es una Luz que al principio está oculta. Todos los niveles de la Creación y las dimensiones celestiales entonces comienzan a ascender a la Fuente de todas las bendiciones en el mundo celestial. La elevación actual comienza el viernes en el punto de *jatzot*-el mediodía y el proceso de elevación continúa hasta su punto de culminación el Shabat por la mañana. Por lo tanto, el viernes al mediodía también es bueno poner un despertador para acordarse de recibir el próximo nivel de alma adicional que baja entonces ya que, de no ser así, es muy difícil acordarse a esa hora.

»El propósito de nuestro servicio divino del viernes por la tarde es merecer el ropaje de Luz; es decir, el alma adicional del Shabat, y poder percibir *oneg*-deleite en el Shabat.

»Enseña Rab Luria que según la intensidad del deseo que sentimos en este momento del viernes en el que la Luz de Shabat comienza a bajar de forma oculta, con esa misma intensidad se ampliará la Luz que recibamos ese Shabat:[38] «Según la intensidad del anhelo que sintamos el viernes, las Luces vendrán con doble intensidad en Shabat». Nos referimos a las preparaciones en honor al Shabat, que se hacen el viernes durante el día, porque esa actitud revela el anhelo que existe, si puede decirse así, entre Hashem e Israel.

—Pero ¿cómo podemos mostrar el deseo que sentimos? –preguntó Batia.

—Allí es donde se ubican todas las preparaciones espirituales del *tosefet Shabat* que voy a explicaros. Es al tratar de tenerlo todo listo para el Shabat tan pronto como sea posible el viernes, y luego al ocuparte de todos los otros elementos de la preparación, como muestras tu anhelo para recibir el alma adicional del Shabat. Esta alma te permite percibir un grado especial de cercanía a Hashem.

—Pero estos elementos de preparación espiritual no son un mandamiento, ¿verdad? –preguntó Batia.

—A partir del momento que algo te viene como *tzivuy*-mandamiento, estás siguiendo las órdenes del Rey al hacerlo y ya no estás mostrando deseo. O sea que la respuesta es que no. No son un manda-

---

38. Rab Moshé Luria «Maamar Erev Shabat Shaah Jamishit», en *Maamaréi Shabat*, 2.ª edición, p. 221b.

miento. No obstante, todos hemos de tener mucho cuidado de no aceptar costumbres espirituales que pueden ser difíciles de mantener, y solamente aceptarlas si estamos seguros de que vamos a poder seguir haciéndolo. Una manera de acatar este asunto es declarar que lo estás haciendo *bli neder*-sin promesa, indicando que al emprender una nueva costumbre no estás prometiendo seguir haciéndolo todas las semanas, y sólo lo harás si tu situación lo permite.

Capítulo seis – El sexto día - וַיְהִי בַּיּוֹם הַשִּׁשִּׁי

- La oscuridad emocional es sólo un instrumento para ayudarnos a cumplir nuestra misión en la tierra, que es encontrar a Hashem en la oscuridad espiritual en la que nos ha puesto
- Importancia de *arvit*-la oración de la noche. La palabra hebrea *arvit* proviene de *arevut*-dulzura, que implica que con cada *arvit* que dices estás causando un *taanug elión*-placer en el mundo celestial
- *Seudá*-comida de *Melavé Malká* para acompañar a la Reina Shabat que nos deja
- La Luz del Shabat comienza a brillar en la quinta hora del viernes y en ese momento recibimos el primer nivel del alma adicional del Shabat. Consejos prácticos para recordar que hemos de aceptar los niveles mentalmente
- Según la intensidad del anhelo que sintamos el viernes, las Luces vendrán con doble intensidad en el Shabat. Nos referimos a las preparaciones en honor al Shabat, que se hacen el viernes durante el día
- Mostramos nuestro deseo a través de las preparaciones del *tosefet Shabat*

Capítulo siete

Preparación del Shabat

—Comenzaremos por discutir la preparación que hacemos con nuestra palabra; luego hablaremos de la preparación del pensamiento y luego la de la acción.

—O sea, todas las cosas que hay que hacer antes de encender las velas –comentó Tehilá–; seguro que esa parte de la preparación es la más larga.

—Pues tienes razón –respondió su padre con una leve sonrisa.

Preparación de la palabra

—Gran parte de nuestras preparaciones para el Shabat tienen lugar el viernes, el sexto día de la semana, basándonos en el versículo en que nos hablan de la doble porción de maná que bajaba los viernes:[39] «Y sucederá que al sexto día, cuando preparen lo que traen...». La lectura de la *perashá*-sección de la Torá semanal, versículo por versículo, dos veces en hebreo y una vez en arameo, es lo que nos prepara a recibir el alma adicional del Shabat. En vuestro caso, yo comprendo que no podéis hacerlo en esta etapa de vuestra vida, pero si queréis recibir el alma adicional con toda su fuerza le podéis pedir a cualquier judío que haga esta lectura que os tenga en mente.

»Otra alternativa es leer la primera parte de la *perashá* semanal el domingo, dos veces en hebreo y una en arameo; luego la parte porción el lunes, la tercera el martes, etc., reservando las partes sexta y sétima para el viernes, cuando terminen las preparaciones físicas del Shabat.

39. Éxodo 16, 5.

»Además, hemos de leer la *Haftará*-sección profética que le corresponde a la *perashá,* ya que esta lectura es la *jitzoniut*-el aspecto externo de lo que acabamos de lograr en la *penimiut*-el aspecto interior al leer la *perashá,* y esto es lo que nos va a ayudar a internalizar su Luz.

»Al terminar esta lectura hay que leer los salmos 92 y 93, indicando así que hemos completado este aspecto de la preparación de palabra y estamos listos a recibir el nivel de alma correspondiente.

Preparación del pensamiento

—Además de la preparación de la palabra, tenemos que hacer la preparación del pensamiento y la de la acción. La preparación del pensamiento supone anhelar la santidad del Shabat y tratar de estar listo para recibirla. Por lo tanto, después de esta lectura, tenéis que tomaros un tiempo para examinar en vuestra mente lo que habéis hecho durante la semana con ojo crítico.[40] La idea, claro, es que hagáis *teshuvá*-os arrepintáis por cualquier cosa que hayáis hecho que necesite corrección. Todos sabemos que no es fácil sentir remordimiento, pero en este momento tenéis ayuda de Arriba, porque al terminar de leer la *perashá* dos veces en hebreo un una en arameo, el efecto espiritual de la lectura es que las fuerzas de la impureza se separan de la santidad. Por lo tanto, ésta es vuestra oportunidad de tratar de sentir arrepentimiento y de este modo purificaros de cualquier transgresión cometida, para que podáis merecerlo:[41] לַחֲזוֹת בְּנֹעַם ה׳ וּלְבַקֵּר בְּהֵיכָלוֹ-Percibir el deleite de Hashem y meditar en Su Santuario.

»Pero como sabéis, tenemos que expresar nuestro arrepentimiento en palabras; no basta de hacerlo de pensamiento. Por lo tanto, en este momento es útil leer una oración escrita por Rabeinu Yoná de Gerona, que nos ayuda expresar nuestro arrepentimiento por los errores cometidos durante la semana.[42]

---

40. La enseñanza que sigue está adaptada de la obra *Jemdat Yamim: Shabat Kodesh, perek Guimmel.*

41. Salmos 27:4.

42. La oración está incluida en el apéndice al final de este libro, en su original hebreo junto con la traducción al español. Esta oración forma parte del compendio de oraciones kabalísticas para el Shabat llamado en hebreo *Ohr haShabat.* Rab Benaiahu Yissajar Shemue-

»Limpiar vuestra alma de la impureza de la transgresión en el momento en que hay una energía del Cielo que os ayude a hacerlo os permitirá de alcanzar la *menujá*-armonía interior del Shabat, que es llegar a ser un lugar de residencia para el Altísimo. Como dice el versículo:[43] זֹאת מְנוּחָתִי עֲדֵי עַד פֹּה אֵשֵׁב כִּי אִוִּתִיהָ-«Ésta es Mi morada por siempre. Aquí residiré, porque la he deseado».

»Y entonces estaréis listas a daros una ducha porque las almas colectivas de Israel son en este momento como la novia que se purifica para estar con su futuro marido después de los *kidushín*-ceremonia nupcial.

»Por lo general, los hombres suelen ir a la *mikve* en este momento. La mujer que ha cumplido con sus obligaciones también puede ir a una *mikve* de mujeres el jueves por la noche, pero no antes del tiempo que llamamos *tzet hacojavim*-la caída de la noche, el momento en que se pueden divisar tres estrellas.

Preparación de la acción

—La preparación de la acción incluye primero todos los platos que se van a servir en las comidas del Shabat. Cuando tu madre estaba aún con nosotros, estudié estas enseñanzas con ella y lo teníamos todo planeado a la perfección, ya que por un lado nos dicen los Sabios que es bueno hacer las preparaciones el viernes, pero por otro, ella también quería terminar temprano. De modo que se las arreglaba para tenerlo todo listo el jueves la noche, pero dejaba uno o dos detalles que completaba el viernes, para que, técnicamente, el plato estuviera listo el viernes.[44] Otro detalle en el que dejó su hermosa huella –añadió Reubén con una leve sonrisa de emoción–, es que trataba de cocinar los platos ella misma, consciente del honor de preparar las *seudot*-comidas del Rey, y sólo permitía que la ayudaran a preparar los ingredientes de un plato y limpiar después de que estuviese el todo terminado. De he-

---

li, Rosh Yeshivá de la Yeshivá de kabalistas *Nahar Shalom* editó este compendio de oraciones, e indicó que es importante arrepentirse de los errores pasados y leer la oración de *teshuvá* de Rabeinu Yoná antes de ir a la *mikve* en honor del Shabat.

43. Salmos 132, 14.

44. Las enseñanzas acerca de las preparaciones que hemos de hacer los viernes están adaptadas de la colección de obras *Sefer Divréi Shalom,* vol. 4. Impreso en Rosh Ain.

cho, enseñan los Sabios que cuando te esfuerzas por preparar lo que se necesita para el Shabat tú misma, incluso aunque pudieras pedírselo a otra que lo hiciera por ti, eso ayuda a expiar tus transgresiones pasadas en el mundo celestial.

»El último elemento que dejaba por hacer solía ser el de añadir especias, que nos lleva al próximo punto. Es importante probar todos los manjares preparados para las comidas del Shabat para proyectar la imagen de que quien está preparando una recepción para el Rey y está verificando si todo sabe bien como debe, y si no fuese el caso, se le añaden las especias necesarias. Deja sólo uno o, aún mejor, dos platos de las comidas segunda y tercera sin probar, recomienda el Zóhar. Con todo esto, estás mostrando anhelo de recibir al invitado real.

»El mejor momento de probar los platos del Shabat es el viernes por la tarde, al calentar los platos de la primera comida del Shabat. Cuando los platos están templados, antes de ponerlos en la placa eléctrica, vamos sistemáticamente de plato a plato para que no se nos olvide nada, y probamos sólo una cucharadita, asegurándonos de decir la *berajá*-bendición final al terminar de probarlo todo.

»Al principio de la semana es buena idea preparar una lista de todo lo que se tiene que hacer en el último minuto. Luego, el viernes por la tarde, antes de encender las velas, le echas un vistazo a la lista a ver si se te ha olvidado algo. Os sorprendería oír cuántas veces se nos olvidaron cosas debido al estrés. ¡Una vez casi se nos olvidó enchufar la placa eléctrica! –terminó con una sonrisa.

—El próximo paso es de decir Minjá. Como mencioné anteriormente, el Arí z"l nos reveló que hay dimensiones espirituales por encima de nuestro mundo físico. Con cada una de nuestras plegarias, elevamos las dimensiones espirituales por encima de nosotros, vinculándolas una con otra. Y este proceso comienza el viernes a mediodía, en el momento de Minjá. Por eso es tan importante decir Minjá lo más temprano posible.

»Luego has de **cortarte las uñas en honor** al Shabat, nos dice Rab Bing acerca del corte uñas de las manos y de los pies en honor al Shabat.

»Como enseña el Zóhar:[45] «No es recomendable que las mujeres tengan uñas largas, porque tienen una *zuhamá*-impureza espiritual que suscita *dinim kashim*-una medida severa de justicia estricta, y las fuerzas externas se nutren de la parte de la uña que les sobresale de los dedos. Esto les permite a las *klipot*-fuerzas del mal de absorber una gran condensación de santidad y les permite dominar el mundo».

»Cuanto más largas son las uñas, más *dinim*-fuerzas divinas de justicia estricta severa adquieren el derecho de causarle dificultades al individuo. Por lo tanto, hay que esperar con anhelo el momento de cortarse las uñas de los pies y las manos cada viernes, en honor al Shabat.

»Señala Rab Bing que a pesar de lo que dicen algunos Sabios de que debido a la presencia de las fuerzas de impureza los viernes, más que de costumbre, es mejor no cortarse las uñas un dedo tras otro, declara Rab Jayim Vital que no hay ningún problema y pueden cortarse en orden.

»El mejor momento de hacerlo es el viernes por la tarde después de haber dicho Minjá-la oración de la tarde en su hora más temprana.[46]

»Pueden cortarse las uñas de las manos y de los pies el mismo día sin problema alguno.

»A continuación, os voy a explicar algo que hacemos los viernes la tarde después de cortarnos las uñas. **Nos lavamos la cara, las manos y los pies** de un modo especial que no está relacionado con las preparaciones para la *mikve.*[47]

»Explica el Zóhar que al acercarse el Shabat las *klipot*-fuerzas del mal ven que los mundos celestiales se están elevando y saben que la Maljut -la Shejiná- también se elevará y recibirá su *shefa*-abundancia para entregar a sus hijos en honor del Shabat. Y la *klipá* también quiere recibir *shefa,* o sea, que entonces se acerca a ver si puede atraer de esa *shefa* para sí misma, que es lo que suele hacer durante los otros días de semana, y nosotros hemos de impedirlo a toda costa. En ese momento se desprende una gran llama del mundo celestial que la empuja hacia abajo, al mundo de impureza.

---

45. Zóhar *Vayakhel* 208b; con los comentarios de Rab Daniel Frish zt'l en *Matok MiDevash.*

46. No todos los kabalistas concuerdan con esta enseñanza acerca del corte de uñas. Por ejemplo, según Rab Israel Avijái, rosh yeshivá de la *Yeshivat haMekubalim Bet El,* es importante cortárselas antes de ir a la mikve el viernes.

47. Rab Yejezkel Bing, págs. 46-47.

»Enseña el Arí z"l que podemos causar el mismo efecto que esa llama celestial si nos lavamos la cara, las manos y los pies de manera ritual, ya que ésos son los lugares del cuerpo en donde se nos pegan las *klipot.* Los pies son el lugar en el que más se pegan y, de hecho, durante los otros días de la semana no tenemos el poder espiritual de alejar las *klipot* de los pies; tan sólo el viernes la tarde, debido a la *kedushá*-conciencia Divina del Shabat que se aproxima, tenemos el poder de alejarlas. ¡Y esto afecta todo nuestro Shabat! Os voy a explicar el proceso.

»El proceso por el cual se desprende la llama espiritual que os he mencionado sucede en el mundo celestial cerca del comienzo del Shabat. Está escrito en el Zóhar que el acto de poner la mesa incita la llama celestial a enviar las *klipot* al mundo inferior; por lo tanto, es bueno poner la mesa al principio del Shabat, porque en ese momento tenemos la ayuda de la llama celestial.

»Antes de proseguir con su explicación, Rab Bing recapitula y repasa con su lector todo lo que hay que hacer para activar el *tosefet Shabat:* «Después de decir la oración de *shajrit,* se lee toda la *perashá,* cada versículo dos veces en hebreo y una vez en su traducción aramea; después se da una ducha y si se puede se va a la *mikve* (las mujeres que pueden ir lo hacen el jueves la noche); se dice la oración de Minjá, temprano el viernes, se corta uno las uñas, y se hace el lavado ritual de la cara, las manos y los pies».

»No se debe hacer este ritual en el cuarto de baño. En el suelo de la cocina, cerca de la pila para tener el agua caliente a mano, pones una toalla para los pies, pero se debe tener otra toalla limpia para secarse la cara y las manos. Se pone encima la palangana que se usa para lavarse las manos ritualmente por la mañana. No se debe usar otra porque esa palangana va a quedar impura y ya no se podrá utilizar para otra cosa. Después vas a la pila y dejas correr el grifo hasta que salga agua caliente. Si no hay agua caliente en la casa, se coge el recipiente ritual con el que se vierte agua sobre las manos y se va al cafeterón de agua caliente para el Shabat (que ya debe estar listo) y se llena a medias de agua caliente. Se termina de llenar con agua del grifo, creando un agua tan caliente como se pueda soportar, y se lava uno la cara con ella. Luego se seca la cara y se repite el proceso con las manos. Luego se seca las manos y se repite el proceso con los pies, echando el agua de los pies a la palangana preparada y luego secándose los pies bien.

»Mientras que están lavándose la cara, las manos y los pies, es bueno tener en mente el versículo del *Shir haShirim*-el Cantar de los cantares, (8, 6) «la llama misma del Eterno», en hebreo *Shalhevet YaH.* Pensad que en este momento esta llama proviene del mundo celestial, del Nombre Divino que se escribe *Yud* y *Heh,* mencionado al final de este versículo, con la intención de deshacerse de las fuerzas externas. Es importante secarse bien la cara, las manos y los pies, después de lavarlos porque el secarlos es indicación que completamos el proceso con el cual alejamos a las *klipot.*

»Cuando terminéis este ritual se dice el siguiente versículo (Isaías 4, 3): «Y sucederá que lo que quede en Zion y lo quede en Jerusalem será llamado santo». וְהָיָה הַנִּשְׁאָר בְּצִיּוֹן וְהַנּוֹתָר בִּירוּשָׁלַם קָדוֹשׁ יֵאָמֶר לוֹ

»El próximo paso es dar dinero a *tzedaká*-caridad. Durante toda la semana las fuerzas del mal tienen la posibilidad de pegarse al lado de santidad y derivar su sustento de todas las santas chispas que perdemos al no cumplir la voluntad Divina.[48] Al acercarse el Shabat se acerca el momento en el que estarán obligadas a deshacer su vínculo con nosotros; por consiguiente, el viernes por la tarde puede ser un verdadero desafío, en particular para que los que no son conscientes del *avodá rujaní*-servicio espiritual que nos transmitió el Arí z"l para separarnos de ellas.

»Enseña Rab Luria: al pedirnos que guardemos el Shabat, Hashem nos está pidiendo:[49] «Debéis observar Mis días de Shabat [...] para que sepáis לדעת *(ladaat)* que Yo soy El Eterno, Quien os santifica». La palabra hebrea *daat*-conocimiento íntimo, alude al estado de conciencia elevado en el que se está imbuido de *devekut* hacia Hashem. *Daat* es el término bíblico para la unión conyugal. Es la metáfora usada en el *Shir haShirim* para describir el amor de Hashem hacia Israel; un amor que es exclusivo y exige exclusividad a la par.

---

48. Las enseñanzas que siguen están adaptadas del ensayo «Shalhuva de esha beerev Shabat», en *Pitjéi Tefilá,* vol. 3, pág. 64.
49. *Pitjéi Tefilá,* vol. 3, pág. 65.

»Sin embargo, Rab Luria advierte que la palabra *daat* tiene dos significados distintos que se contradicen uno al otro.[50] Por un lado, *daat* indica cercanía y apego, o sea, *devekut*, pero por otro, tiene connotaciones de destrucción y distancia, como en el versículo:[51] «Con esto castigó *(vayada'-* וַיֹּדַע) a los hombres de Sukkot», y también,[52] «Destruyó *(vayeda'-* וַיֵּדַע) sus palacios».

»Explica Rab Luria que cuando brilla la Luz de *daat,* está imbuida de un apego tan intenso que para recibirla se requiere lo que se denomina en hebreo *hasajat hadaat,* apartar nuestra atención de lo que nos rodea para poder centrarnos en un asunto exclusivo, ignorando todo lo demás. En este caso, ahora al acercarse el Shabat, **se nos pide que nos centremos en nuestro amor** por Hashem en este momento, excluyendo todos los otros elementos de nuestra vida. Esto resulta en una *shevirá*-rompimiento de las fuerzas del mal.

»Después de decir Minjá, puedes vestirte, poniéndote tu ropa especial para el Shabat –continuó–. Señala Rab Jayim Vital que su maestro el Arí z"l tenía sumo cuidado en eso, y recomienda que cada prenda del Shabat, interior o exterior, sea reservada exclusivamente para el Shabat o Yom tov, y nunca se use durante el resto de los días de semana. Más aún, si posible, como ya he mencionado, hay que ponerse ropa blanca el Shabat.

»Aunque el servicio espiritual de preparar la casa para el Shabat fue transmitido a la mujer de la casa, cada miembro de la familia debe asegurarse que todo se está haciendo como se debe y contribuir personalmente tanto como pueda. El Talmud tiene varios relatos de Sabios que les daban toques personales a sus hogares en honor al Shabat. Recuerdo la historia de Rab Eliezer Shaj, zt'l, líder espiritual de los judíos ortodoxos de la generación pasada. Rab Shaj era entonces viudo y su casita podía verse desde la *Yeshivá Ponovetz* en *Bnei Brak.* Un viernes, los estudiantes de la *yeshivá* estaban mirando por la ventana la casa del rab y vieron al anciano Rab Shaj, que se movía con dificultad, ¡barriendo su casa! Dejándolo todo, salieron corriendo, subieron la colina que separaba la *yeshivá* del hogar del rab, y llamaron a la puerta. El anciano

---

50. Esta enseñanza está adaptada de Rab Moshe Luria, «*Shalhuva de esha berev Shabat*, (llama de fuego en la víspera del Shabat)», en *Sefer Pitjéi Tefila*, vol. 3, p. 65-66.

51. Jueces 8, 16.

52. Ezequiel 19, 7.

rab abrió la puerta, y uno de los estudiantes le dijo que sería un honor y un privilegio si les permitía que terminaran ese trabajo. El rab se lo agradeció profundamente, pero se negó porque quería participar personalmente al servicio de preparar su casa para recibir el santo Shabat.[53]

»Esto es esencialmente lo que quería transmitiros acerca de nuestras preparaciones para el Shabat. Dejadme añadir algunas ideas y darle énfasis a lo que ya les he dicho. El Arí z"l subraya que el período de tiempo entre viernes al mediodía hasta el final del Shabat es un tiempo de compasión.

»Éste es el momento en el que el pueblo de Israel comienza a anticipar la cercanía al Altísimo que alcanzarán con el Shabat, y por tanto éste es también el momento en el que la Shejiná, que está en el exilio durante el resto de los días de semana, comienza a regresar al lugar que le corresponde.

»Por consiguiente, estas cuantas horas antes del principio del Shabat son un período de tiempo de gran favor en el que podemos aspirar a hacer bajar la Luz de la Redención, y como señala el *Baal Shem Tov,* cuando vamos a darle la bienvenida a la Reina Shabat, le decimos a Hashem al final de la composición musical *Lejá Dodí-¡Ven, oh, mi amado!*:[54] «Acércate a mi alma. Redímela [ahora]. קָרְבָה אֶל נַפְשִׁי גְּאָלָהּ».

»Así como podemos aspirar a hacer bajar la Luz de la Redención a través de nuestro servicio divino en estos momentos, así también la redención personal de cada individuo es también asequible según nuestra preparación para recibirla.

Reubén se detuvo por un momento. Suspiró, diciendo:

—Hemos de terminar por esta noche. Pensemos todos que este servicio espiritual especial-*avodá rujanit* que hacemos los viernes no es para nosotros, ya que nuestra principal intención es participar en el regreso a casa de la Shejiná. O sea, que por favor, Tehilá, hasta que regrese Gueula a casa sana y salva, te pido que incorpores a lo que ya haces una o dos de estas preparaciones con la intención de servir a Hashem, y declara que estás dándole a Gueula todos los méritos de lo que estás haciendo. Esto es todo lo que podemos hacer por ella, ahora –terminó en un susurro.

---

53. Oído de una conferencia por Rab Ganz.
54. Traducción de Rab Avraham Sutton.

Capítulo siete – Preparación del Shabat

- La lectura de la *perashá*-sección de Torá semanal, versículo por versículo, dos veces en hebreo y una vez en arameo, es lo que nos prepara a recibir el alma adicional del Shabat
- La persona que no pueda hacer esta lectura le puede pedir a cualquier judío que la haga regularmente que la tenga en mente al hacerlo.
- Otra alternativa es leer la primera parte de la *perashá* semanal el domingo, dos veces en hebreo y una en arameo; luego la segunda parte el lunes, la tercera el martes, etc., reservando las partes sexta y sétima para el viernes, cuando terminen las preparaciones físicas del Shabat.
- Además, hemos de leer la *Haftará*-sección profética que corresponde a la *perashá,* ya que esta lectura es la *jitzoniut*-el aspecto externo de lo que acabamos de lograr en la *penimiut*-el aspecto interior al leer la *perashá,* y esto es lo que nos va a ayudar a internalizar su Luz.
- Otras lecturas importantes para este momento: salmos 92 y 93.
- En este momento es útil leer una oración escrita por Rabeinu Yoná de Gerona incluida en el apéndice, que nos ayuda expresar nuestro arrepentimiento por los errores cometidos durante la semana.
- Después hay que ir a la *mikve* o darse una ducha, ya que las almas colectivas de Israel son en este momento como la novia que se purifica para estar con su futuro marido después de los *kidushín*-ceremonia nupcial.
- Después de Minjá hay que cortarse las uñas en honor al Shabat. No deben cortarse las uñas en ningún otro momento ya que sólo antes del Shabat tenemos protección Divina para que no nos dañen las fuerzas del mal que se ocultan bajo las uñas.
- Lavado ritual de la cara, las manos y los pies.

Capítulo ocho

Fuego de amor, fuego de dolor

Gueula despertó y trató de penetrar la oscuridad que la rodeaba, esforzándose por no ser presa del pánico que sentía aumentar dentro de sí, ni del nudo en su garganta que indicaba que las lágrimas no estaban lejos. Para salir de este estado, sintió la tentación de romper el silencio de la noche con una canción.

«¿No dijo que estaba yo sola aquí? –se preguntó–. Nadie puede oírme, o sea, que puedo cantar sin preocuparme de que me vayan a oír».

Sin pararse a considerar si podía confiar en lo que le había dicho el árabe, comenzó a cantar. Al principio fue más un canturreo, pero poco a poco elevó la voz más y más. Gueula sintió que ella formaba parte de la canción. Sintió que su canción le expresaba al Creador todo lo que hubiese querido ella decir, argumentar, gritar, y no podía..., no lo haría.

Pasó como una hora. Gueula sintió un ruido detrás de ella.

—¿Quién está allí? –preguntó en árabe.

Respondió una voz de mujer.

—Soy una de las mujeres de tu raptor. Ya no tengo su favor por algo que sucedió entre nosotros, y vivo con mis hijos aquí en el monte, no muy lejos de donde te guarda prisionera. Me ha dado el trabajo de vigilarte. Me ha encantado escuchar tu voz; ¡no entendía lo que decías, pero parecía muy hermoso!

—¡Por favor, déjame que te vea! –pidió Gueula.

La joven encendió la luz.

—¡Me mataría él si lo supiera!

«No parece mucho mayor que yo» se dijo Gueula.

—¿Qué es esa herida abierta que tienes en el pie? –le preguntó.

—Me empujó y me caí al suelo, y me hice la herida. Le pedí que me consiguiera alguna pomada para curarla, pero respondió que no me voy a morir por ello. ¡Ojalá me diera bastante comida para mis hijos! Me da apenas lo suficiente.

—¡Ojalá pudiera ayudarte! –suspiró Gueula.

—Tú tienes que ayudarte a ti misma –dijo la joven árabe con un deje de ironía en su voz–. Tu canción parecía una plegaria. ¿Cómo puedes rezarle a tu Dios? ¿No te enfada que te haya permitido caer en la situación en que te encuentras?

Gueula pensó rápido. Enfadada sí que lo estaba. Menos que al principio, pero parte de ella seguía clamando: ¿por qué me tuvo que suceder esto a mí? Sin embargo, no quería dar vida propia a sus dudas al transmitirlas en palabras.

—D-s hace muchas cosas que no comprendemos –dijo al final–. O sea, que tenemos dos opciones. O permanecemos en la burbuja de nuestras preguntas y sentimientos de ira, o bien rompemos la burbuja y ascendemos a la dimensión más elevada en la que no existen preguntas. No tenemos permiso para permanecer allí todo el tiempo, pero cuando volvemos abajo a nuestra oscura burbuja algo de la Luz de Su Presencia queda con nosotros.

—No puedo quedarme más tiempo –dijo la joven árabe con una mirada melancólica–. Temo que me vean. Regresaré siempre que pueda. ¡Me alegro mucho de que hables mi idioma!

La habitación regresó a la oscuridad de nuevo, pero Gueula estaba en paz.

—¿Y bien? –la incitó la Voz–. ¡Rompe la burbuja! Mira, hay suficiente luz para permitirte de abrir tu *sidur* y comenzar a rezar.

—No; eso es lo que le dije a ella, pero no es lo que yo quiero hacer. Puedo cantarle a Hashem, o hablar con Él, o leer salmos, pero leer oraciones… Eso es muy difícil. ¡No puedo hacerlo!

—¡Claro que puedes! ¿Qué te hace pensar eso de ti misma? –preguntó la Voz.

Gueulá titubeó.

—No lo sé –dijo finalmente–. No sé nada de mí misma. Tengo la impresión de que mantenerse ante Hashem diciendo la *tefilá* sería muy difícil.

—Además –continuó la Voz–, a ti te basta hablar con Hashem, o con cantarle. ¿Y si eso no es lo que Él quiere de ti? ¿Y si Hashem necesitase tus plegarias?

«Poco probable...», pensó sacudiendo la cabeza.

—¿Por qué siento que ya he oído esto antes? ¿Sabes qué? Recuerdo algo que alguien tiene que haberme dicho, un *mashal*-alegoría en la que Hashem es comparado a un rey cuyos hijos se comportaron mal, y entonces este rey envió a sus hijos al exilio. Luego le pidió a su esposa la reina que fuera con ellos para que pudiera protegerlos, pero después de eso sintió que sin sus seres amados no valía la pena de tener un palacio, de modo que lo destruyó.[55]

—Exacto –aprobó la Voz–. Y hay un versículo del *Shir haShirim* que alude al Shabat, fíjate:[56] מֶלֶךְ אָסוּר בָּרְהָטִים-«El Rey supremo está unido a ti en el mérito de tu esfuerzo [por servirle]». Como enseña Rab Luria,[57] esta imagen compara el amor de Hashem hacia Kneset Israel como se manifiesta en el Shabat al de un rey que cuando miraba a su amada, sentía que su corazón estaba sumido en su amor por ella hasta el punto de que no podía centrarse en otra cosa.

Gueula movió la cabeza, demasiado emocionada para hablar.

—¡Qué imagen! –susurró–.[58] Me doy cuenta de que el palacio representa nuestro Santo Templo y que la reina es la Shejiná, que incluye todas nuestras almas colectivas en el lugar en el que el aspecto más elevado de nuestras almas está apegado a Hashem. Los hijos de la reina aluden a Kneset Israel ellos mismos, o sea, a todos nosotros. Pero no estoy segura acerca de la expresión Kneset Israel. ¿Podrías explicármela, por favor?

---

55. Adaptado del Zóhar *Bejukotái*, pág. 144b.

56. Cantar de los cantares 7, 6. Traducción Rab Avraham Sutton. Esta traducción forma parte del segundo volumen del *Sidur Breslov* que editó Rab Sutton. Puede contactarse a Rab Sutton en inglés o en hebreo, en la siguiente dirección electrónica: Avraham Sutton, avraham.sutton@me.com.

57. Rab Moshé Luria, *Sefer Bet Genazai: Shir haShirim, «Divréi Hakdama»*. Rab Luria cita esta enseñanza en el nombre de un Sabio de antaño: רבי אברים תמך.

58. La enseñanza que sigue está adaptada del Zóhar, *Midrash haneelam, Vayera,* pág. 98b. Citado de la introducción de Rab Luria a *Bet Genazai al haTorah, op. cit.*, pág. 5.

—Los que lograron salir de Egipto en el momento del éxodo se volvieron una entidad colectiva llamada Kneset Israel, un grupo de personas listos para aceptar la voluntad de Hashem incondicionalmente, a seguirle por el desierto…

La muchacha comenzó a cantar suavemente:[59]

—«Dice Hashem: "Recuerdo cómo eras fiel en tu juventud, tu amor de novia, cómo Me seguiste por el desierto, una tierra sin sembrar"- זָכַרְתִּי לָךְ חֶסֶד נְעוּרַיִךְ אַהֲבַת "כְּלוּלֹתָיִךְ לֶכְתֵּךְ אַחֲרַי בַּמִּדְבָּר בְּאֶרֶץ לֹא זְרוּעָה.

—¡Precisamente! Has de tener en mente que las raíces de alma de los israelitas estaban apegadas al Altísimo en el mundo celestial antes de la Creación. Sin embargo, la entidad espiritual de Kneset Israel en la que todas las almas están unidas la una a la otra sólo vino a existir después de que salieran de Egipto.

»Si te fijas en las letras hebreas de la expresión *Shabat l'Hashem* puedes darte cuenta que esas mismas letras pueden reagruparse para formar la palabra *shalhevet*-llama, como en ese hermoso versículo hacia el final del *Shir haShirim:*[60] רְשָׁפֶיהָ רִשְׁפֵּי אֵשׁ שַׁלְהֶבֶתְיָ-ה- «Sus carbones [los del amor] son carbones de fuego [produciendo] una llama del mundo celestial [que nunca puede apagarse]».

»El primer Shabat en que el amor de Hashem se manifestó con la fuerza de una *shalhevet*-llama fue cuando el pueblo de Israel salió de Egipto y adoptó la Torá como forma de vida.

—*Motzae Shabat*-el final del Shabat ha de ser muy difícil para la Shejiná estoy segura –musitó Gueula.

»El Zóhar nos revela que en ese momento, la Shejiná está diciendo:[61] סַמְּכוּנִי בָּאֲשִׁישׁוֹת [...] כִּי חוֹלַת אַהֲבָה אָנִי-

«Sosténganme con *(ashishot)* las dos iluminaciones de fuego, […] porque estoy enferma de amor».

—Me doy cuenta de que la palabra *ashishot* contiene la palabra *esh*-fuego dos veces –dijo Gueula–, pero ¿qué está diciéndonos? Parece estar pidiéndonos que la sostengamos, pero ¿cómo podemos hacerlo?

---

59. Jeremías 2, 2.

60. Cantar de los cantares 8, 6.

61. Cantar de los cantares 2, 5. Traducción mía.

—Uno de estos fuegos es un fuego de amor mientras que el otro es un fuego de sufrimiento –dijo la Voz–. Cuando una persona sufre porque ha tenido una gran pérdida, no hay mucho que puedas hacer para reconfortarla. Sin embargo, si vas a visitarla y te sientas con ella, mostrándole que eres consciente de su dolor y que deseas compartirlo con ella, ¿no piensas que la ayudaría?

—¡Claro que sí! ¡Pero no estamos hablando de seres humanos! ¿Cómo le transmites todo lo que dijiste a la Shejiná?

—Centrémonos en ese tema por un momento, es decir, en el dolor de la Shejiná al final del Shabat. Al terminar el Shabat, puedes decir *havdalá*-el servicio de conclusión, y luego correr a las mil y una cosas que tienes por hacer, o bien, después de *havdalá* podrías tomarte el tiempo de sentarte a la comida *Melavé Malká.* Podrías haber preparado esta comida antes del Shabat teniendo en mente que no vas a tener hambre a esta hora, pero aun así, tratando de que sea una comida en la que se come pan. Esto marcaría una gran diferencia.

»Y hablamos del amor vinculado con el dolor. Cuando comienza el Shabat, el fuego del amor domina ante la inminente reunión. ¿Cómo puedes ayudar? Ante todo, leyendo todo el *Shir haShirim* en cuanto puedas el viernes la tarde, después de que lo tengas todo listo para el Shabat. Antes de comenzar, recuerda que tu lectura del *Shir haShirim* amplifica las voces de Hashem y de la Shejiná entrelazadas en el Cantar, anhelando el amor que se reveló en la Entrega de la Torá. Fue Rab Akiva quien nos reveló cómo el Shabat manifiesta el inmenso amor entre Hakadosh Baruj Hu –Hashem– y Kneset Israel, y que precisamente por eso es importante leer el Cantar de los cantares antes de comenzar el Shabat, en honor de la Novia Celestial, porque estimula este amor Arriba como abajo.

—Pero espera un minuto: tú sigues hablando del amor intenso y el vínculo apasionado que hemos de sentir hacia Hakadosh Baruj Hu. Aunque haya perdido la memoria, sé que nunca estuve casada. Entonces, si nunca sentí pasión en mi vida, ¿cómo puedo sentirla ahora?

—Buena pregunta. Enseñan los Sabios que si hay algo que necesitas y lo pides para tu vecino, quien necesita lo mismo, tu plegaria se cumple primero. Entonces, si lees estas oraciones de las que te estoy hablando con la intención de causar una unión espiritual, de estimular el amor en el mundo celestial, quizá se cumpla tu propia plegaria y Hashem te ayude a encontrar tu alma gemela, y entonces ya sabrás lo que se pide de ti en el Shabat.

»No, no digas nada. Vete a dormir con esa idea, a ver si en tu fuero interno aceptas lo que te estoy diciendo. Déjame que continúe. Enciendes las velas del Shabat en cuanto estás lista para hacerlo y después de esto vas al lugar en el que has pensado hacer tu *Kabalat Shabat*-servicio con el cual le das la bienvenida al Shabat. Te quedas en ese lugar, en pie, tratando de sentir temor reverencial ante la Presencia Divina que se avecina, con los ojos cerrados, tu mano izquierda en el pecho, tu mano derecha encima de la izquierda, y piensas un momento en el fuego del dolor, el fuego del amor... Recuerda, ¡sólo el ser consciente ayuda!

—Veo lo que dices –musitó la joven–. Estoy segura de que si sólo se hiciera el esfuerzo de leer el *Shir haShirim* temprano el viernes por la tarde, y meditar un par de minutos en lo que acabas de enseñarme... supondría una diferencia.

—Arriba como abajo, a buen seguro –aprobó la Voz–. La Shejiná nos está pidiendo que la sostengamos abriéndonos al intenso amor que los Sabios llaman אהבה רבה, que el Zóhar compara con el temor reverencial, como por ejemplo cuando temes hacer algo que pudiera afectar la cualidad de amor en tu relación con Hashem.

»Y en esa corta meditación en tu *Kabalat Shabat,* piensa un momento en tu propia situación, dándote cuenta de que no tienes más que lo que te concede Hashem.

—A veces Hashem te pone en una posición en la que estás obligada a darte cuenta de eso –musitó Gueula–. Quizás por eso estoy aquí –añadió como para sí misma–, para ayudarme a percibir ese estado de carencia total, de sentir hasta qué punto todo viene de Hashem.

—Precisamente. Y esto te abriría una puerta espiritual para sentir el amor apasionado-*ahavá rabá* descrito en el *Shir haShirim*, que está precedido por un profundo temor reverencial. Y entonces estarías lista para aspirar a ser la compañera del alma que está lista para enfrentarse con el *bitul*-la entrega total de su propia voluntad por el Amado.

—¿A qué te refieres cuando dices *bitul?*

—Hashem nos pidió ser santos, es decir, conectarnos con el concepto de *kedushá;* la traducción literal de la palabra *kedushá* es «santidad», pero en realidad se refiere a la conciencia Divina. Hashem nos pide que lo hagamos por Él, porque Él es santo; o sea, que tratar de emular a Hashem es el modo de acercarse a Él. Piensa en el *bitul* de la Shejiná en la Creación, al aceptar la misión de ir a los mundos inferiores durante el resto de los días de la semana. ¿No fue ésa la alegoría que me contaste, acerca de la reina que aceptó la petición del rey de que se fuera del palacio para proteger a sus rebeldes hijos? Puedes mostrar *bitul* sólo si te arrancas a tus actividades semanales antes del principio de Shabat, temprano el viernes por la tarde, al leer el Cantar y luego pasando lo que te quede de tiempo antes de que comience el Shabat haciendo actividades espirituales, como por ejemplo leyendo la *perashá*-sección de Torá que se va a leer ese Shabat.

—Estoy segura de que la expresión «arrancarte a tus actividades» no es una exageración –comentó Gueula.

—¡Es más bien el eufemismo del año! –exclamó la Voz–. Y, sin embargo, no puedes imaginarte qué excelso es el efecto de este *avodá*-servicio divino.

»De nuevo –continuó la Voz–, las palabras del Cantar, «sustentadme con manzanas»-רַפְּדוּנִי בַּתַּפּוּחִים, es lo que la Shejiná nos está diciendo. Las manzanas se refieren a nosotros, las almas de Israel comparadas con las manzanas en su huerto.

El Shabat la Shejiná se denomina *Jakal Tapujín Kadishín*-campo de santas manzanas, pero esto sólo sucede por medio de lo que dice en la primera parte de este versículo –סַמְּכוּנִי בָּאֲשִׁישׁוֹת– ya que la idea de fuego evoca la fusión del amor y el temor reverencial...

—La palabra *ashishot* me hace pensar en las palabas *ish*-hombre e *ishá*-mujer, que es el vínculo del que hablábamos.

—Cierto; y, de hecho, el versículo termina, «estoy enferma de amor, ya que los Hijos de Israel anhelan sentir este amor apasionado por Hashem, por encima de su amor por Hashem como Padre Celestial».[62] O sea, que como ves, al leer el *Shir haShirim* antes del comienzo del Shabat, estás estimulando a la Shejiná, despertándola del estupor del exilio, y ayudando a reunirla con el Rey.

---

62. Véase el Zóhar *Vayikra* 7a.

—De nuevo, como me has enseñado, queremos que todo lo que hagamos abajo sea una réplica de lo que sucede Arriba para ayudar a que se cumpla el proceso. O sea que, por supuesto, es en la víspera de Shabat, el viernes por la tarde, cuando hemos de leer el Cantar –subrayó Gueula–. Al día siguiente ya no es relevante porque la unión ya está sucediendo.

—Exacto; porque tu lectura del Cantar es para inspirarte a sentir el temor reverencial ante la grandeza Divina que impregna las horas de la noche, como preparación para la unificación celestial de Kneset Israel durante la oración del Shabat de la mañana.

»Según Rashi, en el primer versículo del Cantar, las palabras נְשִׁיקוֹת פִּיהוּ *neshikot pihu*-los besos de Su boca transmiten el deseo de la Comunidad de Israel de recibir los misterios de la Torá por medio de una unión comparable a la de una novia y un novio.[63] Por lo tanto, en referencia a lo que aconsejan los Sabios, que leamos el Cantar antes del principio del Shabat, piensa que en ese momento, la Comunidad de Israel está al principio de la cercanía especial que va a tener con Hakadosh Baruj Hu en el Shabat. Entonces ella Le pide que transmita el espíritu del alma adicional del Shabat que le llega al pueblo de Israel en estos momentos en forma de un beso, y ten en cuenta que la noción de «beso» alude a cierta clase de unión espiritual.

»Enseñan los Sabios que el orden de la Creación se renueva todas las semanas y al crear al hombre en el sexto día, Hashem sopló en Adam un espíritu de vida. Asimismo, es como si fueses recreada al principio del Shabat, al recibir el alma adicional, ya que toda tu *komá*-estatura espiritual crece en este momento.

—¡Guau! –murmuró Gueula–. ¡O sea, que la recibimos en forma de beso espiritual!

—Cuando lees el *Shir haShirim*, no debes interrumpir tu lectura, ni siquiera haciendo un gesto[64] –continuó la Voz sin comentario.

---

63. Las enseñanzas que siguen acerca del alma adicional en referencia a *Shir haShirim* están adaptadas de Rab Moshé Luria «*Kabalat Tosefet Neshama beErev Shabat*», en *Pitjéi Tefilá,* vol. 3, págs. 67 y sigs.

64. Como lo enseña *Yesod veShoresh haAvoda,* por Rab Alexander Ziskin.

—¿Acaso me estás diciendo entonces que una mujer que tiene hijos pequeños no debe decirlo? –preguntó Gueula.

—No, no estoy diciendo eso del todo. De seguro, cuando una mujer interrumpe su lectura del *Shir haShirim* a causa de sus hijos, ¡su interrupción se vuelve una *mitzva!* –exclamó la Voz–. El *Shir haShirim* saca a luz la revelación del propósito interior de la Creación, la unificación entre Hakadosh Baruj Hu y la Comunidad de Israel.[65] Al leer el cantar en estos momentos es como si estuvieras imbuyendo de Luz el propósito interior de la Creación.

»Además –continuó la Voz–, cada vez que los Hijos de Israel dicen la Amidá, por ejemplo, atraen Luz desde Arriba hacia la Shejiná. El hermoso versículo del *Shir haShirim*[66] קַמְתִּי אֲנִי לִפְתֹּחַ לְדוֹדִי-«Me levanté para abrirle a mi amado», expresa la alusión de la Shejiná a la unificación especial que sucede mientras decimos la Amidá de la noche del Shabat.

»Nuestras oraciones, y me refiero en particular a la Amidá, hacen de vehículo en el que la Shejiná asciende todos los días y tiene una clase de unificación con el Amado en las tres veces en que rezamos todos los días: por la noche, por la mañana y por la tarde. Y como pienso enseñarte, *im yirtze Hashem*, en el Shabat es por nuestra contribución, la participación de Kneset Israel ellos mismos, por lo que asciende la Shejiná hacia el aspecto más elevado de la revelación Divina, que es la razón por la cual el Shabat es un día de alegría –terminó la Voz.

—Habría preferido que no me dijeras eso –suspiró la joven–. Lo que estás diciéndome es que la manera principal en que nosotros, Kneset Israel mismos, podemos ayudar es al decir las oraciones convencionales que aparecen en el *sidur,* porque por alguna razón, la Amidá tiene una propiedad especial de lograr esta unificación entre la Shejiná y Hakadosh Baruj Hu que otras oraciones no tienen.

»Con lo que has dicho se me hace más difícil decirme a mí misma que no puedo concentrarme en la palabra escrita y que preferiría hablar

---

65. *Pitjéi Tefilá,* vol. 3, pág. 450.
66. Cantar de los cantares 5, 5.

con Hashem con mis propias palabras. Me da un sentido de responsabilidad…

Gueula se dio cuenta que la Voz parecía más y más distante…

—¡Espera! –gritó–. Tengo mucho más que preguntarte… –Pero se había ido.

De nuevo se quedó Gueula con sus pensamientos. La luz que provenía de su estrecha ventanita estaba ahora más clara. Se levantó, fue a coger su *sidur* y lo abrió por las páginas iniciales. Comenzó a leer y perdió el sentido del tiempo. Cuando llegó a la Amidá, le pareció que un millón de voces le gritaban por dentro, «No, no puedes hacer esto; ni lo intentes, porque no lo vas a lograr. Tu incesante monólogo interior te va a impedir concentrarte en lo que estás diciendo». La joven se imaginó que había un lugar de luz ante ella y que podía entrar en él, dejando sus pensamientos detrás. Comenzó a decir la Amidá lentamente, en un susurro silencioso, pero pronunciando cada palabra. Era como si su oración se hubiese convertido en canción, un canto para terminar todos los sufrimientos, Arriba y abajo. Como le venían las palabras a la mente antes de leerlas en el *sidur,* cerró los ojos, sintiendo que estaba entrando en un espacio en el que nunca había estado. En ese espacio no había miedo ni preocupación, sólo un sentido de pertenecer y de confianza. «¡D-s mío! Pronto va a terminar. ¡Voy a tener que salir de aquí!». Entonces vinieron las lágrimas. Pero no eran lágrimas de quien pide algo que le están negando. Éstas eran… sólo lágrimas; la clase de lágrimas que acercan a la persona más y más.

Tres pasos hacia atrás y estaba fuera del espacio. No obstante, quedó con ella la fuerte impresión de que podía regresar cuando quisiese. Hashem quería que regresara.

Capítulo ocho – Fuego de amor, fuego de dolor

- La expresión Kneset Israel alude a una entidad espiritual que comprende todas las almas apegadas al Altísimo en el mundo celestial antes de la Creación. Esto es lo que llamamos Kneset Israel de Arriba.
- Kneset Israel de abajo alude a la entidad espiritual que comprende todas las almas del pueblo de Israel en estado de unificación espiritual; este aspecto de Kneset Israel sólo empezó a existir después de que salieran de Egipto.
- Para aliviar el dolor de la Shejiná al terminar el Shabat podemos haber preparado una comida liviana que tomaremos con pan en la *seudá Melavé Malká*.
- Además, nuestra lectura del *Shir haShirim* amplifica las voces de Hashem y de la Shejiná entrelazadas en el Cantar, anhelando el amor que se reveló en la Entrega de la Torá. Por eso es importante leer el Cantar de los cantares antes de comenzar el Shabat, en honor de la Novia Celestial, porque estimula este amor Arriba como abajo.
- Nuestras oraciones, en particular a la Amidá, hacen de vehículo en el que la Shejiná asciende todos los días y tiene una clase de unificación con el Amado en las tres veces que rezamos todos los días: por la noche, por la mañana y por la tarde.

Capítulo nueve

Necesidades para el Shabat

Gueula estaba sentada en su cama cuando oyó las pisadas firmes de su captor afuera. Fortaleció su ánimo para el encuentro al abrirse la puerta y llenarse la habitación de luz.

«Me pregunto qué le pasa. ¡Parece como si se hubiese encontrado con el mismo demonio!».

—¿Has recobrado tus facultades mentales, Leila? –le preguntó.

—Tengo pleno uso de mis facultades mentales, muchas gracias –contestó rápidamente–. No me casaré con usted si...

—No digas cosas desagradables –le susurró la Voz al oído–. ¡Nosotros, el pueblo de Israel, tratamos de no hablar de cosas malas para no darle al mal sustancia alguna!

—No me casaré con usted de ninguna manera –se corrigió a sí misma.

—Bueno, pues vas a estar aquí durante mucho tiempo. Quería preguntarte qué necesitas para tu Shabat.

Gueula sacudió la cabeza. Pensó que no estaba oyendo bien.

—¿Qué ha dicho? –preguntó.

—Ya te dije que no te haría daño físicamente; se me olvidó de decirte que no te impediría de ningún modo guardar tu religión, ¡y yo sé lo importante que es el séptimo día para vosotros, los judíos!

Gueula permaneció silenciosa un minuto. ¿Qué podía pedirle? «Mejor no le pidas mucho para que no cambie de idea», pensó.

—¡No, no, no! –le gritó la Voz–. Pídele mucho más de lo que en verdad necesitas. Tienes que atraer la Luz del Shabat a los otros días de la semana. ¡De verdad que lo necesitas!

—Bueno, lo primero es, verdaderamente, luz. El Shabat es un día lleno de luz.

—¿Luz física? –preguntó el hombre con intención–. ¿Tu Shabat es un día de luz física?

—Desde luego –respondió la joven–. Estamos en un mundo físico. Todo comienza con lo físico. Luego necesito tres comidas completas, incluyendo mosto, alguna clase de pescado, y pollo o carne, y también postre. Cada una de estas comidas tiene que incluir dos panecillos. Pero no veo cómo va a conseguir estas cosas; yo sólo como comida que sea *kosher,* el *kosher* más estricto…

—Necesitas comida *kosher,* eso lo sé –dijo el hombre.

—Sí, pero hay todas clases de productos *kosher* y yo sólo como los que fueron producidos bajo la supervisión más estricta, con la firma de ciertos nombres que puedo escribirle. ¡Yo no veo cómo va a conseguirme eso aquí en Marruecos!

—Tenemos excelentes restaurantes *kosher* en Marruecos, ¿qué te crees? –dijo el hombre con un deje de orgullo–. ¡Puedo ir al mejor de ellos y pedirles que te hagan lo que quieras!

—Lo siento, pero yo no podría confiar que la comida que me trae venga de un restaurante *kosher* –dijo ella secamente.

—Entonces quédate como estás ahora, comiendo fruta y verduras –dijo el hombre enfadado.

—No necesito más –dijo la joven–. ¡Fue usted quien dijo que no quería impedirme guardar mi Shabat!

—¡Aaah! –exclamó el hombre, como acordándose de algo. Pensó un momento–. Podría conseguirte las comidas que sirven en los aviones –dijo–. Las que están cerradas con un sello de la compañía de *catering* que aprovisionan los aviones.

—Esto estaría bien –dijo Gueula–. Pero ¿podría comprar un microondas nuevo y traerlo aquí para que yo misma abra los paquetes y los cocine el viernes?

—¡Sí, no hay problema!

—Necesitaría al menos tres bandejas por comida, porque dan raciones muy pequeñas –dijo Gueula.

—No parece que tú comas tanto –comentó el hombre con una mirada sospechosa–. Estás muy delgada.

—Lo cierto es que en el Shabat estamos supuestos a tener comida abundante y adquirimos un alma adicional que nos permite de comer más que durante la semana. Además, ¡en el Shabat estamos supuestos de tener banquetes como para un rey! Y también necesito un bonito mantel, flores para decorar la mesa y dos candelabros de plata, no para velas, sino de ésos en los que se puede poner un vasito.

—¿Un vasito? ¿Para qué?

—Para llenarlo con aceite de oliva y mechas de algodón mantenidas por pequeños conductos de metal que se compran en tiendas judaicas en Israel[67] –dijo–. En realidad bastarían dos velas, pero si quiere que guarde el Shabat de la mejor manera posible, necesito dos candelabros de plata y aceite de oliva para poner en los vasitos.

—Pues eso no es un problema –dijo el hombre–. Marruecos produce el mejor aceite de oliva. En cuanto a los dos candelabros, las mechas y los tubos, podría ver si la tienda judaica en Casablanca los vende, y si no, podría hacer que me los enviasen por avión de Israel. ¿Algo más? –añadió.

—Pídele un *Jumash* –le dijo la Voz–, y también un libro de Salmos.

—También necesito un Jumash –comenzó ella.

—¿Un qué?

—Perdón: un libro de Moisés, un Pentateuco. No sé cómo se podría conseguir eso aquí; y también un libro de Salmos en hebreo.

—¿Por qué necesitas esas cosas? No es mi intención ayudarte a pasarlo bien; sólo a que guardes tu Shabat. ¿Cómo te van a ayudar estos libros?

—El Shabat no es sólo un día en el que nos llenamos de comida: ¿qué se cree?

—No le digas el verdadero propósito de la comida de Shabat. ¡No hace falta que él lo sepa! Dile que es importante leer la *perashá* en el

67. La costumbre de poner mariposas en un vasito que contiene un poco de agua y bastante aceite de oliva no es aprobada por algunos *poskim*-autoridades halájicas porque la mecha de la mariposa se apaga en cuanto entra en contacto con el agua. Y si no se pone agua hay peligro de que al terminarse el aceite, explote el vaso, causando un peligro de incendio. Una buena solución es comprar pequeños tubos que contienen las mechas, y con esos tubos no se necesita poner agua. Estos tubitos se venden en Israel bajo el nombre de *Tzinorot lapetil*. El teléfono de una compañía que los fabrica en Israel es 03-6183042.

Shabat para que te traiga un Jumash. ¿Qué vas a hacer todo el día si no tienes un Jumash y los Salmos? –insistió la Voz en su mente.

Gueula titubeó, y añadió:

—La buena comida es para permitirnos tiempo y confort para estudiar acerca de la Palabra de nuestro D-s. Y Su Palabra se encuentra en los cinco libros de Moisés. En cada Shabat leemos una parte específica del Jumash. No sólo eso, sino también, si tenemos tiempo libre (y yo voy a tener bastante), tenemos que estudiar Su Palabra o leer los Salmos. Por lo tanto, lo mejor sería que me trajera los libros el viernes con bastante luz para que pueda leerlos y así pueda hacer lo que estoy supuesta a hacer en el Shabat.

—Puedo comprarlo en la librería judía en Casablanca –dijo el hombre como hablando consigo mismo–. ¿Algo más?

—Es importante comer comida que esté caliente –dijo Gueula–. ¿Podría tener acceso a una placa eléctrica para calentar las comidas, y también un termo con agua caliente y bolsitas de té de hierbas?

—Sí, no es problema –dijo el hombre.

—Y, por último, pero no menos importante, una escoba, una fregona y un cubo con un poco de algún detergente para que pueda limpiar el suelo.

—¡No necesitas hacer ese trabajo servil! –dijo el hombre con voz dura–; lo harán por ti.

—Está equivocado: no es un trabajo servil. En el Shabat yo preparo las comidas en mi casa o en donde me encuentre, para recibir a la Reina Shabat. Debido a mis circunstancias no puedo cocinar y ésta no es mi casa, ¡pero sí que puedo limpiar el lugar en honor del Shabat!

»Oh, y casi se me olvida –añadió–. Por favor, añada alguna pomada antibiótica para impedir que se infecte una herida.

—Habla en términos vagos; no debes mentir; la mentira causa una mancha en tu alma, da igual si mientes para ayudar a otro –dijo la Voz.

—El Shabat es un día de sanación y una herida infectada no ayudaría.

—¿Te has hecho daño? ¡Déjame ver! —pidió el hombre

—¡No se acerque! –gritó Gueula retrocediendo unos pasos.

—Bueno, bueno, como quieras. Puedo conseguirte pan fresco de la panadería judía.

—Gracias, pero como le expliqué, hay una cuestión de confianza. Las bandejas de las aerolíneas vienen con pan, y eso me basta, en particular, porque voy a poder calentarlo. También, si va a una librería judía, pídale al dueño una vela de *Havdalá* (él sabrá lo que eso significa), porque lo necesitaré al terminar el Shabat. Y lo último es un calendario del Shabat local de la misma librería. Es imposible de guardar el Shabat sin saber a qué hora comienza y a qué hora termina.

—Tendrás lo que pediste –dijo el hombre–, y también te traeré ropa limpia.

Dio la vuelta y se fue tan abruptamente como había venido.

Al encontrarse de nuevo en la oscuridad, la joven se sentó, estupefacta por el encuentro. La letra de la canción le vino espontáneamente a los labios: «Si tuviéramos la boca llena de canción…».

Trató de mirar alrededor del cuarto a pesar de la oscuridad y dijo:

—¡Hola! ¡Me alegro de que estés cantando conmigo de nuevo!

—Y yo me alegro de que le dijeras gracias a Hashem cantando nuestra canción, –dijo la Voz–. Un Sabio de la Torá contemporáneo, que se llamaba Rab Shimshon David Pinkus, de bendita memoria, dijo que cuando recibes algo bueno de Arriba, en ese momento hay una puerta abierta para ti Arriba.[68] Por lo tanto, cuando recibes un beneficio, es muy importante agradecer y alabar a Hashem, ya que, al hacerlo, la puerta que acaba de abrirse para ti permanecerá abierta. Y entonces, no sólo permanecerá siempre contigo el beneficio que recibiste, sino que recibirás otros beneficios también. Y lo contrario también podría suceder: si no expresas gratitud de inmediato, la puerta que acaba de abrirse para ti podría cerrarse. Éste es un principio esencial que has de saber: si se te abre una puerta, es más fácil mantenerla abierta que abrir otra.

—¡Te creo sin problemas! –exclamó Gueula–. Pero ¿por qué dijiste «nuestra canción»? Nuestra canción, nuestra canción… –repitió, tratando de fijarse en la oscuridad de su memoria con una mirada torturada.

—¡Deja ir el pasado! –dijo la Voz con tono firme–. No te va a ayudar en nada. Sólo acepta que no vas a tener acceso a tu pasado hasta

68. *Shearim BaTefilá,* pág. 57.

que sea la voluntad del Altísimo. Ten en mente que tienes todo lo que necesitas para cumplir tu servicio divino perfectamente en este momento. El próximo momento no existe… aún.

Gueula notó que la Voz iba menguando, pero estaba tan cansada que no reaccionó. Estaba a punto de quedarse dormida cuando alguien llamó a la puerta y entró sin esperar respuesta. Se encendió la luz y apareció la joven árabe.

—Hola –la saludó Gueula–. ¿Cómo te llamas? Se me olvidó preguntártelo.

—Fatma –dijo la muchacha–. Veo que estás muy cansada y no me voy a quedar. Sólo viene a preguntarte algo, ¿te has dado cuenta de cómo ha cambiado él?

—Por supuesto que me di cuenta. ¿Qué ha pasado?

—Tuvo un sueño –dijo Fatma–. Se lo oí a la gente que trabaja para él. Soñó que una voz muy alta le decía que le sucedería algo malo si le impedía a un judío que guardara su Shabat. Estaba muy asustado cuando despertó porque es muy supersticioso.

—¡Guau! –exclamó Gueula–. Es demasiado para mí. Vino y me preguntó qué necesitaba para Shabat. Le dije una gran cantidad de cosas y también pensé en lo que tú necesitas. Pero dime, ¿qué día es hoy?

—Miércoles. Gracias. Te quería hacer preguntas acerca de las canciones que cantas, pero… veo que se te cierran los ojos. Te veré en otro momento.

Capítulo diez

Niveles de revelación Divina

El jueves pasó rápido. La mente de Gueula estaba centrada en el Shabat. Sus pensamientos fluctuaban entre las exaltadas enseñanzas que había adquirido el día anterior y la inesperada idea de un Shabat con comida especial a pesar de su cautiverio. Se preguntaba si su captor le traería bebidas. «¡Qué lástima no haberle pedido cositas para picar!», se le ocurrió.

—¡Sí, tú necesitas cositas para picar como un boquete en la cabeza! –dijo la Voz, apareciendo en su mente.

—Oh, eres tú –dijo–. ¡Claro que las necesito! Me encanta picar varias cosas, pipas, patatas fritas, o lo que sea. Forma parte de mi *oneg Shabat*.

Transcurrió un momento antes de que respondiera la Voz.

—Estoy haciendo un supremo esfuerzo de contener mi indignación ante tus palabras.

Gueula se echó a reír.

—No me hagas reír –pidió–. Debería llorar, no reír, si pensara en mi situación.

—No, no es cierto –replicó la Voz–. A pesar de que sí dice que el Shabat es un día de *oneg*-deleite, los Sabios nos transmiten cómo comprender el versículo:[69]

אִם תָּשִׁיב מִשַּׁבָּת רַגְלֶךָ עֲשׂוֹת חֲפָצֶיךָ בְּיוֹם קָדְשִׁי וְקָרָאתָ לַשַּׁבָּת עֹנֶג לִקְדוֹשׁ ה׳
מְכֻבָּד וְכִבַּדְתּוֹ מֵעֲשׂוֹת דְּרָכֶיךָ מִמְּצוֹא -חֶפְצְךָ וְדַבֵּר דָּבָר: אָז תִּתְעַנַּג עַל ה׳

69. Isaías 58, 13.

«Si retienes tu pie por ser el Shabat; si te abstienes de dedicarte a tus propias necesidades en Mi día santo; si consideras el Shabat como un deleite, y honras el día sagrado de Hashem, y lo respetas al no dedicarte a tus propios asuntos, al no buscar tus propias necesidades ni hablar de lo prohibido, entonces te deleitarás en Hashem».

»Esto significa que el deleite es espiritual; no se refiere a tu placer personal.[70]

—No te lo discuto, pero si ése no es el nivel en que yo me encuentro, y si el picar me va a ayudar de llegar allí...

—Tienes razón acerca de eso; y acerca de tu situación. Sin embargo, si piensas que toda la Creación está llena con la Presencia de Hashem en ocultamiento, sabrás que nada malo te puede suceder, ya que nada malo puede venir de Hashem.

Gueula sonrió.

—Entonces yo debería pensar que esto es lo mejor que pudiera haberme ocurrido, ¿no?

—Bueno, lo comprendo si me dices que aún no estás allí. Pero regresemos al Shabat. Piensa en el versículo que acabamos de mencionar: «entonces te deleitarás en Hashem». En hebreo es, עַל ה' *-al Hashem*. La palabra hebrea *al* significa literalmente «sobre», pero, por supuesto, todas las traducciones escriben «en Hashem», porque no se puede escribir «deleitar sobre Hashem», ¿no?

—¡Guau! –exclamó la muchacha–. Tienes toda la razón; eso es lo que dice el versículo. ¿Hay alguien más que se haya dado cuenta de esto?

—Sí –dijo la Voz–. Muchos Sabios se dieron cuenta antes que nosotros. Pero dejemos eso por ahora. Centrémonos en lo que significa para nosotros de un modo que podamos captar.

—Pero quisiera hacerte una pregunta. ¿Cómo puedo pensar en Hashem si deseo una relación de amor incondicional?

—No es a nosotros pensar en Hashem Mismo; debemos pensar en el modo en que se revela a nosotros. Hay diferentes niveles de revelación Divina y una revelación significa que el Santo *Ein Sof*-Ser Infinito

---

70. Rab R. Moshé Luria, *Bet Genazai al haTorá: Bemidbar, Koraj, op. cit.*, pág. 488.

condensa Su Luz en diferentes niveles de constricción y nos permite llamarle por Sus Nombres. A veces una revelación es más intensa y a veces lo es menos. ¿Estás conmigo?

—Sí –asintió Gueula–. Recuerdo que durante Pésaj alguien me explicó que las palabras en la *Hagadá* - וּבְמוֹרָא גָּדוֹל, זוֹ גִּלּוּי שְׁכִינָה, diciéndonos que los judíos se fueron sintiendo gran temor reverencial, en realidad significaban que estaban recibiendo una revelación de la Shejiná. Sin embargo, no podían recibirla como una visión porque en ese momento aún estaban en Egipto y la Shejiná no puede revelarse en un lugar impuro. Por lo tanto, sólo sintieron un sentimiento interior de temor reverencial: así es como percibieron la revelación. En cambio, en el momento en que cruzaron el mar, pudieron tener una verdadera visión.

—Exactamente. Sin embargo, en nuestro tiempo, Hashem se revela a nosotros a través de Sus Nombres. Veamos, por ejemplo, el salmo 55, en que el rey David comparte con nosotros su dolor al haber sido traicionado por su mejor amigo. Si sólo te fijas en el significado literal de las palabras del salmo, verás que no usa los Nombres Divinos sin distinción; al contrario, usa diferentes Nombres relacionados con ciertos niveles de revelación Divina, o en otras palabras, con los modos en los que Hashem está interaccionando con el mundo. Además, vemos cómo el rey David llama a cierto Nombre cuando desea atraer hacia abajo la clase de revelación Divina o interacción asociada con ese Nombre. Luego, al final del salmo, en el versículo 23, el consejo con el que nos deja David es: הַשְׁלֵךְ עַל ה׳ יְהָבְךָ וְהוּא יְכַלְכְּלֶךָ-«Echa **al** (literalmente, «sobre») Hashem lo que concibes como tu destino y Él te sostendrá».

—¡Guau! –exclamó Gueula–. Lo mismo que decimos en el *kidush* del Shabat de la mañana, cuando hablamos del deleite de Shabat *al Hashem.*

—Sí, y otro ejemplo es Hannah, madre del profeta Samuel. Se dio cuenta de algún modo de que según los conductos normales de la Providencia Divina parecía que se había pronunciado un decreto según el cual no podría tener hijos. Entonces el versículo nos dice,[71] «y Hannah

71. I Samuel 1, 10.

rezó *"al" Hashem*». Aunque la mayoría de las traducciones utilizan «y Hannah le rezó a Hashem», subraya el Zóhar que hemos de prestar atención a la palabra hebrea *al*-sobre, ya que no hay palabra, ni aún letra en la Torá, que no aluda a misterios divinos.[72] El comentador de *Shelá haKadosh* explica que hay tres niveles principales de revelación Divina:[73] El Nombre *Ad-nai* representa el primer nivel de revelación, el Nombre de *Havayá* el nivel intermedio y el Nombre *Ekieh* el más elevado. Cuando Hannah, de algún modo, ascendió al más alto nivel en su oración, en ese nivel de amor y bondad incondicionales en el que el concepto de mérito se vuelve irrelevante, se le cumplió su deseo.

—Lo que retengo de esto es que podemos relacionarnos con Hashem a niveles diversos, y que los Nombres de Hashem juegan un papel importante..., quiero decir, que tienen que ver con el modo en el que nos relacionamos con Hashem. Y que esta expresión, *al Hashem,* parece ser más alta que todas las otras revelaciones Divinas –dijo Gueula.

—Podrías decirlo así. Podrías incluso decir que el nivel al que alude la expresión *al Hashem* es como una corona, así como la corona se mantiene por encima de la cabeza del rey, y no dentro de su cabeza.

—Sí –asintió Gueula–. Entonces quizás la idea de *al Hashem* significa, por encima de mi percepción de Hashem.

—Exacto –aprobó la Voz.

—Entonces, la pregunta es, ¿cómo se conecta uno con ese elevado nivel, como has dicho tú, ese nivel de amor y bondad incondicionales en el que el concepto de mérito es irrelevante, ese nivel que está por encima... por encima de todo, por encima de todo el sufrimiento del mundo?

—No tenemos acceso directo a este nivel de revelación –respondió la Voz–.[74] La bendición Divina de Hashem nos baja como una escala Divina compuesta de diferentes niveles de revelación, y el Zóhar da nombre a cada uno para ayudarnos a integrar el significado de cada nivel. En una generalización que facilita la transmisión de estos con-

---

72. Zóhar acerca de Ajaréi Mot, pág. 300.
73. Shelá hakadosh: *Hagahot* acerca de Masejet Pesajim.
74. La explicación que sigue acerca de los diferentes niveles de revelación Divina está adaptada de la obra de Rab Yaacov Hillel, *Binián Ariel.*

ceptos, el nivel más elevado de revelación Divina se denomina en arameo *Atika Kadisha,* que literalmente significa «el Santo Anciano», y se traduce al hebreo como *Arij Anpín*-semblante extendido; este nivel forma parte de la Luz Infinita de *Ein Sof.* La palabra *anpín*-semblante alude a la Voluntad y el Deseo del Altísimo de crear al hombre y revelarles Su Luz a Sus criaturas. La palabra «extendido» implica una compasión incondicional que interferiría con nuestra capacidad de ejercer nuestro libre albedrío.

»En contraste con la compasión infinita manifiesta en el nivel de revelación Divina de *Arij Anpín,* tenemos un aspecto condensado de la revelación de Hashem llamado en el Zóhar *Zeír Anpín,* ya que la palabra *zeír* significa «pequeño». La expresión *Zeír Anpín*-semblante reducido alude a una interacción con el mundo basada en el juicio. *Zeír* indica la naturaleza condensada de la Luz de la que está imbuido. No obstante, también lleva el nombre *anpín,* porque constituye nuestra mayor fuente de iluminación del Creador. *Zeír Anpín* se denomina en el Zóhar *Kudshá Berij Hu*, en hebreo *Hakadosh Baruj Hu* (el Santo, Bendito es), ya que es a este nivel donde el Todopoderoso se relaciona con el hombre.

—Y ese nivel intermedio llamado *Zeír Anpín* está relacionado con el Nombre de *Havayá* –añadió Gueula.

—Exactamente. Desde nuestra perspectiva, nos relacionamos con *Hakadosh Baruj Hu* como nuestro Rey y Juez. El Arí z"l sugiere que la palabra «rey» transmite un aspecto de constricción dentro de la revelación Divina, implicando así que aunque el rey sea amado por sus súbditos, aun así tiene que juzgarlos según el sistema de justicia que ha establecido.

—Pero estos nombres que les han designado a los niveles de revelación Divina no son nombres de Hashem, ¿verdad?

—Buena pregunta: no, no lo son. Son palabras descriptivas que nos aclaran el lugar en el mundo celestial con el que nos estamos vinculando, pero no tienen la *kedushá*-conciencia Divina de los Nombres de Hashem. No tenemos el permiso de decir los Nombres de Hashem cuando nos parezca porque al decir un Nombre es como si estuviéramos llamando a Hashem.

—Cierto –exclamó Gueula–. Tenemos que cambiar las letras del Nombre a menos que estemos leyéndolo en *tefilá.* Según lo que estás diciendo, podemos decir libremente los nombres de estas revelaciones divinas.

—Exactamente. Luego hay un nivel más bajo de revelación al cual llamamos la Shejiná. Este nivel está más cercano a nosotros que el del rey, y transmite, por un lado, la revelación de la Maljut-majestad Divina, y por otro, el cuerpo de todos los súbditos del rey como si fueran uno solo.

—Te refieres a Kneset Israel de Arriba, o la Shejiná Arriba, y Kneset Israel ellos mismos, aquí abajo –aclaró Gueula.

—Exacto –aprobó la Voz–. Ahora bien, es importante tener en mente que todos los niveles de revelación Divina son como una estructura que consiste en niveles que están interconectados como los eslabones de una cadena, y la Luz fluye desde la Fuente de todas las bendiciones hasta el final de la estructura.

—Explica el Zóhar el proceso de bendición Divina que fluye hacia abajo desde Arriba.[75]

»Cuando el Creador observa el mundo y ve que los actos de los hombres son dignos de elogio, revela Él Su Luz a *Atika Kadisha* quien es *Arij Anpín,* quien a su vez dirige su Luz sobre *Zeír Anpín.* Todos los aspectos de la Providencia Divina se llenan entonces de Luz, ya que cada nivel recibe Luz del nivel de encima, y se la dirige al nivel inferior. La *shefa*-bendición Divina es transmitida directamente de Arriba hacia abajo, involucrando todos los niveles uno tras de otro hasta que llega a la Shejiná. Todas las dimensiones espirituales se llenan entonces de Luz y se unen la una con la otra hasta formar una entidad completa, a la que alude el versículo:[76] «Hashem es Uno, y Su Nombre es Uno».

»En cambio, cuando abundan las transgresiones en el mundo, entonces *Atika Kadisha* oculta su semblante extendido. Por resultado, la bendición Divina no puede transmitirse directamente de un nivel de revelación a otro, y los *dinim*-fuerzas de justicia estrictas reciben el

---

75. Zóhar *Vayikrá*-Levítico 15 a-b.
76. Zacarías 14, 9.

permiso de acometer el mundo, porque *Atika Kadisha* ocultó su Luz y no la dirige a los niveles inferiores. Como lo sugiere Daniel:[77] «Seguí mirando hasta que fueron puestos tronos, y (ועתיק יומין יתיב) se sentó el Anciano de Días. Su ropaje era blanco como la nieve y Su cabello era como lana purísima. Llamas de fuego salían de Su trono, y éste tenía rueda de fuego abrasador».

»La expresión ועתיק יומין יתיב dice Rashi, implica que *Hakadosh Baruj Hu* está sentado en el juicio de la Shejiná:

הקב"ה יושב למשפט על המלכות

Los *dinim* provenientes de Arriba se multiplican entonces, llegando hasta la Shejiná, y a consecuencia las fuerzas externas reciben el permiso de superar a las fuerzas de bondad y causar sufrimiento en el mundo terrenal.

»Como resultado, dice el Zóhar, la Luz Divina permanece en el mundo celestial, ocultada por los niveles más bajos de revelación o interacción. Estos últimos entonces no pueden transmitir la Luz Divina al mundo inferior, y el amor Divino se convierte en juicio estricto.

—Lo que significa problemas para nosotros –murmuró Gueula.

—Para la Shejiná misma más que para nosotros, porque en lugar de dirigir Luz Divina a Sus hijos, ¡nuestra santa Shejiná tiene que soltar a los verdugos espirituales de juicio estricto *(dinim)* contra ellos!

»La mayoría de los *sidurim* para las personas seculares nos dicen cómo expresar nuestra conciencia de estos diversos niveles de Providencia Divina en una declaración en arameo, que comienza con la palabra *Atkinu*-prepara...

—Me fijé antes que esta palabra aparece en mi *sidur* antes de las *seudot* del Shabat –interrumpió Gueula–, y me dije que tenía que preguntarte qué significaba. Según recuerdo, había una declaración que comenzaba con la palabra aramea *Atkinu,* que tenemos que leer antes de cada una de las tres *seudot,* y estos tres niveles de revelación que mencionaste están repetidos las tres veces.

—Me alegro de que te hayas dado cuenta –dijo la Voz–. Sin embargo, no están repetidos: aparecen en orden distinto cada vez porque

---

77. Daniel 7, 9.

cada una de las tres *seudot* está dedicada a uno de estos niveles. Es por lo tanto importante leer estas declaraciones antes de cada una de las tres *seudot.*

—¿Quizás es como si al leer la declaración de mi *sidur* antes de cada *seudá,* estuviera mostrando que soy consciente del proceso?

—Digamos que estás declarando que te gustaría ser consciente del proceso y de contribuir a la alegría Divina en cualquier modo que cause bienestar en el mundo celestial, aunque resulte un desafío para ti –corrigió la Voz.

—Cuéntame más, por favor.

—Déjame mostrarte cómo actúa el nivel más alto de revelación para que puedas comprender cómo funciona el nivel de interacción en lo que concierne al hombre. Es decir, ¿qué se espera del hombre? La separación del mar, por ejemplo, sucedió en un momento en que nuestro pueblo se enfrentaba con algo más grande que ellos; quiere decir que ellos no podían encontrar la solución por sí mismos. ¿Recuerdas cuando los israelitas tenían por un lado a los enfadados egipcios que los perseguían y por otro el mar Rojo?

—Claro que me acuerdo, porque nunca pude comprender qué sucedió. Los pobres se encontraban en una situación imposible, y cuando comenzaron a pedir ayuda al Cielo, Hashem le dijo a Moshé, «¿Por qué clamas ante Mí?». ¿Qué clase de respuesta es ésa?

—Debes de citar el versículo completo –protestó la Voz–. Dice:[78] «¿Por qué clamas ante Mí? Habla a los Hijos de Israel y que marchen-מַה תִּצְעַק אֵלָי דַּבֵּר אֶל בְּנֵי יִשְׂרָאֵל וְיִסָּעוּ».

»Explica el Zóhar que no era el momento adecuado para hacer *tefilá,* porque la separación del mar tenía que ver con un propósito de la Creación que está por encima de la revelación Divina al hombre.

—El nivel cuyo nombre, según me dijiste, es *Atika Kadisha.*

—¡Muy bien! –aprobó la Voz–. Y nos recuerda el Zóhar que con *Zeír Anpín* tenemos contacto directo, el contacto directo que nos provee la *tefilá;* o sea, tenemos la posibilidad de decirle *Atá*-Tú. En cambio,

78. Éxodo 14, 15.

con *Atika Kadisha* sólo tenemos *Hu-Él.* Es decir, que no podemos dirigirnos a Él con el contacto directo de la tefilá.

—Entonces, la salvación de Israel dependía de un nivel de santidad que provenía de la Luz Infinita que estaba presente antes de la Creación, que Hashem utilizó el primer día y luego la ocultó para impedir que los que no la merecían tuvieran acceso a esta Luz.

»Sí no podían hacer *tefilá,* ¿qué podían hacer?

—Simplemente, tener confianza en Hashem. Como enseña el *Jazon Ish:*[79]

La verdadera prueba que puede decidir si una persona verdaderamente cree lo que está diciendo –si es que verdaderamente confía en Hashem o si solamente habla de confiar todo el tiempo, pero no forma parte de él– es cuando se enfrenta con una situación que exige que de hecho ponga su confianza en Hashem. En un momento así, el papel de la confianza es guiar sus actos, sanarle y calmarle. ¿En verdad va a apelar a la confianza en Hashem y, de hecho, mostrar su confianza en sus actos? ¿O bien, en particular en este momento, no se entrega a su confianza y en lugar de ello confía en enemigos que no merecen su confianza y utilizan viles estrategias?

וְאָמְנָם בְּזֹאת יִבָּחֵן אִם פִּיו וְלִבּוֹ שָׁוִין, הַאִם בּוֹטֵחַ הוּא בֶּאֱמֶת אוֹ אַךְ לִמֵּד לְשׁוֹנוֹ לְצַפְצֵף: "בִּטָּחוֹן, בִּטָּחוֹן", וּבְלִבּוֹ לֹא קוֹנְנָה. כַּאֲשֶׁר נִפְגָּשׁ בְּמִקְרֶה הַדּוֹרֵשׁ בִּטָּחוֹן, וַאֲשֶׁר בְּשָׁעָה זוֹ תַּפְקִידוֹ שֶׁל הַבִּטָּחוֹן לְנַהֲלוֹ, לְהַחְלִימוֹ וּלְרַפְּאוֹתוֹ, הַאִים בַּשָּׁעָה הַקָּשָׁה הַלָּזוֹ פָּנָה אֶל הַבִּטָּחוֹן וַיִּבְטַח בּוֹ? אוֹ דַּוְקָא בַּשָּׁעָה זוֹ לֹא פָּנָה אֵלָיו, וּפָנָה אֶל רְהָבִים וְשָׂטֵי כָזָב, אֶל אֶמְצָעִים מְגֻנִּים וְתַחְבּוּלוֹת שָׁוְא.

79. Rab Abraham Yeshayahu Karelitz (1878-1953), *Faith and Trust.* [Traducción inglesa del original hebreo]. Am Hasefer 2008, pág. 46.

—Veo lo que estás diciendo –accedió Gueula–. Llega un punto en el que las declaraciones constantes de una persona que tiene total confianza en Hashem van a ser probadas desde Arriba, y es en ese momento cuando va a tener que mostrar a través de sus acciones si era verdad que confiaba.

»Sin embargo, dijiste que este nivel excelso estaba vinculado al lugar que alcanzó Hannah, y el versículo sí que dice que estaba pidiendo *al Hashem*. O sea, que regresamos al punto en que empezamos.

—Sí que dice que Hannah estaba pidiendo, pero no dice que estuviera pidiendo nada. ¡Sabemos que quería un hijo con todo su ser, pero no sabemos si estaba pidiendo que se lo concedieran! Quizás estaba más allá de la situación en la que puedes pedir algo con palabras. Puedes pedirle algo a Hashem una y otra vez, pero llega un momento en que estás ahí en un lugar de conexión total, y todo tu ser está gritando por esa cosa que necesitas, pero ya no te quedan palabras para decirlo... Y, luego, de pronto puedes ascender a otra clase de *tefilá*, una oración en la que ya no hay petición personal, sino que es una expresión de tu anhelo, de tu profundo deseo de acercarte porque te falta algo vital..., algo sin lo que no puedes vivir...

—¿Y tú crees que ellos podían llegar a ese lugar espiritual mientras que estaban en esa situación imposible? –preguntó Gueula con incredulidad.

—¡Suele ser sólo en momentos como ésos cuando una persona logra entrar en contacto con sus sentimientos más recónditos! –exclamó la Voz–. En todo caso, la cuestión es que lo que *no* debían hacer en ese momento era pedir ayuda al Cielo. El versículo te dice lo que tenían que hacer; simplemente aceptar que su situación venía de Arriba, y tener confianza: «Habla a los Hijos de Israel y que marchen».

—Me imagino que allá entra el *bitajón*-confianza –dijo Gueula, y añadió–: La posibilidad de... como dije antes..., romper nuestra burbuja... o, en lugar de romperla, salir de ella dejando allí dentro todos nuestros problemas personales, todos nuestros asuntos conflictivos. Luego es como si dejásemos que nuestra burbuja se fuese flotando hacia Arriba, echándole nuestros problemas ***al Hashem,*** como dice el versículo, con una confianza total de que Hashem lo va a considerar con amor y enviarnos todo cuanto necesitemos, y también que podremos aceptarlo con toda nuestra alma. Y luego tenemos que seguir pensando en el dolor que hay en el mundo celestial, mucho mayor que el nuestro, y tratar de causarle alegría a Hashem con todo lo que hacemos. Y aquí es donde viene el Shabat, según el cuento que me contaste ayer.

—En el Shabat, Hashem desea que subamos al mundo celestial a través de nuestra preparación para el Shabat y también a través de las *mitzvot* especiales del día, ya que de este modo contribuiremos a la unificación celestial que sucede este día. La unificación va a suceder por sí misma, iniciada desde Arriba, ya que ésa es la naturaleza del Shabat.[80] No obstante, como estudiaremos juntos, podemos contribuir antes del Shabat a través de todas las preparaciones que hacemos los viernes, para recibir la ascensión suplementaria del *tosefet Shabat,* y luego en el Shabat mismo al participar en las *tefilot*-los rezos y las *seudot* que les siguen.

—Eso es lo que me dijiste –dijo Gueula–. Que tratemos de que todo lo que hagamos aquí abajo sea una réplica de lo que sucede Arriba para formar parte del proceso a medida que va cumpliéndose. ¡Es increíble que Hashem nos haya dado la posibilidad de contribuir a Su plan! Pero… ¿qué puedo yo hacer que sea especial?

—Puedes tratar de agradar a Hashem en el Shabat aprendiendo acerca de lo que sucede en el mundo celestial con la intención de practicar lo que aprendes. Hashem nos ha transmitido todo lo que estoy compartiendo contigo; es una conciencia que Hashem desea que adquiramos. Podemos preguntarnos, ¿de veras vamos a tener el mérito de recibir esa conciencia? La respuesta es que depende de nuestro deseo de adquirirla.

—¿Sabes?, al estudiar acerca de estas enseñanzas que me estás transmitiendo, pienso menos en mi situación como una prueba difícil y más como una oportunidad… *¡Baruj Hashem!* Estoy lista a lo que sea que Hashem quiera de mí.

---

80. Véase Rab Moshé Luria *Maamaréi Shabat,* «Mamaar Shamor vezajor».

Gueula cerró los ojos un momento, como para absorber las enseñanzas que había recibido. De pronto los abrió de nuevo, percibiendo la presencia de la Voz.

—¡Hola! ¿Estás aun aquí? –preguntó.

—Estoy aquí.

—Estaba pensando que explicaste los primeros dos niveles de revelación, pero no entraste en detalles acerca del tercer nivel, el de la Shejiná, que es el más cercano a nosotros.

—Como vimos –comenzó la Voz–, al principio del Shabat, vamos «al campo» a recibir a nuestra santa Shejiná que regresa del mundo inferior. Hoy en día no tenemos la noción de «campo» que había en el tiempo del Arí z"l. Digamos, entonces, que vamos a cualquier lugar en la casa, o en la vecindad, desde donde se pueda contemplar a distancia, en la dirección de la puesta del sol, y en ese lugar, le damos la bienvenida. La primera *seudá* es pues de la Shejiná. Somos Sus invitados, y si puede decirse así, Ella hace de Anfitriona Real que se ocupa de Sus invitados.

—Recuerdo que me dijiste que en el Shabat nos referimos a la Shejiná como *Jakal tapujín kadishín*-campo de santas manzanas. Me fijé en la declaración *Atkinu,* que precede a la primera *seudá* de Shabat en mi *sidur,* y en efecto, el nivel de revelación que aparece primero se llama *Jakal tapujín kadishín.*

—¡Bien! En ese momento, le decimos a Hashem: ¡Ven, oh, Amado! ¡Vayamos hacia la Novia!

—¡Guau! –exclamó Gueula–. Entonces, eso es el sentido de lo que decimos al principio del Shabat *Lejá Dodí.* Entonces, según lo que estás diciendo, parece haber una conexión especial entre la Shejiná y las mujeres judías...

—La hay –respondió la Voz–. La Shejiná es la Reina del mundo, como la describe el Zóhar, y todas las almas de Israel están arraigadas en Ella.[81] Por consiguiente, le incumbe a la mujer, que es la reina de su hogar, encender las luces de Shabat, porque la raíz espiritual de la mujer está en la Shejiná. La mujer tiene por tanto que imitar a la Shejiná, y

---

81. Zóhar *Bereshit* 48b. Citado del libro *Ohr haShabbat*, sección de «Hadlakat nerot», n.º 28.

encender las luces de Shabat, así como la Shejiná ilumina las almas de Israel.

»La noche de Shabat (el viernes la noche) es el momento de la Shejiná: la Amidá que decimos el Shabat tiene un párrafo especial para cada uno de los tres momentos especiales del Shabat. En cambio la Amidá de *Yom Tov*-las pascuas, es básicamente la misma para todas las Pascuas salvo algunos pequeños cambios. Sin embargo, hay un párrafo en la Amidá del Shabat que parece ser el mismo en todas las oraciones Amidá que decimos en el Shabat.

—¿Qué quieres decir con «que parece ser el mismo»?

—¡Cómo me gustaría que aprendieras a escuchar hasta el final! Éste es el párrafo:

Sea Tu Voluntad que agrade ahora nuestro reposo.
Santifícanos con Tus mandamientos
y concédenos nuestra porción en Tu Torá;
Sácianos con Tu bondad
y alegra nuestras almas con Tu salvación,
y purifica nuestro corazón para servirte con sinceridad
y concédenos, oh, Hashem, nuestro D-s, con amor y favor, por favor concédenos Tu santo Shabat como herencia, y que todo Israel, quienes santifican Tu Nombre, repose en ella.

רְצֵה נָא בִמְנוּחָתֵנוּ.
קַדְּשֵׁנוּ בְּמִצְוֹתֶיךָ
שִׂים חֶלְקֵנוּ בְּתוֹרָתֶךָ
שַׂבְּעֵנוּ מִטּוּבָךְ.
שַׂמֵּחַ נַפְשֵׁנוּ בִּישׁוּעָתֶךָ
וְטַהֵר לִבֵּנוּ לְעָבְדְּךָ בֶּאֱמֶת.
וְהַנְחִילֵנוּ ה׳ א׳ בְּאַהֲבָה וּבְרָצוֹן שַׁבַּת קָדְשֶׁךָ וְיָנוּחוּ בָהּ כָּל יִשְׂרָאֵל מְקַדְּשֵׁי שְׁמֶךָ:

—*Veyanuju ba*, «repose en ella» –repitió Gueula–. ¡Tienes razón! *Ba* es una partícula de género femenino; ¡pero podría referirse al Shabat mismo, ya que a menudo se habla del Shabat en la forma femenina!

—En ese caso –adujo la Voz–, ¿por qué el mismo párrafo se refiere al Shabat como una entidad masculina, *veyanuju bo*-«reposen en él»-וְיָנוּחוּ בוֹ, cuando lo lees en la Amidá de la mañana del Shabat?

—¿Y qué pasa con la Amidá de Minjá, del Shabat por la tarde? –preguntó–; ¿sabes qué? Puedo ver un poco con el chorro de luz que viene por la ventanita. Yo misma voy a fijarme en mi *sidur.*

Unos momentos después estaba hojeando las páginas de su pequeño *sidur:*

—Aquí está. ¡Guau! *Veyanuju bam*-וְיָנוּחוּ בָם-*bam* es la forma plural, o sea que ha de referirse a *Kneset Israel ellos mismos!* ¡No tengo palabras! –añadió tras un silencio–. Me pregunto cuántos se han dado cuenta de esto. Entonces, la noche del Shabat es, de hecho, Su tiempo, ¡el tiempo de nuestra Shejiná, quien es también la Reina de Shabat!

—Ahora que lo hemos establecido, regresemos a Su *seudá* –dijo la Voz–. Como continúa Rab Luria, «cuando una pareja invita a amigos a comer, suele ser la mujer quien se ocupa de los invitados. Se asegura de que todos estén cómodos y que tengan lo que necesiten, y lo mismo es cierto, si puede decirse, de la Shejiná en el tiempo de Su *seudá.* Por lo tanto, si una persona entra en el Shabat después de haber regresado en *teshuvá* el viernes por cualquier error cometido durante la semana, en el momento de la *seudá,* una santa *shefa* viene a imbuir a la persona. En el Shabat tenemos la oportunidad de probar el Mundo Venidero. La noche del Shabat, muchos miembros de la familia y queridos amigos viene a unirse a nosotros a la mesa del Shabat. Éste es el momento en el que la Shejiná se reúne con su amado Compañero del alma, y al hacerlo cada uno de nosotros comparte esta reunión y cercanía y recibe un nivel de alma adicional del Shabat más elevado para la ocasión.

—Gracias –dijo Gueula–. Entonces, ése es el significado interior del Shabat: la Shejiná, Kneset Israel regresa a Casa, ¡me da escalofríos! Y cada uno de nosotros, Sus hijos, hemos de hacer nuestra parte para ayudar que Su regreso sea… todo lo que está supuesto a ser…

—La Shejiná se llama, pues, Jakal Tapujín Kadishín al principio del Shabat, y cuando nosotros decimos *Boi Calá*-Ven, oh, novia, ella recibe la inspiración y el anhelo de reunirse con el Amado, terminando separación semanal –dijo la Voz–, y se eleva de nivel a nivel, una réplica de nuestro cumplimiento del Shabat, como se dice en hebreo, *kehiljató*-según las leyes de Shabat, ya que la palabra *halajá*-ley está relacionada con *halijá*-andar.

—Entonces, es como si nuestro cumplimiento del Shabat fuese un camino por el cual anda para reunirse con el Amado –añadió Gueula–. Gracias, gracias –repitió–. Todo cuanto dices me ayuda a integrar esta conciencia más y más.

Trató de decir algo más, pero se le cerraban los ojos.

—Vete a dormir –sugirió la Voz con un deje de cariño–. Regresaré antes del Shabat.

Capítulo diez – Niveles de revelación Divina

❋ Tres niveles principales de revelación Divina

❋ Nivel de revelación aludido por la expresión *al Hashem*

❋ Nivel de revelación correspondiente a la Shejiná *(Malchut)*

❋ Explicación de «¿Por qué clamas ante Mí?»

❋ *Jazón Ish* acerca de la fe: nuestra fe está puesta a prueba

❋ Explicación de la seudá de *Jakal Tapujín Kadishín*-campo de santas manzanas

❋ Tres párrafos de la Amidá del Shabat con las partículas *ba, bo, bam.*

Capítulo once

¡Ven, oh, novia! - לְכָה דוֹדִי

A media mañana se abrió de par en par la puerta de la habitación de Gueula y se encendió la luz. Entró su raptor y le seguían varios hombres cargando cajas llenas de comida.

«¿Dónde se piensan que van a poner todo esto?» se preguntó a sí misma, y después ahogó un grito de asombro cuando uno de ellos fue a una puerta en la cual no se había fijado, en la esquina de su habitación, y abrió el cerrojo. La estancia se llenó de luz de grandes ventanas que mostraban una vista impresionante.

—Estás mirando nuestras montañas del Atlas –dijo el árabe con un deje de orgullo en la voz. Se dirigió a otra esquina y abrió una puerta que parecía fundirse en la pared. Fuera había un campo cubierto de hierba salvaje–. Ni se te ocurra tratar de escaparte por allí –dijo–. Tengo todo este lugar cercado con alambre de espino.

La habitación estaba amueblada al estilo marroquí: alfombras de colores vivos, bancos bajos con diversos cojines y una mesa baja en el centro. Mientras, los hombres habían puesto sus cajas sobre la mesa y comenzaron a abrir paquetes y ponerlos en un mostrador en la esquina del cuarto.

—Pensé que habíamos decidido que me traería las bandejas que sirven en las aerolíneas –comenzó Gueula.

—Antes de decir nada, mira lo que te he traído –dijo el árabe.

Dirigiéndose a una de las cajas, cogió un plato envuelto en papel celofán. Contenía un pastel de chocolate que parecía delicioso. Gueula abrió la boca para decir algo y luego la cerró cuando su raptor le dio la vuelta al plato y vio un sello de *kashrut* que cerraba el paquete. La única manera de abrir el paquete era romper el sello. Se inclinó a leer las palabras del sello…

—¡Guau! –exclamó–. Éste es el mejor sello de *kashrut* que hay. ¿Cómo ha podido obtenerlo?

Evidentemente satisfecho del comentario de Gueula, su raptor hizo un gesto y los hombres que le acompañaban le mostraron plato tras de plato, cada uno más suntuoso que el otro, todos envueltos en papel celofán con el mismo sello *kosher.*

—Ya te dije que no me importaba lo que costase. Uno de mis hombres consiguió esto de uno de los mejores servicios de comidas en Israel y lo envió aquí por avión. ¡Y mira el pan!

Fue a una de las cajas y sacó un paquete envuelto en papel de aluminio que estaba cerrado con el mismo sello *kosher* que los anteriores.

—Lo congelaron en seguida después de sacarlo del horno. Lo único que tienes que hacer es de ponerlo en la tostadora que ves allá en el estante y tendrás pan fresco.

Los hombres sacaron un mantel blanco bordado con hilos dorados y estaban a punto de ponerlo en la mesa, cuando la Voz gritó al oído de Gueula.

—¡No le dejes que lo haga él! Pon la mesa tú misma.

—No, no –protestó Gueula, tratando de arrancar el mantel de las manos del hombre–. Tengo que hacerlo yo.

El hombre miró a su patrón, quien le hizo una seña con la cabeza para indicar que soltara el mantel. Y continuaron las maravillas. Los hombres sacaron dos candelabros de cristal tallado con pequeños huecos en los que se metían vasitos. Aceite de oliva, una bolsita que contenía mechas de algodón y tubitos de metal para contenerlas, cerillas…, no faltaba nada. Gueula movió la cabeza, demasiado impresionada para encontrar palabras.

—No sé qué decir –comenzó, y luego se interrumpió cuando otros dos hombres entraron llevando flores.

El primero llevaba una profusión de azucenas blancas dispuestas en un jarrón de porcelana que puso en un estante que había en un nicho en la pared. El segundo llevaba una rama de un metro de orquídeas blancas en un jarrón de cristal que era tan largo como la rama, para sostener el peso de suntuosa flor.

Desprovista de palabras, Gueula sacudió la cabeza.

—No digas nada –dijo su raptor. Sacó algunos libros de una caja más pequeña que las otras y fue a colocarlos en un estante–. Pongo aquí el calendario referente al horario marroquí que me pediste, y el reloj detrás de la ventana tiene la hora correcta. Encontrarás ropa limpia que ponerte en el armario. Oh, y en lugar de mosto te he comprado vino con muy poco alcohol, y ésta es la copa de plata que me pediste. Si necesitas algo más, puedes llamar al timbre que está detrás de la tostadora.

Los hombres terminaron de desempaquetarlo todo y salieron del cuarto. Inclinando la cabeza en dirección de Gueula, su raptor salió detrás de ellos, cerrando la puerta detrás de sí.

Como en un sueño, la joven se dejó caer en los cojines, estupefacta. Un sonido la sacó de su estupor: «¡Cucú, cucú!». Se giró y se dio cuenta que el sonido provenía del reloj de la pared.

—¡Gracias, Hashem! –exclamó–. No me hubiese dado cuenta de que ya era la una de la tarde. –Fue a mirar el calendario–. Hmm, el Shabat comienza a las cinco. Debo darme prisa.

Date prisa, date prisa, date prisa. Las palabras resonaban con eco en su mente. ¿Dónde había oído esas palabras antes? Se sentó de nuevo y trató de centrar sus pensamientos en su pasado nebuloso. Pasó mucho tiempo, pero fue en vano. Gueula miró todo lo que le habían traído. ¡Había tantas cosas! ¿Por dónde debería empezar? «Ah, la escoba... no me han traído escoba. Voy a pulsar el timbre para llamarlos...».

—¿De verdad quieres verlos de nuevo ahora? –preguntó la Voz.

—Oh, ¡eres tú! La verdad es que no, pero es muy importante limpiar antes del Shabat.

—¡Más importante aún es estar lista para Shabat a tiempo! –señaló la Voz–. Tienes que establecer tus prioridades. No tienes tiempo de llamarlos y esperar que vengan. El cuarto no está sucio. Olvídate de la escoba y arregla este desorden.

«Arregla este desorden... Arregla este desorden... Arregla este desorden. ¿Dónde, dónde, dónde he oído antes esas palabras?». Gueula se sentó de nuevo.

—Piénsalo así –dijo la Voz–. ¡No es para ti! No estás obrando para ti sola. Piensa en la Shejiná, quien ha estado en exilio toda la semana y está esperando al Shabat para ascender al lugar Celestial que le corresponde.

Gueula se enderezó, pero un segundo más tarde se volvió a recostar como lo estaba antes.

—¡El ascenso va a producirse de todos modos, con mi participación o sin ella!

—No cabe duda de que eso es cierto, pero si tu participación voluntaria y energética pudiera marcar una gran diferencia, ¿no querrías hacer todo lo que estuviese en tu mano? Olvídate de que el Shabat es la Fuente de todas las bendiciones y que prepararlo como se debe podría marcar una diferencia enorme en tu vida. Si no te importa salir adelante en tu vida y te contentas con quedarte soñando despierta mientras que el Shabat se acerca rápido, no importa. Pero si eso no es para ti, ¡entonces tienes que comenzar a obrar!

Gueula comenzó a llorar.

—¡Estoy abrumada con todo esto! –dijo–. No sé por qué, pero es un hecho que me cuesta trabajo concentrarme en lo que tengo que hacer. ¡Y ya es tan tarde!... Pero tienes razón; no es para mí.

Se levantó con determinación y, cerrando los ojos, rezó en voz baja: «Señor del universo, Te estoy pidiendo ayuda. Yo sé que esto es mi trabajo, pero me cuesta tanto hacerlo, y el Shabat se acerca rápido. Por favor ayúdame a preparar el Shabat a tiempo. ¡Hazlo por Ti!

Moviéndose rápido desenvolvió los paquetes, tirando los envoltorios en un cubo de basura que había en la esquina del cuarto. Enchufó la placa eléctrica que les había pedido. En la placa de metal puso los platos que rápidamente escogió para su cena la noche del Shabat. Puso la mesa, extendiendo el mantel bordado y los hermosos platos de porcelana que le habían comprado que aún estaban envueltos. «Me pregunto cómo lograron comprar solamente dos o tres platos de lo que parece ser un juego completo», se dijo a sí misma mientras le quitaba la etiqueta pegada al revés del plato. Luego puso el pan en la tostadora para calentarlo, y viendo que todo parecía estar en su lugar, fue al cuarto de baño a tomar una ducha y vestirse.

—¡No hagas eso! –dijo la Voz en su mente.

—¿Qué quieres decir con que no haga eso? Tú eres el que finalmente lograste que me diese prisa, y ahora que lo estoy haciendo ¿me dices que me pare? ¡Mira la hora que es!

—Las fuerzas del mal nos acosan y atormentan toda la semana, listas para adelantarse y coger para sí mismas todas las cosas buenas que Hashem nos quiere dar, siempre que permitamos que esto suceda al debilitarnos en nuestro servicio divino. El viernes por la tarde, están a punto de soltar presa y dejarnos tranquilos durante todo el Shabat, y éste es el momento en que están como locas tratando de complicarnos la vida justo antes del Shabat, quitándonos así nuestro *oneg*-deleite del Shabat. ¿Vas a ir a ducharte mientras que tienes el pan en la tostadora? –preguntó la Voz.

—¡El pan! –exclamó Gueula, corriendo hacia la tostadora–. Oh, *baruj Hashem,* justo a tiempo. Entonces, por eso el viernes por la tarde puede resultar tan difícil... Sí, lo sé, lo sé, éste no es el momento de pensar en ello.

Puso parte del pan en la placa de metal y envolvió el resto en un paño limpio, teniendo en mente ponerlo en una bolsa de plástico en cuanto se enfriase. Preparó las mechas, introduciéndolas en los tubitos de metal y luego poniéndolas en los vasitos que llenó de aceite, y puso los candelabros de cristal al centro de la mesa. Luego fue al armario y agarró el primer vestido que le encontró, iba a entrar al baño cuando le dijo la Voz:

—Hazme un favor, ¡deshazte de tus enemigos mientras te preparas!

—¿Qué me deshaga de mis enemigos? Exactamente, ¿qué quieres decir?

—¡Córtate las uñas! La dimensión interior de la Torá enseña que las fuerzas del mal se ocultan bajo las uñas.[82] O sea, que es esencial de cortártelas tanto como sea posible el viernes antes del Shabat para evitar de darles la posibilidad de encontrar sustento en la parte de tu uña que sobresale de los dedos de las manos y de los pies, absorbiendo así una *kedushá* que te pertenece a ti, y adquiriendo la posibilidad de dominarte. Solamente los viernes la tarde tienes la protección del Cielo

82. Zóhar Ajaréi Mot 79b.

para cortarte las uñas sin que te hagan daño espiritual estas fuerzas y por eso no debes cortártelas en ningún otro día.

«Voy a ver si me han traído algo para hacerlo», se dijo a sí misma al entrar al baño.

De hecho, la habían provisto de todo. Ante ella estaba un cuarto de baño de mármol equipado con todo lo más moderno, y en los estantes cerca de la bañera había todo lo que pudiera desearse para tomar un baño y más. Echándole un vistazo al reloj antes de cerrar la puerta se dio cuenta con horror de que el Shabat entraba en diez minutos.

Ocho minutos más tarde, Gueula salió del baño, vestida con un suntuoso caftán de color melocotón medio transparente bordado con hilo dorado; el caftán tenía un forro de un tono de melocotón más intenso que el ropaje exterior transparente. Corrió a la mesa y encendió las velas, diciendo la bendición requerida con voz temblorosa. Recordando que el momento de encender las velas es un tiempo de favor, dijo en voz baja:

—¡Señor del Mundo…, gracias! Gracias por permitirme estar lista a tiempo. Por favor, ayúdame a recobrar la memoria para que pueda servirte con toda mi conciencia, con todos los niveles de mi alma… Pero ¡no lo hagas sólo por mí! Hazlo por todo el pueblo de Israel donde sea que se encuentren, para que Tu Shejiná siempre esté junta contigo, Hashem. Y, por favor, haz que suceda pronto, para que como dice el buen libro,[83] «ese día Hashem será Uno, y Su Nombre Uno» –terminó, limpiándose una lágrima.

Se fijó en las luces del Shabat por un momento, y luego escuchó la Voz de nuevo:

—El Arí z"l nos dice que contemplemos la luz de las velas del Shabat después de que hayan dicho la bendición sobre ellas[84] –dijo la Voz en su mente, y luego añadió–: Nos revela el Zóhar que en el momento que se encienden las velas, la Shejiná está «en los dos brazos del Rey, el semblante de Ella frente al de Él». Es importante darse cuenta de que las palabras «abrazo» y «unificación» aluden a dos clases diferentes de

---

83. Zacarías 14, 9.

84. *Sefer Bet Genazái: Pitjéi Tefila* vol. 3, acerca de las oraciones de Shabat, «Hadlakat Nerot Shabat [alef],» págs. 103-106.

vínculos espirituales en el mundo celestial. Por ejemplo, durante los diez días entre Rosh Hashaná y Yom Kipur, hay una alusión al vínculo espiritual en las palabras:[85] שְׂמֹאלוֹ תַּחַת לְרֹאשִׁי-*Él puso su mano izquierda [las nubes de gloria] bajo mi cabeza.* Luego, durante toda la fiesta de Succot, hay una alusión al vínculo en las palabras: וִימִינוֹ תְּחַבְּקֵנִי-[la Torá que me dio con] Su mano derecha aun me abraza, mientras que en *Sheminí Atzeret* viene la unificación…

—Hay una alusión a ella en las palabras, בואו ונשמח אני ואתם-Vengan y regocijémonos, vosotros y Yo, ¿no? –preguntó Gueula con una leve sonrisa.

—Sí, correcto –dijo la Voz–. Hay una composición poética incluida en las oraciones que decimos el día antes de *Sheminí Atzeret,* que es *Hoshaná Rabá,* que alude al abrazo celestial del principio del Shabat. Habla de la Comunidad de Israel, que están todos esparcidos en el exilio, y aun así, חֲבוּקָה וּדְבוּקָה בָּךְ -Te abraza y se apega a Ti, Hashem.[86]

—Recuerdo esta canción –musitó Gueula–. Es increíble pensar que su sentido oculto alude a momento en que la Shejiná está al fin junta con Hakadosh Baruj Hu cuando asciende, empujada por nuestras velas del Shabat…

—No solamente por las velas del Shabat –señaló la Voz–. La Shejiná recibe ayuda con todo nuestro trabajo del Shabat. Incluyendo nuestro cumplimiento de las leyes del Shabat al nivel básico, y luego nuestra voluntad de abrirnos a las enseñanzas interiores de la Torá, en particular en lo que concierne nuestra experiencia del Shabat.

»Enseña el Zóhar que al principio del Shabat el aspecto Celestial de Kneset Israel extiende un espíritu de *kedushá* sobre los Hijos de Israel abajo cuando estamos recibiendo a la Reina Shabat, quien es nuestra santa invitada.[87] En la *tefilá* de la noche del Shabat, debemos decir justo antes de la Amidá:[88] «Quien extiende el palio de paz *(sucat sha-*

---

85. *Shir haShirim* 2, 6.

86. Véase el *Majzor complete de ArtScroll* – Succos, p. 779 (edición inglesa) acerca del servicio para Hoshaná Rabá, *nusaj sfard,* aludiendo a Kneset Israel como una nación.

87. Zóhar *Bereshit,* pág. 48a; citado en la selección de Zóhar del Jok leIsrael de la *perashá Jayéi Sará.*

88. *Complete ArtScroll Sidur, op.cit.* pág. 365.

lom) sobre nosotros, y sobre todo Su pueblo Israel, y sobre Jerusalem»: הַפּוֹרֵשׂ סֻכַּת שָׁלוֹם עָלֵינוּ וְעַל כָּל עַמּוֹ יִשְׂרָאֵל וְעַל יְרוּשָׁלָיִם:. En ese momento, dice el Zóhar, la *sucat shalom,* que alude a la Shejiná, está dándoles a los Hijos de Israel nuevos niveles de alma, es decir, el alma adicional del Shabat. ¿Por qué? Pregunta el Zóhar. Porque todas las almas residen en Ella y al extender Sus alas sobre Sus hijos, extiende a cada alma de Israel nuevos niveles que provienen de sus propias almas en el mundo celestial.

—Decimos al final de la tefilá הַשְׁכִּיבֵנוּ -*(Hashkivenu)*-Acuéstanos a dormir –dijo Gueula–. El versículo que citaste está al final de *hashkivenu.* ¿Debo tener algo en mente cuando lo diga?

—Sí –respondió la Voz–. Justo antes de decir el versículo final, cuando le estás pidiendo a Hashem: Extiende sobre nosotros el palio de compasión y de paz- וּפְרוֹשׂ עָלֵינוּ סֻכַּת רַחֲמִים וְשָׁלוֹם, ten en mente que estás recibiendo la *neshamá yeterá-alma adicional del Shabat.* Revela el Zóhar que esta medida adicional de conciencia ayuda a todos los que cumplimos el Shabat a olvidarnos de nuestros asuntos diarios, nuestras fuentes de tristeza y frustración, como dice el versículo:[89] «Hashem te concede alivio de tu aflicción y de tu ansiedad»-

הָנִיחַ ה' לְךָ מֵעָצְבְּךָ וּמִרָגְזֶךָ וּמִן הָעֲבֹדָה הַקָּשָׁה

—Ya veo –comentó Gueula–. Entonces, no es sólo el producto de nuestra fuerza de voluntad, o mejor dicho, disciplina mental, por lo que podemos olvidar todos los problemas que nos acosan durante la semana. ¡Recibir el alma adicional de algún modo nos permite girar a una realidad diferente en la que estos problemas no tienen existencia!

—¡Precisamente! –aprobó la Voz–. Y el viernes por la tarde es muy importante, anota el Zóhar, probar los platos que has preparado en honor del Shabat, en particular los de la primera comida de Shabat, que es la *seudá* de la Shejiná, para mostrar tu conciencia de que hay todas clases de *shefa* en la Shejiná.

—No he tenido tiempo de hacerlo este viernes –dijo Gueula con una sonrisa–. ¿Podría hacerlo ahora?

---

89. Isaías 14, 3.

—No –respondió la Voz–. Ahora te está prohibido comer y beber hasta que hagas el *kidush.* ¡Pero no todos los viernes por la tarde van a ser como éste! Y ahora tienes que hacer tu *Kabalat Shabat* para darle la bienvenida al Shabat, y luego *arvit*-la *tefilá* de la noche –terminó la Voz.

Preguntándose qué debía de hacer ahora, Gueula buscó en su mente alguna comunicación de la Voz, pero no le vino nada.

«¿Por qué no me dice lo que debo hacer? –se preguntó–. Probablemente porque tengo que decidir por mí misma. Tengo que ir al campo, al lugar que haya decidido que va a ser el campo, y allí recibir a la Shejiná que regresa del exilio... Quisiera salir, pero ¿cómo? ¡Ah, se han dejado la puerta abierta!

Corriendo hacia la puerta, Gueula la abrió y salió. En pie en medio del pequeño patio, contempló la vista impresionante ante ella, y como si instintivamente supiese lo que hacer, cerró los ojos y permaneció en silencio unos minutos, pensando en cómo deseaba darle la bienvenida a la Reina Shabat.

Las palabras de la canción *Lejá Dodí,* que dan la bienvenida a la Novia Celestial del Shabat, le vinieron a la mente y comenzó a cantar:

לְכָה דוֹדִי לִקְרַאת כַּלָּה
שָׁמוֹר וְזָכוֹר בְּדִבּוּר אֶחָד. הִשְׁמִיעָנוּ אֵל הַמְיֻחָד
ה׳ אֶחָד וּשְׁמוֹ אֶחָד

Mi Amado [Hashem] ¡ven a saludar a la Novia!
¡Juntos démosle la bienvenida a la Reina Shabat!
שָׁמוֹר *-Guarda y* זָכוֹר *-Recuerda*
El Único D-s nos hizo oírlos en una sola articulación.
Hashem es Uno y Su Nombre es Uno.

Después de cantarle su bienvenida al Shabat, Gueula recitó *arvit,* la oración de la noche del Shabat. Se daba cuenta de que su nuevo nivel de conciencia se reflejaba en su nueva habilidad de decir *tefilá,* ya que estaba totalmente sumergida en lo que veía ahora como un vínculo especial que no podía obtenerse de ninguna otra forma.

—¡*Shabat Shalom!* –dijo la Voz en su mente.

—¡Oh, estás ahí! –exclamó–. *¡Shabat Shalom!* Ahora que estás aquí, deja que te pregunte, ¿qué significan *shamor* y *zajor?*

—Comenzaré por decirte el modo en que estas palabras aparecen en la Torá.[90] La palabra *zajor* aparece en la Entrega de la Torá, en las Primeras Tablas:[91] זָכוֹר אֶת יוֹם הַשַּׁבָּת לְקַדְּשׁוֹ -Recuerda el día de Shabat para santificarlo. Y la palabra *shamor* apareció en las Segundas Tablas que les dio Moshé a los Hijos de Israel después de que se arrepintieran por haber hecho el becerro de oro:[92] שָׁמוֹר אֶת יוֹם הַשַּׁבָּת לְקַדְּשׁוֹ-Guarda el día de Shabat para santificarlo. En las Primeras Tablas, Hashem Mismo nos explicó la razón de la existencia del Shabat, indicando que fue en ese día cuando Él terminó la Creación y se retiró a la dimensión espiritual. En cambio, como vas a decir en unos momentos en el texto del *kidush,* la oración sobre el vino, las Segundas Tablas son recuerdo del éxodo de Egipto, y nos fueron dadas por Moshé: eso es muy diferente.

—Yo no veo cómo nos recuerda el Shabat al éxodo –dijo Gueula.

—El mismo faraón y los egipcios creían que D-s había creado el mundo porque Yosef se lo había dicho al faraón al interpretar sus sueños. En lo que no creía el faraón era en el nombre de Hashem de cuatro letras al que nos referimos como *Havaya...*

—¿Qué quieres decir? –preguntó Gueula–. ¿Qué sabía el faraón de esas cosas?

—El escuchar es un arte que aún tienes que adquirir, querida –replicó la Voz secamente–. Una cosa es creer que hay un Poder Superior que creó el mundo y dejó que lo manejaran las constelaciones, y otra es tener la conciencia de que este Poder Superior es la fuerza de la vida misma del mundo en el que vives, y está involucrado en todo lo que sucede en el mundo, por insignificante que sea. *Eso* es lo que enseña el Nombre de *Havayá,* una supervisión y guía Divina que es única y personalizada. Y *eso* el faraón no lo creía, hasta que se le reveló a través de las diez plagas y todos los milagros que rompieron las leyes de la natu-

---

90. La enseñanza que sigue acerca de *zajor* y *shamor* está adaptada del *Maamar Zajor veShamor*, en *Maamaréi Shabat,* 2.ª ed., págs. 115 y sigs.

91. Éxodo 20, 8. Basado en la traducción de Rab Aryeh Kaplan *The Living Torah.*

92. Deuteronomio 5, 12.

raleza. Por lo tanto, el Shabat sólo nos recuerda la Creación en el sentido de que Hashem creó el mundo. Sin embargo, sabemos que Hakadosh Baruj Hu, Él mismo, guía el mundo y no les confió su supervisión a las constelaciones por el éxodo de Egipto.

»Me preguntaste qué representan *zajor*-recuerda y *shamor*-guarda. *Zajor* representa a Hakadosh Baruj Hu mientras que *shamor* representa a la Shejiná.[93] Como acabas de cantar, al principio, es decir, antes de la Creación, estaban en un estado de unificación total.

—Sí –interrumpió Gueula –recuerdo que me dijiste que las raíces del alma de Israel estaban apegadas al Todopoderoso en el mundo celestial antes de la Creación, y que nuestras almas están arraigadas a la Shejiná.

—La Shejiná fue entonces separada de su amado compañero del alma y recibió la misión de bajar a las dimensiones del mundo inferior –continuó la Voz–, para reunir las santas partículas caídas de las almas de sus hijos y redimirlas. Como resultado, aunque *shamor* y *zajor* fueron dichos en «una sola articulación», aun así, como acabamos de ver, fueron inscritos en la Torá en diferentes lugares. *Zajor* está en libro del Éxodo, mientras que *shamor* está en Deuteronomio. ¿Ves lo que quiero decir?

—Creo que sí –dijo Gueula–, pero no estoy segura.

—La sabiduría de la Torá interior es una conciencia que se adquiere gradualmente, con paciencia y perseverancia –observó la Voz–. Cuanto más aprendas, más se te facilitará integrar estas enseñanzas. Pero sigamos hablando de *Lejá Dodí*, para que puedas apreciar hasta qué punto alude a la Shejiná.

—Sí, por favor –dijo Gueula–. Siempre he pensado que las imágenes como las del llanto y de las ruinas, utilizadas en esta canción, no eran apropiadas para el Shabat; pero si se comprende que aluden al exilio de la Shejiná, la canción adquiere un nuevo significado que deseo escuchar.

---

93. Las enseñanzas que siguen acerca de *Lejá Dodí* provienen de Rab Luria, *Lejá Dodí likrat calá [1],* en *Pitjéi Tefilá,* vol. 3, págs. 174 y sigs.

—Te resumiré el tema de la canción y más adelante podrás estudiarlo con más detalle.

»En lugar de quedarse en el mundo celestial al que pertenece, la Shejiná tiene que bajar durante la semana, para redimir las partículas de santidad caídas. «Has permanecido bastante en el valle de las lágrimas»- רַב לָךְ שֶׁבֶת בְּעֵמֶק הַבָּכָא, le decimos. Ahora puedes dejar estos lugares oscuros, porque la Luz está brillando hacia Ti desde Arriba. Y al ir al campo a recibirla, le decimos: «Esta Luz te va a iluminar a Ti también».

»Cuando la Shejiná está abajo, siente que no puede mirar la Luz de Su semblante, la gran Luz que está más alta que Ella. Ahora tenemos que animarla, recordándole que puede y debe ascender, y entrar al palacio del Rey al que pertenece. Cuando está Arriba, será como si el Templo hubiera sido reconstruido como lo sugieren las palabras: «una ciudad completa se reconstruirá sobre Tus ruinas». También la reforzamos diciéndole: «los afligidos de Mi pueblo encontrar refugio en Ti», recordándole que el pueblo de Israel, Sus hijos, encuentran consuelo en Ella, y cuando se eleve Ella se elevarán ellos también.

»Sin embargo, la Shejiná teme que cuando ascienda, todas las fuerzas del mal que se apegan a Ella durante la semana puedan subir también. Por lo tanto le decimos que las fuerzas del mal no serán admitidas en el mundo celestial porque están obligadas a distanciarse de Ella al comenzar el Shabat. Por eso termina el versículo, y luego «Tu D-s se alegrará en Ti como un novio se alegra en su novia»- כִּמְשׂוֹשׂ חָתָן עַל כַּלָּה. יָשִׂישׂ עָלַיִךְ אֱלֹהָקָיִךְ, aludiendo a la alegría Divina ante el vínculo íntimo del Shabat, cuando las fuerzas del mal están incapacitadas.

»Cuando está abajo como en otras las noches de la semana, es como una novia que no siempre está junto con su novio, pero arriba en la Fuente Celestial, es como vemos en la próxima estrofa, «una Corona para Su marido».

»Decimos después «Vuélvete a la derecha y a la izquierda»- יָמִין וּשְׂמֹאל תִּפְרוֹצִי, aludimos al anhelado encuentro de la Shejiná con Su amado y a su abrazo espiritual cuando las mujeres de Israel encienden las luces del Shabat.

»*¡Entre en paz,* oh, corona para Tu Marido!»-בּוֹאִי בְשָׁלוֹם עֲטֶרֶת בַּעְלָהּ, así como lo hará en el Próximo Futuro, en permanencia.

»Decimos ahora «*Boi Calá-¡Entra*, oh, novia, Reina Shabat!»-**בּוֹאִי כַלָּה שַׁבָּת מַלְכְּתָא** pidiendo que venga el momento en que sea Ella la *corona para Su marido* en permanencia. De Hashem radiará entonces una Luz «en los corazones de los fieles de Su pueblo elegido. Nos regocijaremos entonces y exultaremos», porque la Shejiná dejará el estado en que se encuentra durante el exilio y adquirirá el pleno resplandor de *maljut*-reinado que le corresponde.

—La Reina volvió a Su Hogar: ¡es tan bello! –susurró Gueula.

—Recuerda siempre que cuanto más intensa sea la oscuridad, mayor será la Luz que le siga. No se podrían encontrar perlas a no ser que la oscuridad del océano nos revelara su blancura.

Gueula sacudió la cabeza, como intoxicada. Después de un momento fue a poner la mesa. Sacó los panes *jalá* y la botella de vino, y se sirvió un vaso. Abrió su *sidur* y comenzó a leer el salmo 23 de David, como había aprendido, teniendo buen cuidado de no levantar la copa de vino hasta el momento del *kidush*. Al terminar el salmo cogió la copa de *kidush* manteniéndola en las puntas de los dedos como parecía recordar, y comenzó a leer la oración de *kidush*. Después de beberse casi todo el vino fue a lavarse las manos ritualmente, para tomar la *jalá*. Tomó una cierta cantidad de pan y fue a coger el plato de pescado. Se sirvió un filete de pescado sobre una capa de rodajas muy finas de patatas, con pimientos multicolores por encima, con bastante cilantro y trocitos de limón seco.

—¡Mmm; esto es delicioso! –dijo al probarlo. Terminó el pescado y comenzó a cantar su canción, junto con la Voz que cantaba con ella:

Si tuviéramos la boca llena de canción, tan llena de canción como el mar; si nuestra lengua pudiese cantar como muchas muchas olas, si nuestros labios estuviesen tan llenos de alabanza como la expansión del cielo, y nuestros ojos brillasen como el sol y la luna, aun así, no podríamos darte las gracias lo suficiente, Hashem, nuestro Creador Todopoderoso y Creador de nuestros antepasados.

וְאִלּוּ פִינוּ מָלֵא שִׁירָה מָלֵא מָלֵא שִׁירָה כַּיָּם וּלְשׁוֹנֵנוּ רִנָּה כַּהֲמוֹן הֲמוֹן גַּלָּיו וְשִׂפְתוֹתֵינוּ שֶׁבַח כְּמֶרְחֲבֵי רָקִיעַ וְעֵינֵינוּ מְאִירוֹת כַּשֶּׁמֶשׁ וְכַיָּרֵחַ אֵין אֲנַחְנוּ מַסְפִּיקִים לְהוֹדוֹת לְךָ הַשֵּׁם אֱלֹהֵינוּ וֵאלֹהֵי אֲבוֹתֵינוּ

Fue luego a servirse el plato principal, pollo con champiñones sobre una base de cuscús. Después de un rato, le pidió:

—Por favor, ¡cuéntame más!

—Por la mañana seguiremos; ahora creo que estás cansada. Sugiero que te laves las puntas de los dedos con un poquito de agua, con el recipiente ritual que te trajeron, y que digas después *bircat hamazón*-la bendición del sustento.

—¿Que me lave las puntas de los dedos en lo que se llama *mayim ajaronim* (literalmente, «las últimas aguas»)? –repitió Gueula–. ¡Pero eso es sólo para los hombres! O por lo menos así me parece recordar que me lo enseñaron.

—Así suelen enseñarlo, o sea, que es probable que lo hayas aprendido así, pero es incorrecto. Las mujeres también tienen la obligación de hacerlo. La razón que todos conocen es que nos enjuagamos las puntas de los dedos en recuerdo de la sal de Sodoma que cegaba los ojos. Sin embargo, hay otra razón que estaba basada en las enseñanzas interiores de la Torá: esta agua es la parte que le damos al «otro lado», al lado de impureza, y por eso ha de ser muy poca la cantidad de agua que se utiliza. Echas el agua a partir del último nudillo del dedo, cubriendo todos los dedos. Y es importante recordar que después de haberse lavado los dedos con *mayim ajaronim* no se debe hablar; hay que decir *bircat hamazón* en seguida.

—Bueno, pues lo haré, ahora ya que tienes razón, estoy muy cansada.

—Sólo una cosa más. Dos advertencias relacionadas al *mayim ajaronim.* La primera es que así como cuando te lavas las manos ritualmente antes de comer pan has de levantar las manos, al lavarte los dedos con el *mayim ajaronim,* pones las manos para que los dedos estén hacia abajo. La otra advertencia es que si justo antes de lavarte los dedos con el *mayim ajaronim* te das cuenta que hay un recipiente que quieres lavar en ese momento y lo lavas con bastante agua, ya no puedes hacer *mayim ajaronim* a menos de que comas otro trozo de pan o de galleta.

Capítulo once - *¡Ven*, oh, novia! - לְכָה דוֹדִי

- Acerca del corte de uñas el viernes por la tarde
- Significado profundo de las luces del Shabat
- Noche del Shabat-tiempo de la Shejiná
- *Kabalat Shabat*-darle la bienvenida al Shabat
- Estudio de *Lejá Dodí* - לְכָה דוֹדִי
- Estudio de *shamor*-guarda y *zajor*-recuerda
- Enjuague de los dedos antes de *bircat hamazón*-la bendición del sustento, en lo que se llama *mayim ajaronim.*

Capítulo doce

Lugar de residencia terrestre

Cuando Gueula despertó el Shabat, aún era de noche. Luchando contra el deseo de volverse a dormir, saltó de la cama, pensando, «¡Sería una lástima desperdiciar los inestimables momentos de este día durmiendo!». Después de prepararse, mientras esperaba alguna comunicación de la Voz que no le llegó, su mirada se posó en el *sidur,* fijándose como si fuera la primera vez en todos los papelitos intercalados entre sus páginas.[94]

Después de decir sus bendiciones de la Torá de la mañana, sacó un papelito al azar y lo miró con curiosidad. Se fijó en dos palabras mal escritas en una esquina del papel: *hasajat hadaat* contra *melajá*-labor creativa.

—¡Sé lo que significa! –se sonrió a sí misma–. *Hasajat hadaat* es cuando borras de tu conciencia todo lo que no sea relevante para poder concentrarte exclusivamente en un asunto, como si tu conciencia fuera una pizarra. Esto es lo que el Shabat te permite hacer: centrarte exclusivamente en tu vínculo con Hashem; pero cuando comienzas a hacer *melajá,* o sea, cualquier actividad creativa como lo definen los Sabios, este enfoque especial se interrumpe Arriba como abajo... Y según lo que aprendí en los últimos dos días, si no hay *hasajat hadaat* de nosotros hacia Hashem, no la habrá tampoco de Hashem a nosotros, y entonces no podrá suceder una unificación, que es el objeto del Shabat.

»¿Por qué será que el hacer *melajá* en Shabat merece la pena de muerte? –se preguntó.

—Estoy orgulloso de ti –dijo la Voz en su mente.

---

94. Rab Moshé Luria Bet Genazái: *Pitjéi Tefilá,* vol. 3 acerca del Shabat; «VeShameru benéi Israel et haShabat», págs. 213-214.

—¡Ahí estás! –dijo sonriendo–. No hace falta: tú fuiste quien me enseñaste.

—Sí, pero fuiste tú quien rompiste la burbuja de «¿Por qué yo?» y permitiste que entrara en ti la conciencia elevada –insistió la Voz–, o sea, te permitiste a ti misma integrar la conciencia elevada que se te ofrecía, y eso es importante ya que muchos lo rechazan.

—Aún no has respondido a mi pregunta –señaló Gueula–. ¿Por qué dice la Torá que quien rompe el Shabat haciendo *melajá* merece la pena de muerte?

—Dice el versículo:[95] «Observaréis el Shabat, pues es sagrado para vosotros; los que lo profanen ciertamente morirán porque todo el que haga en él labor, esa alma será tronchada del medio de su pueblo». Ante todo, tienes que hacer una distinción –objetó la Voz–. Sólo se castiga cuando se profana el Shabat en un acto voluntario. En los días del Templo, si sucedía accidentalmente o por ignorancia, el trasgresor podía arrepentirse de su error, llevar un sacrificio al Templo y conseguir la expiación.

»La idea de *melajá* está relacionada con la Shejiná cuando se encuentra en los mundos inferiores –aclaró la Voz–. Hacemos *melajá* durante la semana para fortalecer el vínculo de la Shejiná con el nivel de revelación Divina en el que Hashem actúa como Rey, y en Shabat nos abstenemos de hacerlo para finalizar y perfeccionar este vínculo. Hacer *melajá* en Shabat causa que la Shejiná vuelva a caer en el lugar en el que estaba sufriendo durante el resto de los días de la semana, esperando su elevación a Su lugar en el mundo celestial.

—Recuerdo lo que me enseñaste –murmuró Gueula–. Queremos que todo lo que hagamos abajo sea una réplica de lo que idealmente habría de suceder Arriba para ayudar a que se cumpla el proceso. De modo que si hiciéramos *melajá* aquí abajo…

—¡Precisamente! –dijo la Voz–. Y si prestas cuidado a las palabras del versículo, te fijarás que la palabra hebrea *mejaleleiha* significa literalmente «los que la profanan», utilizando el género femenino. O sea, que el versículo alude al Shabat en el género femenino.

---

95. Éxodo 31, 14.

—Pero hay bastantes referencias al Shabat en el género masculino, así como en el femenino –objetó Gueula–. ¿Qué tiene de particular este versículo?

—Los que saben que el Shabat representa a la Shejiná comprenden que las palabras del versículo en su sentido literal «los que la profanan» aluden a la Shejiná Misma. Por lo tanto, dijeron los Sabios: «Un no judío que observa el Shabat merece la pena de muerte». Dan un ejemplo para explicar este decreto tan severo: es como si un rey estuviese junto con su esposa la reina y viene una persona y mete la cabeza entre los dos…

—¡Literalmente esta persona pierde la cabeza! –exclamó Gueula riendo–. ¡Qué idea tan tonta!

—Y el mismo ejemplo es relevante para un judío que profana el Shabat, porque está metiendo su cabeza, es decir la decisión que tomó de hacer *melajá,* entre el nivel de revelación Divina en el que Hashem actúa como Rey y la Shejiná, interrumpiendo así el *yijud* entre ellos.

»No obstante, te repito que éste es el caso solamente cuando el judío rompe el Shabat voluntariamente, a pesar de que la verdad es que incluso si lo hace por accidente, la consecuencia sigue siendo la misma y la Shejiná queda profanada como resultado. Sin embargo, el Shabat mismo perdona a quien trasgrede por error y por eso compuso el rey David el salmo 92 para el día de Shabat, que cantamos al principio del Shabat, cuando oyó que quien hacía una *melajá* por error es perdonado…

—… a pesar de que, de todos modos, todo el proceso espiritual del Shabat queda dañado, aun así, se lo perdonan –dijo Gueula–. ¡Esto verdaderamente te anima a estudiar y repasar las complejas leyes de la observancia del Shabat!

Gueula permaneció en silencio por largo tiempo.

—Sé que todo lo que hace Hashem es lo mejor, pero me quedo con un sentimiento de empatía total hacia la Shejiná por su distancia de su Amado durante los demás días de la semana –dijo finalmente–. Quizá sea porque me encuentro aquí, lejos de mi hogar, y separada del resto de mí misma porque ni siquiera sé quién soy, que puedo sentir lo que siento. Me siento muy mal por que la Shejiná dependa de nuestra observancia del Shabat porque parece una situación muy desesperada, y por desesperada quiero decir sin esperanza. ¡Quisiera tanto poder ayudar no sólo durante el Shabat, sino todo el tiempo!

—¿Te das cuenta de que estás objetando a la misma Creación? –replicó la Voz–.[96] Antes de ser disminuida, la Shejiná recibía Su Luz directamente del aspecto más elevado de revelación Divina, así como el aspecto de Hashem con el cual nos relacionamos como nuestro Rey y Juez. Si hubiera estado la Shejiná junto con Hashem de este modo en permanencia, el mundo aquí abajo habría estado constantemente infundido con el amor y la bondad de Hashem, no habría habido maldad en el mundo…

—Bueno, ¡yo no le veo ningún problema a eso! –comentó Gueula con una leve sonrisa.

—Sí, pero no hubiera habido impulso al mal y las personas hubieran sido como ángeles. ¡Esto hubiera deshecho el propósito mismo de la Creación! El hombre no tendría libertad de acción, de luchar contra todo lo que se le opone por cumplir la Voluntad de su Creador, de luchar por una relación de amor extraordinaria, la relación de amor a la que tenemos acceso en el Shabat. No habría lugar para la recompensa ni para la consecuencia de los errores cometidos. Por lo tanto, Hashem le pidió a la Shejiná que lo hiciera por Él y aceptara ser afectada por la observancia de la Torá de las almas de Israel arraigadas en Ella. Es, pues, nuestro desafío luchar por observar la Torá lo mejor que podamos para rectificar nuestros errores pasados que causaron el exilio de Hashem.

»En el Próximo Futuro, la Shejiná recobrará toda la Luz que fue originalmente Suya. Mientras tanto, sin embargo, puedes ayudar y causar que otros ayuden también –la animó la Voz–. Quiero hablarte más de esto, porque cuanto más informada estés, más efectivo será tu esfuerzo.

—Pero hay algo que me molesta muchísimo –comentó Gueula–. La Torá nos enseña que el Shabat es *menujá*-descanso. Sin embargo, ¿cómo puedes reposar cuando parte de ti está ausente y estás en un estado de

---

96. Como lo anota Rab Daniel Frish en su comentario al Zóhar: *Matok Midevash: Vayeshev*, 181a.

confusión mental? ¿Cómo puedes descansar cuando tienes el corazón en un estado de pandemonio porque tu compañero del alma no está contigo? Sí, sí, ya lo sé: estos sentimientos están relacionados con las emociones humanas y está prohibido atribuirle sentimientos humanos a Hakadosh Baruj Hu, independientemente de cómo se nos revele Él. No obstante, me has enseñado que nuestras relaciones aquí abajo son el espejo, la réplica, de lo que sucede Arriba, para darnos una percepción de la revelación Divina que nos ayude a ofrecer un nivel más elevado de servicio. ¡Ni siquiera sé qué es lo que te estoy preguntando! –terminó.

—Necesitas más piezas para completar tu rompecabezas –replicó la Voz–. Centrémonos en el significado interno de la palabra *menujá* para comprender cómo el estado de *menujá* alivió el dolor del ocultamiento. Escucha los versículos sobre el proceso de la Creación:[97]

Así se completaron el Cielos y la tierra, y todos sus componentes.	וַיְכֻלּוּ הַשָּׁמַיִם וְהָאָרֶץ וְכָל צְבָאָם:
Al séptimo día D-s completó Su obra que había hecho,	וַיְכַל אלקים בַּיּוֹם הַשְּׁבִיעִי מְלַאכְתּוֹ אֲשֶׁר עָשָׂה
y cesó el séptimo día de toda Su obra que había hecho	וַיִּשְׁבֹּת בַּיּוֹם הַשְּׁבִיעִי מִכָּל מְלַאכְתּוֹ אֲשֶׁר עָשָׂה
[...] porque en el *shavat* cesó toda Su obra.	[...] כִּי בוֹ שָׁבַת מִכָּל מְלַאכְתּוֹ

»Al observar que la palabra-שָׁבַת *shavat*-cesó toda su obra se escribe de la misma manera que שַׁבָּת-Shabat-el séptimo día, los Sabios del Midrash explicaron que cuando se completó la Creación al final del sexto día, el mundo seguía desprovisto de *menujá,* una palabra que alude a un estado de armonía, tanto física como espiritual. La *menujá* sólo vino con el día del Shabat.

—¿Qué significa que al mundo le faltaba armonía y que el Shabat fue lo que trajo esta forma de armonía? ¡En el Shabat todos los elementos de la Creación a través de los cuales funciona el mundo siguen funcionando, así como en el resto de los días!

---

97. Génesis 2, 1-3.

—Ése es precisamente el tema, ¿ves? –respondió la Voz–. Hasta el punto de que podemos expresarlo, la *menujá* requerida era para Hakadosh Baruj Hu Él Mismo. Piénsalo de este modo:[98] el mandato de abstenernos de *melajá,* tal como escrito en las Primeras Tablas, es consecuencia del paro Divino de Su obra después de la Creación. Sin embargo, la prohibición de *melajá* en Shabat está incluida en las Segundas Tablas como recuerdo del éxodo de Egipto en el que nos convertimos en el pueblo atesorado. Por lo tanto, recibimos el mandato de observar el día del Shabat:[99] «Para que tu esclavo y tu sirvienta puedan descansar como Tú»- לְמַעַן יָנוּחַ עַבְדְּךָ וַאֲמָתְךָ כָּמוֹךָ. La palabra hebrea que expresa el concepto de «descanso» en este versículo es ינוח-*yanuaj*-puedan descansar, que proviene de מנוחה-*menujá.*

»Pedimos, pues, en la Amidá de Shabat «Sea Tu Voluntad favorecernos al concedernos *menujá-retzé na bimenujatenu*». Basándose en la enseñanza de los Sabios de que la mujer sólo tiene *menujá* en el hogar de su esposo, el comentarista Abudarham explica que nuestra petición expresa la de Kneset Israel. La mujer en el mundo terrestre sabe que su marido la va a mantener y no tiene que preocuparse por el futuro. Así también, este día, todos nosotros componentes de Kneset Israel somos como la mujer en estado de *menujá* con el sentimiento de estar protegida desde Arriba, y paramos nuestros asuntos de negocios, aunque a veces es muy difícil, ¿sabes? Hay personas que han de enfrentarse con la amenaza de que van a perder su trabajo o su medio de sustento si no trabajan este día, y, no obstante, cesan toda actividad relacionada con el trabajo en un gesto de *bitul* total ante Hashem y, de algún modo, pasan de la preocupación semanal a la *menujá* del Shabat de la Comunidad de Israel, Su compañera del alma.

—¿Compañera del alma de Hashem? –preguntó Gueula–. ¡Eso es mucho pedir!

—Subraya Rab Luria que en el éxodo de Egipto fuimos escogidos para llegar a ser lo que el Zóhar expresa como «compañera del alma y Reina de Hashem-*zivugá vematronita* de Kudsha Brij Hu».

---

98. Las enseñanzas que siguen fueron adaptadas de «Lema'an yanuaj camoja», en *Bet Genazái: Maamaréi Shabat,* 2.ª ed., págs. 154 y sigs.

99. Deuteronomio 5, 14.

»Decimos, pues, en el *Shir haShirim*-el Cantar de los cantares antes de comenzar el Shabat: כִּי טוֹבִים דֹודֶיךָ מִיָּיִן-Tu amor espiritual me es más preciado que el vino. Los Sabios han interpretado: los misterios internos de la Torá que nos fueron transmitidos por las enseñanzas orales de los profetas y los Sabios nos saben más dulces que el vino de la Torá escrita. Lo único que sabemos de la Torá escrita es la prohibición de hacer labor creativa-*melajá* en Shabat, porque si puede decirse, el hacer *melajá* aquí abajo de algún modo causa que se hace *melajá* Arriba también. Sin embargo, al instituir las prohibiciones de hablar de temas seculares, דַּבֵּר דָּבָר, y de tocar todo lo que no sea relevante para la experiencia del Shabat *(mukzé)*, מוּקְצֶה, nos revelaron que hay otra manera de relacionarse con el cese de labor creativa; y es «para que podamos descansar como Tú», Hashem, para que alcancemos la *menujá* de la Comunidad de Israel, Su compañera del alma.

»Estas enseñanzas derivadas de la dimensión interior de la Torá nos son muy dulces porque los mandatos que son producto de la labor de Creación es lo que tenemos que hacer porque son las «órdenes del Rey». En cambio, el mandato «para que podamos descansar como Tú» nos muestra el amor con el cual Hakadosh Baruj Hu se vincula con nosotros: un amor de compañeros del alma. Cuando los Hijos de Israel recibieron las advertencias de los profetas estaban en lo peor de su caída espiritual, o sea, que estas enseñanzas fueron para ellos «más dulces que el vino de la Torá», dándoles fuerza al transmitirles el misterio de *shamor*… Termina tú –concluyó la Voz.

Gueula cerró los ojos de nuevo.

—Revelándoles que si dejaran detrás de ellos toda su carga y observaran las leyes de Shabat, volviéndose *shomer Shabat,* serían protegidos desde Arriba y adquirirían la dulzura de Su amor, recibirían Su amor y podrían responder del mismo modo…, pero aún no has tratado del asunto que me molesta –añadió.

—Hemos hablado de ello, pero te diré más –adujo la Voz–. Escribe Rab Luria:[100]

---

100. «*VeShameru benéi Israel…*» pág. 213.

גם כלל ישראל צריכים לשבות ממלאכה משום שכשם שצריך הסחת דעת בדכר כך צריכים הסחת בנוק׳ כנסת ישראל ולכן הם צריכים לשבות ממלאכה. וזו ההוראה של שני נרות דולקות בשבת להורות כידוע שנר מורה על היחוד כמ״ש חז״ל שני פתילות בנר אחד, היינו נר מצד הדכר ונר מצד הנוק׳ ושניהם צריכים משום כך שביתה.

El pueblo de Israel también tiene que abstenerse de toda labor creativa porque, así como tiene que haber un estado de concentración total del lado del Donador, es decir, Hakadosh Baruj Hu, así también tiene que haber la misma cualidad de enfoque en el caso del Receptor, *Kneset Israel.* Por consiguiente, ellos también han de evitar la labor creativa. Éste es el mensaje de las dos luces del Shabat, ya que como es sabido, la palabra hebrea *ner*-vela alude al *yijud,* la unificación. Como lo han señalado nuestros Sabios, una vela está compuesta por dos mechas, y ambas mechas están entrelazadas en la misma vela. Por lo tanto, la idea de *ner* transmite que el Donador Arriba, así como el Receptor abajo han de estar ambos en estado de cesación de actividad.

»Aquí abajo alcanzamos el estado de *menujá* dejándolo todo detrás de nosotros y dándonos a la experiencia del Shabat, y lo mismo sucede Arriba. La Shejiná acepta la misión de ir a los mundos inferiores durante los demás días de la semana, dejando detrás el lugar celestial que le corresponde, y cuando Hashem La ilumina con Su Luz en el Shabat, tiene *menujá.*

»Esta Luz constituye el misterio del Shabat. Se aproxima el tiempo en que va a brillar una nueva Luz en Zion para la Comunidad de Israel, y en particular para todos los que se han esforzado por convertirse en un lugar de residencia abajo, cumpliendo así el propósito de la Creación. Como dice el versículo:[101] «Ellos Me harán un Santuario y habitaré en[tre] ellos»-וְעָשׂוּ לִי מִקְדָּשׁ וְשָׁכַנְתִּי בְּתוֹכָם.

Gueula se sonrió a sí misma. Sintiéndose imbuida de *menujá,* abrió su *sidur* para decir la oración de la mañana.

Gueula se tomó su tiempo para leer la oración de la mañana; tenía los ojos llenos de lágrimas al andar tres pasos hacia atrás al final de la Amidá. Iba a continuar y decir Mussaf, pero se dijo a sí misma: «Si estuviese en la sinagoga, uno de los hombres congregantes iría ahora a sacar el *Sefer Torá*-Rollo de la Torá y el encargado de leer leería ahora la *perashá*-sección de Torá de la semana. Pues yo voy a hacer lo mismo con el *Jumash* que me trajeron». Fue al estante y, comprobando la fecha en el calendario que había pedido, vio que la *perashá* para esa semana era *Beshalaj,* que narraba el acontecimiento del éxodo a partir del episodio del mar Rojo. Se sonrió a sí misma, pensando: «Bueno, ya que todo lo que sucede en nuestra semana está oculto en la *perashá* de la semana en alusiones, o sea, que no nos damos cuenta de ello, yo voy a tener en mente que este Shabat va a comenzar mi propia redención-*gueulá.* ¡Voy a irme de este lugar! –Tuvo un escalofrío cuando la palabra *gueula* llegó a su conciencia–. «¡Déjalo ir y concéntrate en lo que estás haciendo! –se dijo a sí misma–. Por favor no te pierdas en tus pensamientos».

Fue a la nevera y sacó un recipiente que contenía el *chulent*-estofado del Shabat que quería tomar en esa *seudá,* y otra fuente en la que había diferentes verduras en una base de arroz. Estaba a punto de poner ambas cosas en la placa eléctrica cuando oyó en su mente:

—¡Si yo estuviera en tu lugar, no lo haría!

—¿Por qué no? –preguntó ella.

—¡No puedo creer que después de todas nuestras discusiones acerca de hacer *melajá* en Shabat tengas la intención de calentar este plato! –exclamó la Voz.

—¿Quién va a hacer una labor creativa? ¡Sólo me voy a calentar la comida! –se defendió Gueula.

—Pero... ¿qué te pasa? –preguntó la Voz.

---

101. Éxodo 25, 8.

Gueula permaneció en silencio por un momento y luego dijo:

—Lo siento. No tenía que haber hablado así. Seguro que te refieres a que pienso calentar el *chulent* porque el otro plato es seco. Este *chulent* es seco también, no tan seco como el arroz, pero... míralo, las habas y la carne parecen congeladas, ¡no hay salsa! Entonces, ¿cuál es el problema si lo caliento?

—En cuanto que se caliente el *chulent,* la salsa que contiene comenzará a volverse líquida –dio la Voz–. Te concedo que no es como si fuera una sopa líquida, pero aun así, ¡hay bastante líquido en el *chulent* para que si lo calientas en la placa eléctrica estés haciendo una *melajá!*

—Pues no tengo ninguna intención de comer *chulent* frío, o sea, que ¡olvidémonos la tradición de comer *chulent* el Shabat por la mañana!

—¿Tú sabes cuántas transgresiones graves se han cometido en el nombre de la «tradición»? –preguntó la Voz–. Como por ejemplo cuando una ama de casa envía a su trabajadora no judía a comprar harina de trigo antes del final de Pésaj para poder hacer las tortas tradicionales cuando termine la pascua unas horas después.

Gueula sonrió.

—Sin comentarios –dijo.

—Tendrías que haberlo puesto en la placa eléctrica antes de que comenzara el Shabat –señaló la Voz–. Como estabas bajo presión y se te olvidó, ahora tienes que hacer todo lo que puedas para solucionar esta situación y evitar entrar en la burbuja de la frustración, perdiendo así el *oneg* Shabat que forma parte de esta *seudá.*

La muchacha sacudió la cabeza y exclamó:

—¡Tienes razón!

Cogió un trocito de la carne que estaba en el *chulent* y lo puso sobre el arroz y las verduras en un recipiente de aluminio que le habían llevado e iba a ponerlo en la placa cuando le dijo la Voz:

—Deberías de poner otro recipiente de aluminio al revés y poner tu comida encima de él.

La joven protestó:

—¡Pero es que si hago eso, no va a calentarse del todo! –Como no le llegó ningún comentario de la Voz, añadió–: Bueno, eso no es un argumento. Pero... no todos están de acuerdo con el modo en que se permite calentar la comida en el Shabat, ¿no? Me parece recordar que está permitido calentar cualquier plato que sea seco siempre que haya dos capas, como los recipientes de aluminio o las placas de grill, que separen el plato que contenga la comida de la placa eléctrica. ¿Ahora estás diciendo que tienen que haber separación entre las capas? Eso es... más de lo que hay que hacer según la aplicación estricta de la ley, ¿no?

—Tienes razón, pero mucho de lo que te estoy enseñando acerca del Shabat está por encima de la aplicación estricta de la ley. Según muchos *poskim*-autoridades *halájicas* como Rab Mordejái Eliahu zt'l, tiene que haber separación entre las capas. Como resultado hay que comenzar a calentar los platos mucho tiempo antes de lo que se habría hecho del modo anterior, y el plato que resulta no queda tan caliente como lo hubiera estado si se hubiera calentado como siempre.

Gueula asintió, haciendo lo que le había dicho. Fue a la silla al otro lado del cuarto y comenzó a leer la sección de la Torá con voz clara. Cuando terminó cogió su libro de oraciones y dijo la Amidá de Musaf con particular cuidado, echándole una mirada de anhelo a la sección de *kedushá* que no podía decir al estar sola. Sin embargo, sacudió la cabeza de nuevo con el pensamiento: «Debo creer, no, creo que en todo momento tengo todo lo que necesito para hacer un *avodat Hashem* perfecto y me voy a perder éste que estoy haciendo ahora si me distraigo buscando otro.

Después de su oración fue a la mesa para preparar su *seudá* de la mañana. Cogió la copa de *kidush* que contenía unas gotas del vino de la noche anterior y la enjuagó. Luego arregló la mesa lo mejor que pudo y llevó los alimentos fríos que pensaba tomar como su primer plato y los panecillos calientes de la placa.

—Me parece maravilloso que en el futuro, si algún día salgo de aquí, no, espera un minuto, *cuando* salga de aquí, ¡podré encender las velas del Shabat dándole la bienvenida a la Shejiná de su exilio semanal! Es increíble pensar que cada vez que diga la Amidá de la noche de Shabat seré consciente de que las palabras *veyanuju bah* están en la forma femenina porque aluden a Ella. ¡Pensar que hice todo lo que estaba en mi mano para participar en el proceso del regreso de la Reina a su Hogar, y de añadir a la alegría de Hashem en Shabat! ¡Me encantaría tener la impresión de comprender el sentido interior de esta *seudá* también, pero la siento tan distante!

—Esto es porque esta *seudá* te transporta a la Fuente misma de la Luz –comentó la Voz–.[102] Todas las influencias de bendición *(hashpaot)* que emanan de Arriba nos están ocultas al principio. Es como un árbol plantado en la tierra: inicialmente, es sólo una semilla que se planta en la tierra y tiene que pudrirse, enterrada entre tierra y cenizas; pero ¡ésa es la raíz del árbol! Después, cuando crece el árbol, sabemos que ése es el lugar donde va a crecer la fruta, pero al principio no podemos ver nada hasta que los frutos mismos comiencen a crecer.

»Lo mismo se aplica a la *shefa* que nos viene del mundo celestial: tiene que pasar por todos los niveles de revelación Divina hasta que llegue a nosotros. Por lo tanto, en el momento que se emite la *shefa,* no vemos nada, así como la semilla que llegará a ser un árbol, pero primero tiene que pudrirse antes de comenzar a germinar; y sólo después de que pase algún tiempo recibiremos la revelación de la bondad Divina. Y lo mismo sucede con nosotros: antes de recibir cualquier beneficio que Hashem nos conceda hemos de pasar por un período de *katnut*-conciencia restringida y ocultamiento porque tiene que pasar por todos los niveles de revelación antes de que podamos recibirla –terminó la Voz.

—Entiendo lo que dices, pero no veo qué tiene que ver con esta *seudá*... Espera, déjame formular mi pregunta de otra manera. Estoy sentada a esta *seudá* que he preparado con amor, y Hashem está revelando su energía luminosa Divina al nivel más excelso; es como si estuviera en casa e hiciera una comida especial para mi padre en su papel como mi maestro, para honrarle como mi maestro... –Gueula se detuvo y se le llenaron los ojos de lágrimas.

—¿Qué te pasa? –preguntó la Voz–. ¿Por qué estás triste?

Haciendo un esfuerzo visible por retener las lágrimas, la joven guardó el silencio un momento.

—No lo sé –dijo finalmente–, pero no puedo... no quiero pensar en ello ahora. Por favor sigue explicándome el significado profundo de esta *seudá* –pidió.

---

102. Adaptado de «BeAtika Talia Milta», en *Bet Genazái al haTorá: Shemot I;* págs. 420 y sigs. Rab Luria cita el ejemplo del niño en el nombre del Magid en *Or haEmet.*

—¿No te dije anteriormente que en el éxodo de Egipto llegamos a ser lo que el Zóhar expresa como *zivugá de Kudshá Berij Hu*-compañera del alma y de Hashem? Bueno, pues esto sucede como resultado de la segunda *seudá* del Shabat.

»Revela el Zóhar que es sólo antes de la segunda *seudá* del Shabat, en la que participamos el Shabat por la mañana, cuando decimos el versículo (*az tit'anag 'al Hashem)*-«entonces te deleitarás en Hashem»-אָז תִּתְעַנַּג עַל ה׳ por encima del aspecto de Hashem como Rey y Juez con el que se revela a nosotros el resto de los días de la semana, porque la noche del Shabat estamos imbuidos de temor reverencial como preparación para alcanzar el nivel de la Comunidad de Israel, Su compañera del alma y la unificación de la oración de la mañana, cuando nos deleitamos *al* Hashem.

—¡Guau! –exclamó Gueula–. Eso quiere decir que en los momentos de la segunda *seudá,* ya no nos consideramos la *calá* sino mucho más…

—Los padres humanos juzgan lo que su hijo necesita y por amor a él sólo le dan lo que piensan que pueda ayudarle. Y así como sucede abajo, sucede Arriba: durante el resto de los días de la semana, la *shefa* nos baja en correlación al modo en el que nos hemos esforzado por mejorar nuestros rasgos de carácter y observancia de la Torá, ya que los niveles excelsos de revelación Divina juzgan quién merece recibir bendición Divina, y según eso dirigen la bendición a través de conductos diferentes hasta que llega a nosotros. En cambio, el Shabat es un regalo: por eso el Talmud nos cita el mensaje que nos transmitió Hashem a través de Moshé: «Tengo un buen regalo en Mi casa de tesoros y se llama Shabat. Quiero dárselo a los Hijos de Israel; ve a informarlos». Un regalo nos viene lo merezcamos o no; si tenemos que merecerlo, ¡ya no es un regalo, sino una recompensa!

»Y te voy a decir algo más a pesar de que no estoy seguro de que tengas «las vasijas» para integrarlo. El Arí z"l escribió tres *piyutim*-composiciones musicales para cantarlas o leerlas en las *seudot* del Shabat. Después de leer la composición apropiada en cada una de las *seudot,* instruyó el Arí z"l que se leyera una oración en arameo, a la que nos referimos por sus dos primeras palabras, *vihé raavá.*

Gueula corrió a su *sidur* y sacó un papel doblado.

—Mira –dijo–, aquí la tengo.

—¡Pero la oración está en tu *sidur!* –comentó la Voz–. ¿Por qué la tienes en un papel suelto?

—Porque en mi papel está incluida su traducción –respondió Gueula.[103]

Vihé raavá

וִיהֵא רַעֲוָא מִן קֳדָם עַתִּיקָא קַדִּישָׁא
דְכָל קַדִּישִׁין. טְמִירָא דְּכָל טְמִירִין סְ־
תִימָא דְכולָּא דְיִתְמַשֵּׁךְ טַלָּא עִלָּאָה
מִינֵהּ לְמַלְיָא רֵישֵׁיהּ דִזְעֵיר אַנְפִּין וּלְהַ־
טִּיל לַחֲקַל תַּפּוּחִין קַדִּישִׁין בִּנְהִירוּ
דְאַנְפִּין בְּרֵעוּ וְחֶדְוָא דְכולָּא וְיִתְמַשֵּׁךְ
מִן קֳדָם עַתִּיקָא קַדִּישָׁא דְכָל קַדִּישִׁין
טְמִירָא דְכָל טְמִירִין סְתִּימָא דְכולָּא
רְעוּתָא חִנָּא וְחִסְדָּא וְרַחֲמֵי בִּנְהִירוּ
עִלָּאָה בִּרְעוּתָא וְחֶדְוָא עָלַי וְעַל כָּל בְּנֵי
בֵיתִי וְעַל כָּל בְּנֵי יִשְׂרָאֵל עַמֵּיה וְיִפְרְקִי-
נָן מִכָּל עַקְתִין בִּישִׁין דְיֵיתוּן לְעַלְמָא.
וְיַזְמִין לָנָא וּלְכָל נַפְשָׁתָנָא חִנָּא וְחִסְדָּא
וְרַחֲמֵי וְחַיֵּי אֲרִיכֵי וּמְזוֹנֵי רְוִיחֵי וְרַחֲמֵי
מִן קֳדָמֵיהּ אָמֵן כֵּן יְהִי רָצוֹן:

Sea la voluntad ante [el nivel de revelación Divina al cual nos referimos como] *Atika Kadisha;* santo de los santos, oculto entre lo más oculto, el más escondido de todos, de atraer hacia abajo y revelar Su Voluntad al extender rocío-Luz celestial de Sí mismo y llenar la conciencia del [nivel de revelación Divina asociado con la justicia real denominado] *Zeír Anpín* y dirigirlo al [nivel de revelación Divina al que nos referimos como] *Jakal Tapujin Kadishin* (la Shejiná, la Madre de las almas de Israel); sea Su voluntad de extender la Luz de Su semblante con buen deseo y alegría para todos. Y que provenga de *Atika Kadisha* –el más santo de todo lo santo, más oculto de todos– buen deseo y compasión, gracia, amor y bondad con Luz celestial, deseo y alegría hacia mí, hacia todos los miembros de mi hogar, y hacia todos los Hijos de Israel Tu pueblo, y que nos salve de todas las malas ocurrencias y des-

103. Le estoy agradecida a Rab Avraham Sutton por su ayuda con la traducción de *yehé raavá.*

gracias que afectan al mundo. Sea Su voluntad de concedernos gracia, amor y bondad, vida larga y amplio sustento con compasión ante Él. Amen, ésa sea Su voluntad.

—La podría leer –dijo Gueula–, pero está en arameo y no comprendo el arameo, y a pesar de que tengo su traducción trata de conceptos complejos.

—No importa, ya que tienes una idea de lo que estás diciendo, y aun así tu oración causará su efecto. Subraya Rab Luria que en la oración *Vihé raavá* estamos expresando el anhelo de llegar al nivel de madurez en el que nuestro servicio divino ya no necesite ser juzgado con severidad. Según el Arí, z'l, hemos de leer esta oración antes de cada una de las tres comidas del Shabat, aunque en los *sidurim* modernos sólo la incluyen antes de la primera *seudá*.

»El *tal*-rocío mencionado en la oración es la *shefa* celestial que baja hacia nosotros. Revela el Zóhar que el maná que recibimos en el desierto consistía en un rocío celestial cuya fuente Divina provenía del nivel de compasión incondicional asociado con la Fuente de la Voluntad Divina. Por tanto, en esta oración estamos pidiendo que la *shefa* se dirija directamente hacia la Kneset Israel de Arriba, que está en el mundo celestial, y de allá vaya a todos los miembros de Kneset Israel de abajo y que luego nos llegue personalmente a nosotros.

Gueula cerró los ojos un momento.

—¡Lo que me estás enseñando es tan bello! Necesito un momento para integrarlo.

La joven comenzó a cantar su canción: «Si tuviéramos la boca llena de canción, tan llena de canción como el mar...», sin darse cuenta de que la puerta se había entreabierto y la muchacha árabe estaba escuchando con ojos soñadores. Cuando Gueula terminó su canción, Fatma hizo un gesto indicando que iba a entrar, pero de pronto cambió de idea y se fue tan repentinamente como había venido.

—Gracias –dijo Gueula en voz baja–. Voy a comer del plato caliente que me espera y luego voy a dormir un rato, aunque siento que voy a perder tiempo durmiendo…

—¡Estás equivocada! –replicó la Voz–. Es importante no dormir después de una oración que por lo general va seguida por una comida que completa la oración, porque en la *seudá* estás internalizando las Luces que has hecho bajar con tu oración, mismo los otros días de la semana. Ahora bien, al dormir en este momento es como si te pusieras en Manos de Hashem en una petición silenciosa para que Él complete desde Arriba lo que no puedes tú hacer por ti misma para internalizar la Luz vibrante en esta *seudá*. Además, dormir después de esta *seudá* forma parte del *oneg* del día de Shabat.

Capítulo doce: Lugar de residencia terrestre

- *Hasajat hadaat* y *melajá*-labor creativa
- Concepto de *menujá*-armonía spiritual
- Prohibición de hablar de temas seculares - דַּבֵּר דָּבָר
- Explicación del concepto de *ner*-luz (literalmente, «vela»)
- Explicación del versículo «entonces te deleitarás en Hashem»- אָז תִּתְעַנַּג עַל ה'
- Texto de la oración *Vihé raavá*
- Explicación de la oración *Vihé raavá*

Capítulo trece

Segunda *seudá* - por encima del tiempo

Cuando Gueula abrió los ojos una hora después se sentó bruscamente, porque Fatma estaba ahí, mirándola.

—Perdona si te he asustado –dijo–. No quise molestarte antes porque parecías ensimismada en tu comida, tu canción..., lo que fuera que estuvieras haciendo.

—Gracias –le dijo Gueula–. No puedo hablar contigo ahora, pero me alegro de que hayas venido porque tengo comida para ti. Mira allá en la esquina; he puesto muchas cosas que les quiero dar a tus hijos.

La joven árabe fue al lugar indicado y silbó.

—Me das mucha comida –dijo–. ¿Qué te guardas para ti?

Gueula sonrió.

—Bueno, yo no necesito tanto, y ¡tú tienes hijos hambrientos! Me alegra poder guardártelo.

—Muchísimas gracias –dijo Fatma con una mirada agradecida–, lo aprecio mucho. Y mira, incluso me has conseguido una pomada antibiótica... ¿Por qué? Quiero decir, ¿por qué eres tan buena conmigo?

—Nos enseñan nuestros Sabios que la Creación del mundo se basó en la bondad. Cuando eres bondadoso con el prójimo, la Luz Divina de amor y bondad dirige su fulgor hacia ti. Te he guardado esta comida porque sentí una conexión contigo desde el principio, y es lo que quería hacer, pero al mismo tiempo siempre trato de andar por el sendero que nos han labrado nuestros antepasados –respondió Gueula.

—Quizás sea por eso que tenías que estar aquí –dijo la joven árabe con una mirada enigmática–, porque tenía yo que aprender eso de ti. –Y después de una pausa, añadió–: Cojo las cosas y te dejo por ahora.

El reloj de cuco emitió doce cantos. Gueula se levantó. «Ya es mediodía –se dijo a sí misma– y aún no estoy lista a dejar detrás el lugar de la segunda *seudá;* me ha enseñado muchas cosas, pero necesito más información para completar mi rompecabezas».

—¿Qué necesitas? –preguntó la Voz.

—Todavía no he podido captar lo que Hashem nos revela en la segunda *seudá.*

—¡Es loable que te des cuenta de ello! –aprobó la Voz–. Cuando Hakadosh Baruj Hu actúa a través de la Fuente de la Voluntad Divina, una acción que proviene de los niveles más elevados de revelación Divina, del mundo celestial más excelso, nosotros aquí abajo podemos discernir la acción Divina. En otras palabras, vemos y nos damos cuenta de que está sucediendo un milagro. Un ejemplo de esto es el éxodo de Egipto. Como leemos en la *Hagadá* de Pésaj, Hakadosh Baruj Hu prometió de sacarnos de Egipto Él Mismo, sin involucrar a Sus mensajeros: «No a través de un ángel, ni de un serafín, ni de un mensajero»- לא על ידי מלאך ולא על ידי שרף ולא על ידי שליח.

»Otro ejemplo es la situación en la que se encontraron los Hijos de Israel inmediatamente después del éxodo, en la que precisaban un milagro de la cima de la escala, un milagro que deshiciera todas las reglas de la Creación que condujeron a la constricción de la Creación. Los conductos Divinos que se dirigen al hombre por el intermediario de los mundos celestiales inferiores nos llegan por medio de mensajeros divinos que se ocultan bajo el manto de la naturaleza, o sea, que no somos conscientes de su acción.

»A esto nos referimos al hablar de milagros visibles: cuando sucede un milagro que rompe las reglas de la naturaleza, estamos viendo a Hakadosh Baruj Hu actuando por Sí mismo, por decirlo así, sin pasar por toda la tripulación divina, sin escuchar a todos los acusadores que dicen que no lo merecemos. Y esto es lo que te estaba diciendo acerca la enigmática declaración de Hashem: «*¿Por qué clamas ante Mí?*». Cuando le pedimos algo a Hakadosh Baruj Hu, nuestra petición ha de pasar por todos los mensajeros divinos, quienes decidirán si merecemos lo que estamos pidiendo. Algunas veces, sin embargo, logramos evitar su inspección y llegar directamente a la cima de la escala, porque es un momento de favor Divino.

—O sea, que me estás diciendo que en la segunda *seudá,* de algún modo, estamos por encima de la naturaleza. Por favor, cuéntame más –pidió Gueula.

—No por encima de la naturaleza –corrigió la Voz–, sino más bien por encima del tiempo; o, para ser más preciso, por encima del modo en que percibimos el tiempo en este mundo.[104]

»Volvamos a examinar la oración de la mañana que precede a la segunda *seudá* –sugirió la Voz–. En particular en los momentos de Musaf, el nivel de revelación Divina en el que Hashem actúa como nuestro Rey, denominado en arameo *Zeir Anpín,* está imbuido de una Luz que proviene de una dimensión más elevada de la que recibimos durante la semana, y como anota Rab Luria:[105] ושם הוא לעילא מבחינת רחמים -allá, en ese lugar, estamos por encima de la compasión. ¿Te das cuenta de lo que está diciendo? Que lo que se revela de Arriba en el momento de la segunda *seudá* ni siquiera consiste en compasión, sino pura Voluntad y Deseo Divinos hacia Kneset Israel. Y lo mismo sucede en los momentos de la lectura de la Torá en la sinagoga, porque estamos recibiendo la Luz de *Jojmá*-sabiduría Divina.

—Quizás sea por eso que decimos **וְיָנוּחוּ בוֹ** *-veyanuju bo,* en la forma masculina, y también en la Amidá de Musaf que le sigue –musitó Gueula.

—¡Precisamente! –exclamó la Voz–. Al contrario que **וְיָנוּחוּ בָהּ** en la forma femenina, que dijiste en la primera *seudá* del Shabat, correspondiente a la Shejiná. –Hubo un momento de silencio, después del cual añadió la Voz–. Se aproxima el tiempo en que ya no me vas a necesitar.

—¡Baruj Hashem! –susurró Gueula–. Pero, por favor, sigue diciéndome que sucede en la lectura de la Torá.

—Si nos detenemos a pensar un momento, como estamos leyendo la Torá, cuya Fuente proviene de *Jojmá,* tiene sentido que estemos atrayendo entonces a nosotros la Luz de *Jojmá.* Pero el Arí z"l enseña algo

---

104. Como lo explica Rab Luria:
[ואולי יש להוסיף כי עולם ע"ק למעלה מן הזמן וכיון שבסופו של דבר תבוא התועלת בשביל ישראל בשלמותה,
ובעולם זה שהוא לעילא מן הזמן כבר עומד התכלית של טוב מאוד ולכן הוא עת רצון לכלל ישראל]

105. *Pitjéi Tefilá*, vol. 3, p. 357.

asombroso. No sólo estamos atrayendo a nosotros la excelsa Luz de *Jojmá* al escuchar la lectura de la Torá el Shabat por la mañana, sino que también la atraemos al participar en la segunda *seudá.* Y aún más asombroso, las Luces de la Torá que absorbemos al participar en la *seudá* de la mañana son aún más altas que las de la oración de la mañana. Nos referimos a las pequeñas coronas sobre las letras en el Rollo de la Torá, aclara Rab Luria.

—¿Las coronas del Rollo de la Torá? Siempre me pregunté cuál era su función –comentó Gueula.

—El encargado de leer el Rollo de la Torá ha de aprenderse las palabras con su puntuación que muestra las vocales correctas, así como los *taamim*-notas musicales indicadas, ya que ambas cosas afectan la lectura. En cambio, las pequeñas coronas que se ven por encima de algunas letras no afectan a su lectura. Denominadas *taguín,* estas pequeñas *keter*-coronas sobre las letras evocan la Luz de *Keter*-corona que es la raíz de todo, y así también las *taguín* son el equivalente de las raíces celestiales de las letras. Y este nivel de revelación Divina **no** nos llega en los momentos en los que están leyendo la Torá: sólo nos llega en la *seudá* que le sigue.

—¡Guau! –exclamó Gueula–. Y estoy segura de que tu capacidad de internalizar estas Luces aumenta según tu conciencia de lo que acabas de decir. Pero tengo una pregunta: ¿cómo puedes expresar tu conciencia cuando te sientas para participar en la segunda seudá? Quiero decir, estoy segura de que estas cosas se olvidan, ¡y ningún ángel va a venir a darte golpecitos en el hombro para recordártelas!

—Ése es un asunto válido que se aplica a las tres *seudot* –asintió la Voz–. Se leen ciertos fragmentos del Zóhar en cada una de las *seudot,* y al leerlos estamos internalizando la Luz del Santo *Ein Sof.*[106]

—Ah, ¿sí? –preguntó Gueula con una sonrisa–. Entonces, cuando regrese, si tengo mi casa llena de niños y de invitados, debo decir: «Debéis de esperar: ahora voy a leer el Zóhar». ¿No es eso lo que me estás diciendo?

---

106. Estos fragmentos del Zóhar aparecen en el sidur de Rab Mordejai Eliyahu, así como en la mayoría de los sidurim completos sefaraditas modernos.

—Ante todo –replicó la Voz–, si tienes hijos y estás ocupada con ellos siempre podrías *inspirar* a tu marido a que lea él estos textos; recalco que le puedes *inspirar,* ya que has de tener la sabiduría de limitarte a ti misma y no caer en el error de decirle lo que tiene que hacer. Ahora bien, si aún no tienes hijos o si no estás ocupada con ellos, si de verdad deseas hacer lo que esté en tu mano para causar la alegría Divina, puedes tratar de leerlos tú misma, comenzando por limitarte a leer parte del texto y a medida que lo puedas leer con más facilidad, vas aumentando lo que lees.

»Estos textos de Zóhar nos dicen una y otra vez que estas *seudot* causan la alegría de Hashem, porque en estos momentos puede revelarse a nosotros. Estamos agradecidos de que, al leer un texto, aunque no lo comprendamos totalmente, podamos indicar nuestra conciencia de la revelación, ya que una revelación de Arriba sólo está completa cuando se recibe abajo.

»Aunque en nuestra época no suele oírse que una mujer que lea el Zóhar, un cabalista contemporáneo escribe:[107] «Incluso las mujeres, que están exentas de la *mitzvá* de estudiar la Torá y sólo se les pide estudiar las leyes relativas a las *mitzvot* de las que son responsables, si desean leer todos los días el Zóhar para merecer los excelsos niveles de *kedushá* allá mencionados y para que resida la Shejiná en sus hogares, es aconsejable que lo hagan».[108]

—O sea, que está diciendo que no es censurable si la mujer lee el Zóhar –especificó Gueula.

—¡Está diciendo más que eso! –corrigió la Voz–. Está diciendo que es una gran cosa si leen el Zóhar. Y añade el autor que habló del tema con líderes de la Torá de la generación y muchos de ellos le confesaron

107. Rab Benaiahu Issajar Shemueli, en *Parashat haKetoret; Seder haKorbanot,* pág. 17. Distribuido por *Yeshivat Nahar Shalom*, calle Shilo n.º 6, Jerusalem.

108. La *Yeshivat Nahar Shalom* en Jerusalem ha preparado panfletos que contienen selecciones diarias del Zóhar en los cuales el texto arameo está seguido, frase por frase, por su traducción al hebreo. Cada selección diaria cubre dos páginas del Zóhar, con la intención de que la persona termine el Zóhar completo en siete años. Para comprarlos, un hebreo parlante puede llamar a la editorial en Jerusalem: 02- 6221039; 02-6251451; 02-6222560:
ספר הזהר הקדוש היומי – המבואר בלון השוה לכל נפש בתוספת עיונים ופרפרות: בהותאת ״היכלא דרשבי״

que sus madres tenían la costumbre de leer el Zóhar además de sus oraciones diarias. Hay mujeres, dice, que terminan todo el Zóhar en un año, y cuando lo hacen, preparan una *seudá* para que lo celebren Sabios de la Torá y luego digan *Kadish,* que es una oración que causa gran alegría en el mundo celestial.

—¡Para que lo celebren Sabios de la Torá! –exclamó Gueula con una sonrisa divertida–. ¡La mujer que termina el Zóhar tendría que preparar una *seudá* para celebrarlo ella misma!

—¡Ah, lo ves! –replicó la Voz con el mismo tono divertido–. Ahí es donde entra la perla de *tzeniut*-modestia de nuestras mujeres. Tenemos la modestia que se aplica a la vestidura y muchas leyes escritas que nos dicen en qué consiste, pero también tenemos las leyes orales que se vuelven relevantes para la mujer que profundiza su vínculo con el Altísimo. Entre tú y yo, no puedo imaginar que una mujer que haya tenido la fuerza espiritual de leer todo el Zóhar quiera preparar una *seudá* para sí misma, en particular porque que el propósito interior de la *seudá* es que los hombres reciten el *Kadish,* una oración que le provee gran consuelo a la Shejiná, y acelera nuestra Redención.

—Comprendo –murmuró Gueula.

—La unificación que tiene lugar en Musaf continúa durante la segunda *seudá.* En estos momentos, estamos absorbiendo una *shefa* Divina cuya excelsa esencia no puede confinarse a las letras.

»Las Luces de la Torá que según creen muchos provienen de *Jojmá,* provienen en realidad de las *taguín*-coronas sobre las letras. Cuando subió Moshé al mundo celestial, vio a Hakadosh Baruj Hu que ataba estas coronitas a las letras de la Torá. En esta *seudá,* estamos atrayendo a nosotros la Luz de los misterios de la Torá, una Luz tan excelsa que no existen vasijas para contenerla.

—¡Espero que pueda recordar estas enseñanzas cuando salga de aquí! –exclamó Gueula, y luego añadió–. Sí, lo sé, debo vivir en el momento, no en el futuro. Sigue, por favor.

—Déjame que te hable un poco de la diferencia entre la Amidá del Shabat de la mañana y la de Musaf. Al comenzar Musaf, todavía estamos bajo la influencia de la Amidá de la mañana y la de la lectura de la Torá, y podemos entrar con más profundidad en la oración de Musaf ya que, aunque no seamos conscientes de ello, nuestras almas pueden apegarse a los *tzadikim*-rectos del pasado y del presente, y elevarse a la cima de nuestra identidad espiritual.

»Aunque en la Fuente de la Voluntad Divina hay una compasión incondicional y es un regalo que no depende en lo que el hombre se merezca, aun así, siempre que está presente la *rajamim*-compasión, la alegría no es completa porque podemos sentir lo que el Zóhar llama el pan de la vergüenza. De hecho, *Shir haShirim* alude a esta vergüenza, expresando la llamada de Hakadosh Baruj Hu a la Shejiná, quien se esconde en el exilio, reacia a presentarse ante el Rey en toda Su grandeza. Hakadosh Baruj Hu le dice pues:[109] «*¡Ábreme [tu corazón], hermana Mía, amada Mía, paloma Mía, perfecta Mía, porque tengo la cabeza empapada de rocío…!*».[110]

פִּתְחִי לִי אֲחֹתִי רַעְיָתִי יוֹנָתִי תַמָּתִי שֶׁרֹּאשִׁי נִמְלָא טָל קְוֻצּוֹתַי רְסִיסֵי לָיְלָה:

»Si puede decirse así, el Rey se quitó la corona para que la unificación de la oración pudiera suceder al nivel en que se encuentra la Shejiná. Ahora bien, deja que te pregunte algo: cuándo decimos la Amidá en la sinagoga por la mañana durante la semana, ¿decimos el versículo que menciona *keter*, en la sección de la *kedushá* que sólo puede decirse cuando hay un *minián-quorum* de diez hombres presentes?

—¿Durante los días de semana? –preguntó Gueula. Frunció el ceño en un esfuerzo por recordar–. No –dijo despacio, y luego repitió–: ¡No, claro que no!

—Es porque durante la semana la Shejiná no puede recibir Luz de un nivel de revelación tan elevado –explicó la Voz–. En cambio, en la Amidá de Musaf se realiza el propósito fundamental de Hashem para la Creación.[111] Es en la oración Musaf cuando el alma colectiva de Sus compañeros terrestres asciende a encontrase con Él en la cima de su estructura espiritual, ya que sólo a ese nivel se revela Hashem.

---

109. Adaptado de «Amirat Keter beMusaf Shabat,» en *Maamaréi Shabat,* 2.ª ed., pág. 569.

110. Perífrasis de *Shir haShirim* 5, 2.

111. Las enseñanzas que siguen acerca de la «luz de la Corona» está reproducida de mi libro sobre los escritos de Rab Luria: *Cabala: Espiritualidad auténtica para nuestro tiempo.* México: Editorial Jerusalem de México.

»Y aquí es donde pueden ayudar los Hijos de Israel, ya que quien va a la sinagoga el Shabat por la mañana podrá participar en la *kedushá,* y en la Amidá de Musaf, al decir *kadosh, kadosh, kadosh,* se pondrá de puntillas con la intención de causar el proceso de la elevación de la Maljut: nuestra amada Shejiná. Como te he enseñado, queremos que todo lo que hagamos abajo sea una réplica de lo que sucede Arriba para ayudar a que se cumpla el proceso, o sea, que al elevarnos poniéndonos de puntillas, tenemos en mente que la Maljut se está elevando también. Y luego, en la misma *kedushá* de Musaf, dice el *jazán* que dirige la oración, *ayeh mekom kevodó*-¿dónde está el lugar de Su gloria? Y en este momento, nos empinamos, elevándonos por segunda vez, indicando así que la Maljut está subiendo por segunda vez. De hecho, menciona el Zóhar, ése es el significado de la pregunta *ayeh mekom kevodó,* ya que *mekom kevodó*-el lugar de Su gloria alude a la Maljut, y los ángeles se fijan en que ella no está en su lugar habitual ya que como hemos visto se ha elevado dos veces en este Musaf. Entonces están preguntando los ángeles, «¿Dónde está?».[112]

»Fue en la Entrega de la Torá cuando los Hijos de Israel llegaron a ser todos uno,[113] la compañera del alma del Altísimo, cada uno de ellos tan consciente de este íntimo vínculo con el Creador que sintió la frase de *Shir haShirim,* «se me fue el alma al hablar Él». Perdimos este excelso nivel debido al becerro de oro, pero lo recuperamos parcialmente debido a la intervención de Moshé, aunque sólo durante el día del Shabat, así como en Yom Tov-las festividades. Aunque el Shabat deja su marca grabada en nosotros, perdemos mucha de nuestra conciencia del Shabat durante la semana.

---

112. Enseñanzas como ésta son presentadas al lector secular gracias a la reciente publicación de un *sidur* con *cavanot*-intenciones kabalisticas, dispuestas de modo fácil de comprender por quien sabe hebreo. *Sidur Sulam Aliyá leBaim beSod H' (sidur* escala de elevación para los que desean entrar en las enseñanzas ocultas acerca de Hashem). Publicado por la *yeshivá* de kabalistas *Hearat Mordejai,* Para encargar libros se puede llamar 054-8484164; 058-3293333; 052-7111868.

113. Anota el comentarista *Meshej Jojmá,* al versículo 20, 25 del Éxodo:

הלא היו כולם איש אחד והיו ראוים לקבל כל התורה כמשה

- Todos ellos estaban tan unidos el uno al otro, con el corazón y el alma aunados, que todos merecían recibir la Torá como Moshé.

»Por tanto, durante la semana, el alma colectiva de la compañera terrenal de Hashem no puede elevarse lo suficiente para encontrarse con Él en los momentos de la Amidá. Sin embargo, como te mencioné, el Rey del mundo oculta Su Corona para bajar Su estatura y llegar a ser Uno con Su pueblo a pesar de la deficiencia actual de éste. En otras palabras, durante la semana, nuestra unificación con el Creador tiene lugar en el punto de contacto más bajo de nuestras raíces del alma, al contrario que con el Shabat, en el que la unificación tiene lugar en el punto de encuentro más elevado.

»En el Shabat, la energía Divina radia con poder renovado y los mundos celestiales regresan a su Fuente: Hashem nos quita las obstrucciones mentales, no sólo durante el tiempo de las oraciones como durante la semana, sino para todo el día.

»Ahora podemos ascender a la «Corona», y si puede decirse así, devolvemos a Hashem Su Corona en la Amidá de Musaf en el Shabat. En términos técnicos, como lo enseña la dimensión interior de la Torá, no puede decirse que lleguemos al nivel de *Keter* en la Amidá de Musaf, pero como lo explica Rab Luria, la Luz de la Corona emite su fulgor durante todo el Shabat, y es en estos momentos cuando más sentimos su luminosa energía. Aceptamos totalmente Su Maljut-reinado sobre nosotros y nos apegamos a Él a ese nivel de cercanía.

»Ahora comprendemos las palabras de la sección siguiente de la *Kedushá* en Musaf:[114]

-כֶּתֶר יִתְּנוּ לְךָ ה׳ אלקינו מַלְאָכִים הֲמוֹנֵי מַעְלָה. עִם עַמְּךָ יִשְׂרָאֵל קְבוּצֵי מַטָּה:

«Una Corona Te darán, O Hashem, nuestro Creador Todopoderoso; los ángeles de la multitud de arriba, junto con Tu pueblo Israel [que están reunidos] abajo».

»En la unificación de la Amidá de Musaf, el Rey lleva Su Corona, mientras que Israel, Sus compañeros terrenales, llevan su propia corona espiritual. Durante toda la Amidá de Musaf revivimos la Entrega de la Torá, cuando el Todopoderoso y Su compañera del alma se comunicaban «cara a cara». En la Amidá de Musaf, Hashem eleva la estructu-

114. *The Complete ArtScroll Sidur*, ed. Rabbi Nosson Scherman, Nusach Sefard (NuevaYork: Mesora Pubs., 1985), pág. 503.

ra espiritual de nuestras almas colectivas para que podamos ser Uno con Él, en una unión de los niveles más excelsos de nuestra alma.

—¡Es impresionante que Hashem nos permita acercarnos a Él hasta el punto de que podamos tener la percepción de estos misterios! –exclamó Gueula.

—No sólo nos lo permite –corrigió la Voz–. Hashem desea que aprendamos Sus misterios y nuestra anhelada Redención depende de ello. Ahora bien, en esta segunda *seudá,* cuando rezamos la Amidá de Musaf, *Zeír Anpín*, es decir, el nivel de revelación Divina en el que Hashem actúa como Rey, está imbuido de una Luz proveniente de *Atika Kadisha*-la Fuente Celestial de la revelación Divina, en la cual la acción proviene de Hakadosh Baruj Hu, sin la constricción de la Creación.

—O sea, que estás diciendo, como sucedía antes de la Creación –comentó Gueula.

—Esencialmente –respondió la Voz–. Y has de comprender la grandeza de esta iluminación:[115] enseñan los Sabios que Kneset Israel fue el último elemento creado, pero el primero en el Pensamiento Divino, y ésta es la Luz dirigida a nosotros en este momento.

—Estas diciendo que en los momentos de la segunda *seudá,* Hashem está recordando cómo éramos lo primero en Su Pensamiento junto con la Torá.

—Cierto, pero lo que sucedió a través de la constricción de Luz que precedió a la Creación es que este Pensamiento Divino se incluyó en el ocultamiento que condujo al concepto de justicia y juicio, o en otras palabras, la ejecución de la justicia. Mientras esté oculto este propósito de la Creación, seguirá habiendo juicio y ejecución de justicia en el mundo, pero a partir del momento en que se revele nos encontraremos por encima del juicio y de la justicia. A la raíz de la Voluntad Divina está revelado que todo es bueno, porque en ese lugar el enfoque fundamental del Pensamiento Divino es Kneset Israel y no importa cuál fuera la situación, no importa en qué estado se encuentren, este enfoque fundamental llegará a realizarse.

---

115. Como lo indica Rab Luria, citado en el nombre de la obra *Avodat Israel.*

—Y entonces será revelado que todo era por motivo de Kneset Israel. ¡Qué bonito! –exclamó Gueula–. Esto no es compasión… es… es… ¡Dilo tú por favor!

—Es más alto que la compasión. Como lo expresa el versículo:[116] «He aquí que era muy bueno». Aunque no lo comprendemos totalmente, no obstante, queda claro que todo lo que sucedió desde el principio de la Creación hasta ahora ha sido para cumplir el propósito de la Creación: por motivo de Kneset Israel.[117] Por lo tanto, en los momentos de esta *seudá* hay un gran favor hacia Kneset Israel y no viene de un lugar de compasión, sino más bien porque todo es bueno. Y nos quedamos en este lugar durante el resto del Shabat.

—Dices que en el momento de esta *seudá* hay una revelación del propósito interior de la Creación, pero… aún no estamos allá. Quiero decir, aún no se ha cumplido ese propósito –objetó Gueula.

—Nos recuerda Rab Luria que en este momento estamos por encima del tiempo… –comenzó la Voz.

—Claro –sonrió Gueula–. El concepto del tiempo sólo sucedió después de la Creación del mundo físico, y como me dijiste, la Voluntad Divina oculta está por encima de la Creación.

—Por consiguiente, tenemos fe que, con el tiempo, cuando sea la Voluntad de Hashem, veremos la realización del propósito de la creación «por el motivo de Israel». No obstante, como en la excelsa dimensión de la segunda *seudá* del Shabat estamos por encima del tiempo, ya está sucediendo que «he aquí que era muy bueno», y gozamos por lo tanto de un gran favor Divino. Como he mencionado, en estos momentos estamos recibiendo una iluminación, un preludio, de la promesa hecha a la Shejiná aludida en las palabras que le decimos al comienzo de la primera *seudá* de Shabat: «una mujer de valor es una corona para su esposo». Es como si ya estuviese sucediendo, así como sucederá en el Próximo Futuro, en que la Shejiná recibirá a todo momento directamente del nivel de revelación más elevado.

---

116. Génesis 1, 31.

117. Como explica Rashi el primer versículo del Génesis: el mundo fue creado por la Torá que se denomina «el principio de Su camino», y por Israel que se llaman «la primicia de Su cosecha».

»Como enseña el Arí, z'l, es en este momento cuando decimos en el *kidush* de la mañana אָז תִּתְעַנַּג -*(az tit'anag 'al Hashem)*-entonces te deleitarás en Hashem, porque el conducto de *shefa* Divino se dirige hacia Ella directamente desde la Fuente de la Voluntad Divina. Como resultado, éste es un momento de deleite especial para la Shejiná, ya que está recibiendo sustento directamente de un nivel de revelación más elevado. Mientras esté la Shejiná distanciada de la Fuente, no hay *oneg*-deleite para Ella, por lo cual hemos de reconfortarla al principio del Shabat al cantar *Lejá Dodí.* Decimos por tanto al final de *Lejá Dodí:* יָשִׂישׂ עָלַיִךְ אלקיך מְשׂוֹשׂ חָתָן עַל כַּלָּה -Tu Creador Todopoderoso se regocijará sobre ti como un novio se regocija con su novia.

»Antes de la oración del Shabat al anochecer, vemos que la alegría de la novia no se menciona en la canción, ya que en este momento Ella no tiene nada suyo propio y denota una expresión de *hajnaá*-sumisión a la Voluntad Divina más que de alegría. En cambio, el Shabat por la mañana, la Shejiná asciende a un nivel más elevado, a un estado de *simjá*-alegría y *taanug*-deleite, porque ahora ha alcanzado la plenitud y está en Su propia esencia. Ella y *Zeír Anpín*-Su Correspondiente Divino están ahora recibiendo juntos, como iguales, de los niveles más elevados de santidad Divina. Por consiguiente, es ahora cuando decimos ***az titanag***, y nos fijamos que es una forma gramatical femenina, ya que la letra ת de אָז תִּתְעַנַּג nos dice que el verbo está en la forma femenina, indicando que la Shejiná se encuentra en estado de *oneg* porque está recibiendo *shefa* Divina por Sí misma, dirigido directamente a Ella sin intermediarios.[118]

118. ולהלן כתב האריז"ל לומר הפסוק אז תתענג על ה' יעויי"ש שביאר משום שמקבלים מעתיקא שנקרא על ה'. אמנם נקרא שיש כאן עוד משמעות לפי המבואר שיש למלכות כאן מעליותא שהיא מקבלת מאבא כמו אימא שעומדת במקום שלא על ידי ז"א בבחינת שני המאורות הגדולים ולכן יש כאן בחינה של ענג על ה' כי כל עוד שהמלכות במיעוטה ומקבלת המוחין שלה מן הז"א לא שייך בה תענוג ביחוד עם בעלה משום שיש לה בושה וכמ"ש ישיש עליך אלקיך כמשוש חתן על כלה משום שלית לה מגרמא כלום ומקבלת הכל מבעלה לכן יש בה ענין בטול והכנעה יותר מאשר שמחה. אבל כאן שעומדת במקום אימא ומקבלת מאבא כמו אימא יש גם למלכות תענוג ושמחה כמו בעלה הז"א וזה אז תתענג שהוא לשון נקבה כלומר היא תתענג על ה' ביחוד עם הוי'ה בעלה משום שיש לה הארת המוחין מצד עצמה. וזה מה שאמר בזוה"ק כי בסעודא תנינא אז תתענג על ה'.

[De Rab Moshé Luria *Pitjéi Tefilá*, vol. 3, pág. 358] .

—¡Guau, tienes razón! –exclamó Gueula–. אָז תִּתְעַנַּג - la letra ת nos dice que el verbo está en la forma femenina, y no pensé en esto esta mañana al leerlo a pesar de que conozco las leyes de gramática hebrea. ¡Qué lástima que no tuviéramos esta discusión antes de la segunda *seudá!*

Imbuida de emoción, Gueula miró alrededor del cuarto hasta que se fijó en libro de los Salmos. «¡Qué razón tuvo de decirme que les pidiera uno!» se dijo. Levantándose, fue a coger el libro, lo abrió por la quinta sección y comenzó a leer. La voz le temblaba al principio, pero pronto se le aclaró a medida que iba leyendo las palabras que conocía bien.

—¡Si pudiera volverme un salmo –musitó–, porque cada dos palabras hay un Nombre de Hashem que estás llamando para retener Su cercanía para siempre!

Terminó de leer la última sección del libro de los Salmos y leyó la oración designada al Shabat: «Que nos ayude a unir la Novia de Juventud con Su Amado, con amor, hermandad y compañerismo, y que por causa de esa unificación venga a nosotros abundancia para nuestro ser, espíritu y alma, Amén».

Capítulo trece: Segunda *seudá*-por encima del tiempo

- Explicación del proceso de los milagros
- *Zeír Anpín* recibe Luz *de Jojmá*-por encima de la compasión
- La Luz de las *taguín*-coronas imbuye la segunda *seudá*
- En el Musaf de Shabat los Hijos de Israel le devuelven al Rey Su corona.
- *(az tit'anag 'al Hashem)-entonces te deleitarás en Hashem* en la forma femenina porque se aplica a la Shejiná.

Capítulo catorce

Compañeros del alma

Recordando que le habían traído más de un vestido de fiesta, Gueula fue al armario y sacó un hermoso caftán blanco, bordado con hilo de plata. Se maravilló de que, colgada cerca del caftán, hubiera una camiseta con cuello ligeramente alto y mangas largas. «Se dio cuenta de que no me lo pondría si no me cubría por completo», se dijo. Sonrió al ver que también le habían traído calzado. Podía escoger entre sandalias con piedras de color pegadas y un par de babuchas al estilo árabe, pero decidió que no iba a cambiarse de calzado, ya que sus zapatos le eran más cómodos. Se puso la hermosa prenda, sintiéndose lista a seguir honrando el Shabat.

«Quiero fijarme en la Amidá del Shabat de la tarde –pensó–. Ahora que sé que en cada palabra se puede comprender a tantos niveles y lo fácil que es perderse la elevación de conciencia potencial si no te das cuenta a qué alude el texto, quiero volver a examinarlo antes de empezar». Abrió su *sidur* en la página indicada, y buscando el párrafo especial relacionado con la Amidá de la tarde, leyó:

—«Eres Uno y Tu Nombre es Uno, y quién es como Tu pueblo Israel; una nación en la tierra.

«Hmm –pensó–. Ya hemos hablado de eso, pero ahora que sé un poco más, me pregunto el significado interior de estas palabras».

—Hablemos de ello, y verás que estás a punto de entrar en la cúspide de la experiencia del Shabat –sugirió la Voz–.[119] El Midrash nos permite «asomarnos» a una escena en la que el Shabat, en otras pala-

119. Las enseñanzas que siguen están adaptadas de «*Atá Ejad veShimjá Ejad umi keAmeja Israel*», en *Pitjéi Tefilá*, vol. 3, págs. 371y sigs.

bras, la Shejiná, está quejándose a Hakadosh Baruj Hu: «¡A todos los días de la semana les diste un compañero del alma, y a mí no!».[120] Le respondió Hashem: «Kneset Israel será tu compañero del alma. Y Yo seré compañero de alma de ellos ya que tampoco Yo tengo uno».

»Estas palabras contienen una alusión a la índole espiritual de nuestra relación con Hashem. La relación vacila entre nuestro papel como compañeros del alma de la Shejiná, y Hakadosh Baruj Hu como nuestro compañero del alma. Al comienzo del Shabat el pueblo de Israel lo santifica, actuando así como compañeros del alma, ya que por medio de su servicio divino en estos momentos contribuyen a la elevación de la Shejiná de las dimensiones espirituales inferiores.

»A través de nuestro servicio divino, las oraciones del Shabat, el *kidush* sobre el vino y las seudot, causamos que baje una iluminación dirigida a la Shejiná y que vaya ascendiendo Ella hasta la repetición de la Amidá de Musaf. Entonces el vínculo de compañeros del alma entre Hakadosh Baruj Hu y nosotros deja de ser potencial y se vuelve real. Como recompensa de nuestros esfuerzos que contribuyeron a la unificación de la Shejiná en mundo celestial en Musaf, Hakadosh Baruj Hu se acerca ahora a la Comunidad de Israel ellos mismos. Quiero decir, que a la hora de Minjá, la unificación no es con Kneset Israel al nivel de nuestras almas colectivas en el mundo celestial, sino con las almas colectivas del pueblo de Israel abajo. Es por lo tanto importante tener esto en mente al prepararnos a decir Minjá, temprano en el Shabat por la tarde.

—Recuerdo que me explicaste que Kneset Israel ellos mismos alude a todos nosotros en el mundo terrenal en estado de unificación espiritual bajo nuestras formas físicas –puntuó Gueula, su sonrisa delató cómo se alegraba de comprenderlo.

—Puedes ahora pensar en las palabras de la Amidá del Shabat por la tarde a la luz de lo que precede. «Tú eres Uno y Tu Nombre es Uno», y como esto se cumplió a través de la participación de Israel, al decir «quién es como Tu pueblo Israel», una nación en la tierra, lo que estamos realmente diciendo es: «¡Israel es ahora Tu compañero del alma!».

---

120. Como anota Rab Luria: Midrash Rabbá explicado por Majzor Vitri.

La emocionante cercanía de Hashem a Kneset Israel que sucede en estos momentos permanecerá viva porque no se usará como una oportunidad para pedir por nuestras necesidades, sino por el mero objetivo de *devekut.*

»Esta unificación permanecerá activa hasta *arvit*-la oración del anochecer, cuando decimos אתה חונן לאדם דעת -con benevolencia le concedes conocimiento al hombre. Decimos, pues, al terminar esa primera Amidá de la semana al terminar el Shabat:[121] «Que el agrado de Adonái nuestro D-s [fluya] hacia nosotros; Sea Su voluntad de establecer nuestros esfuerzos en la eternidad; sea Su voluntad de establecer nuestros esfuerzos en el mundo.

וִיהִי נֹעַם ה׳ אלקינו עָלֵינוּ וּמַעֲשֵׂה יָדֵינוּ כּוֹנְנָה עָלֵינוּ וּמַעֲשֵׂה יָדֵינוּ וּמַעֲשֵׂה יָדֵינוּ כּוֹנְנֵהוּ

»Estamos pidiendo que el *noam*-agrado se dirija a nosotros, es decir, que la unificación con la Comunidad de Israel ellos mismos, que es el *noam* al cual nos referimos, continúe también durante la semana.

»El cambio de papeles en el que a veces somos los donadores y otras veces los receptores es el fundamento del servicio divino del pueblo de Israel.

»Durante la **Amidá de la mañana en el resto de los días de la semana,** en particular cuando se recita en el momento preciso de *netz*-el amanecer, a través de nuestro esfuerzo de limpiar nuestras almas de errores pasados, estamos ayudando a devolver a la santa Shejiná la Luz que dejó tras de Ella al bajar a las dimensiones inferiores. Hakadosh Baruj Hu creó el mundo con la intención de permitirnos tomar un papel activo en la santa tarea de restaurar la Luz de la Shejiná, dándonos así la oportunidad de dirigir el mundo con la Luz de nuestra observancia de la Torá.[122] Por lo tanto, con cada una de las bendiciones de la Amidá, le devolvemos a la Shejiná parte de la Luz que dejó detrás, como lo indica el Talmud: [123] «Los Sabios de la Torá aumentan la paz en el mundo, como está escrito: [124] "y todos tus hijos serán enseñados

---

121. Salmos 90, 17; mi traducción se basa en la de Rab Avraham Sutton.

122. Rab Yaacov Hilel, Binian Ariel.

123. Talmud *Berajot* 64a.

124. Isaías 54, 13.

por el Altísimo y grande será la paz de tus hijos"», no leas [b**a**nayij] «tus hijos», sino [b**o**nayij] «tus constructores».

—¡Hey! –exclamó Gueula–. Decimos eso al final de la oración de la mañana. ¡Entonces, eso es lo que significa! Siempre me lo pregunté.

—Otra manera de imbuir a la Shejiná de Luz **con nuestro servicio divino de la semana** es de seguir la costumbre de los primeros Jasidim, quienes, como lo enseña el Talmud,[125] «se preparaban durante una hora, rezaban una hora y luego esperaban otra hora». Esta declaración requiere una explicación. Muchos se han preguntado acerca de su significado. Puede comprenderse la hora antes de la oración como el proceso de despojarse del ropaje físico, e incluso la hora de la oración misma, pero ¿por qué la hora después de la oración? Sin embargo, es precisamente en esos momentos cuando la promesa de ser nuestro compañero del alma está cumpliéndose.

»Después de la oración del anochecer, la Shejiná ha de bajar de nuevo a la dimensión espiritual inferior...

—¿Cómo? ¿Otra vez? ¿Hasta cuándo?

—Hasta la próxima oración, la Amidá de la tarde, y luego nuevamente, hasta la oración del anochecer. Es en los momentos de la oración del anochecer cuando baja la Shejiná a las dimensiones inferiores para reunir las santas chispas de las almas de Sus hijos.[126] Al decir la oración del anochecer estamos, pues, participando en el proceso de elevar las partículas. Enseña Rab Luria que en *arvit*-oración del anochecer, la unificación celestial es con Kneset Israel ellos mismos. Hakadosh Baruj Hu viene a estar con ellos en una unificación que los protegerá durante la noche:[127]

---

125. Talmud *Berajot* 32b.

126. Rab Moshé Luria, «*Vayimaasu beEretz Jemdá [bet]*» en *Sefer Bet Genazái: Eretz Israel*, vol., 1, págs. 57 y sigs.

127. «Yaacov tiken tefilat arvit» en *Bet Genazai al haTorá: Bereshit – Vayetze* [3], págs. 685 y sigs.

תפלת שחרית ומנחה כשיש עוד אור היום מורה על השראת השכינה בעת אורה אבל תפלת ערבית מורה על יחוד [...] עם כנ״י גם בעת חושך ולילה [...]

Las oraciones de la mañana y de la tarde [dichas] a la luz del día indican la cercanía de la Shejiná en los momentos de Su plenitud, pero la oración del anochecer alude a la unificación con la Comunidad de Israel en los momentos de la oscuridad de la noche.

—¡Nunca supe hasta qué punto al decir la oración del anochecer estamos activando la protección Divina en los momentos que más la necesitamos! ¡Qué lástima que no me diera cuenta de ello! –exclamó Gueula–. Pero, por favor, sigue explicándome lo que decías acerca de la Shejiná después de la oración de la mañana.

—Cuando baja la Shejiná después de la oración de la mañana, los que pueden permanecer involucrados con la Torá, sea estudiando Torá, leyendo salmos, preparando la *parashá* del Shabat u otra ocupación similar, están actuando como Su compañero del alma.[128] Los Sabios de la Torá reciben un alma adicional todos los días en los momentos de la oración y algunos incluso merecen retenerla a través de su involucración en la Torá después de la oración de la mañana, recuperando así la cercanía ardiente del Shabat por la tarde. Además, con cada *mitzvá* que cumplimos estamos ayudando a la Shejiná a recobrar Su Luz, así como unificándola con Su Amado, y en recompensa merecemos ser parte de la promesa Divina: «Seré su compañero del alma».

Gueula movió la cabeza.

—Me pregunto cómo voy a integrar todo esto en la vida que me espera cuando pueda regresar a mi hogar –dijo–, porque después de ser consciente de esta tremenda conexión interior, no puede retrocederse…

—Mañana no existe –dijo la Voz–. Vive siempre en el momento. Como enseñó Hilel el Anciano:[129] «Si no ahora, ¿cuándo?».

—¿Qué significa? –preguntó.

---

128. Después de la oración de la mañana es, pues, el mejor momento para leer los versículos de la selección diaria del JoK leIsrael para unir la Torá Oral, asociada con la Shejiná, con la Torá Escrita.

129. *Pirkei Avot*.

—¡Que no tienes todo el tiempo del mundo!

—No, no, no –se quejó Gueula–. ¡No puedes deshacerte de mí de este modo!

—¿No estás dando por sentado mi presencia aquí contigo? –preguntó la Voz con tono deliberado.

Gueula cerró los ojos y permaneció en silencio durante largo tiempo. Luego comenzó a cantar,

—«Si tuviéramos la boca llena de canción...». ¿Recuerdas nuestra canción? –preguntó, enjugándose una lágrima–. Algunas cosas son tan grandes que no puedes decir gracias. Hazme el favor, continúa.

Perceptiblemente emocionada, continuó la Voz:

—Han predicho que el universo físico tal como lo conocemos duraría seis mil años antes de que venga la Redención.[130] El tiempo que tenemos en este mundo para cumplir nuestra misión es determinado. Cada alma recibe un período de tiempo específico para su labor y dentro de este tiempo, se ha de contar cada momento. En otras palabras... –la Voz hizo una pausa y añadió–: Completa tú mi pensamiento.

—Es como si yo hubiera venido al mundo a construir una casa. Si en el momento que tenía que poner el ladrillo que completaba la ventana de mi casa estoy ocupada haciendo otra cosa, entonces en mi casa siempre habrá corrientes de aire porque no encontraré otro momento para poner los ladrillos que preciso en ese lugar –dijo Gueula con una sonrisa.

—¡Bien! –aprobó la Voz–. En otras palabras, si dices la oración de la mañana hacia el mediodía, siempre que lo hagas antes del punto de *jatzot*-mediodía como lo comprenden los Sabios, aun así, cumplirías una *mitzvá,* pero ya no estarás ayudando a la Shejiná ni participando en la unificación que sucede Arriba en el momento que la Comunidad de Israel dice esta oración aquí abajo.

—¡Un momento! –exclamó Gueula–. ¡Siempre pensé que las mujeres no recibieron la responsabilidad de las *mitzvot* que han de cumplirse en un tiempo específico del día!

---

130. Véase Rab Moshé Schatz, *Introducción a Reshit Jojmá-El portal del amor,* trad. Simja H. Benyosef. Ediciones Obelisco, Barcelona, España, 2014.

—Tienes razón –dijo la Voz–. No la tienen; y como dije, si dices tu oración de la mañana al mediodía, habrás cumplido tu obligación. No obstante, si haces el esfuerzo de decirla en las primeras tres horas del día después del *netz*-amanecer, tu oración ayudaría a imbuir tu alma con fuerza espiritual debido a la unificación celestial que sucede en ese momento.

»Pero deja que siga explicándote el significado místico de la Amidá del Shabat por la tarde –dijo la Voz–. El nivel de revelación en que Hashem actúa como Rey, *Zeír Anpín,* adquiere una luz aún más elevada que la de la mañana, y en nuestro tiempo, la Shejiná no puede subir tan alto el Shabat.

»Como anota Rab Luria,[131] el Arí z"l explica que en los momentos de Minjá, cuando abren las puertas del Arca para sacar el Rollo de la Torá, decimos un versículo que expresa la petición de la Shejiná:

—Espera: ¿Qué pide la Shejiná?

—Favor Divino. Escucha el versículo:[132]

En cuanto a mí, mi oración a Ti Hashem,	וַאֲנִי תְפִלָּתִי לְךָ ה׳
en este momento de favor Divino,	עֵת רָצון
oh, justo Creador,	אֱ-לֹ-הִי-ם
en la abundancia de Tu bondad	בְּרָב חַסְדֶּךָ
respóndeme,	עֲנֵנִי בֶּאֱמֶת יִשְׁעֶךָ
asegurándome Tu salvación.	

»Estamos pidiendo que desde donde se encuentra ahora la Shejiná, que Ella también reciba esta excelsa Luz de la *Ratzón*-Voluntad Divina. Queremos mostrar que, al contrario que los otros días de la semana, este momento del Shabat es favorable, pleno de amor y compasión, porque la *Ratzón* Divina oculta que dio lugar a la creación está ahora revelada.

—¡Guau! –susurró Gueula–. ¡Estamos pidiendo por Ella! ¡El saber esto basta para darme la energía de ir a la sinagoga el Shabat para Min-

131. Rab Moshé Luria, «*VaAní Tefilatí lejá Hashem Et Ratzón*», en *Pitjé Tefilá*, vol. 3, págs. 364 y sigs.
132. Salmos 69, 14.

já, ya que hay que decir este versículo cuando el Arca de la Torá está abierta, aunque sólo sea por crear ese efecto en el mundo celestial! ¿Y el final del versículo? ¿Qué intención debería tener al decirlo?

—«Elohim, en la abundancia de Tu bondad...». Anota Rab Luria que podemos ver este versículo como la continuación de nuestra oración. El Nombre Divino *Elohim* es uno de los Nombres sagrados identificado con la Shejiná: en este excelso momento de favor pide la Shejiná que sea la Voluntad Divina de renovar la creación por otros siete días. Por tanto, nosotros expresamos Su plegaria: «Respóndeme, asegurándome Tu salvación».

»Después de la lectura de la Torá, recitaremos la Amidá de Minjá, y es allí cuando mereceremos la cercanía asombrosa en la que la Shejiná es nuestra compañera del alma, porque las almas de todos los que dicen Minjá en estos momentos forman la entidad espiritual de Kneset Israel ellos mismos. En este momento, hacemos de *merkavá*-vehículo en el que asciende la Shejiná a un nivel de revelación más alto que en el que se estuvo en Musaf.

»Participamos en la elevación de la Shejiná en otros tres momentos de la oración Minjá de Shabat: mientras decimos los tres versículos que comienzan con la palabra צִדְקָתְךָ que aluden a la *tzedek,* que significa rectitud o también justicia de Hashem. Al leer estos tres versículos hemos de tener en mente recibir el último nivel del alma adicional del Shabat.

»Decimos las palabras «un resplandor de grandeza»-תִּפְאֶרֶת גְּדֻלָּה en la Amidá del Shabat por la tarde. Estas palabras aluden al orgullo de Hashem por nosotros, Su pueblo especial, ya que nuestros esfuerzos por causar la alegría Celestial en Shabat en general y nuestro *avodat Hashem* en la Amidá de Minjá en particular han contribuido a la unificación Celestial en la Amidá de Musaf. Vemos Su orgullo en este versículo:[133] «Israel, en quien seré glorificado *(etpaer)*». *etpaer*-**אתפאר**

»Las letras ת, פ y ר de la palabra **אתפאר** son la base de la palabra תִּפְאֶרֶת. Hashem nos considera ahora lo que decimos a continuación, «una corona de salvación»-וַעֲטֶרֶת יְשׁוּעָה. De nuevo, si buscamos más

133. Isaías 49, 3.

allá de la traducción literal, en la expresión «una corona de salvación» notamos la palabra *ateret*-corona, y nos recuerda la *eshet jayil ateret baalá*-una mujer de valor, quien es una corona para su esposo.[134] Y ésta es la grandeza de este momento porque hay una alusión a nosotros, Kneset Israel, aquí abajo, en las palabras *ateret yeshuá*-una corona de salvación.

»Y como decimos en la Amidá del Shabat por la tarde...

—... *Veyanuju bam*-וְיָנוּחוּ בָם en la forma plural –dijo Gueula con una sonrisa.

—¿Te has fijado cuántas veces aparece la palabra *menujá*-descanso en esta Amidá?[135] La menujá en este caso no sólo se refiere a la restricción de actividad creativa, ya que esta restricción sólo nos proporciona la *menujá* externa que nos ayudará a penetrar a lo más recóndito de la experiencia de Shabat. El fruto dentro de la cáscara es la menujá interior de la unificación, es decir, la excelsa armonía que sólo puede encontrarse al estar unido con el compañero del alma. Mencionamos antes que la mujer sólo encuentra verdadera *menujá* en el hogar de su esposo. Por lo tanto, la palabra *menujá* alude aquí a la íntima cercanía cuya cumbre está en la Amidá del Shabat por la tarde. Y decimos: מְנוּחָה שְׁלֵמָה שָׁאַתָּה רוֹצֶה בָּהּ -«Un Descanso perfecto en el que Tú encuentres favor», porque si puede decirse, Hashem desea esta cercanía también, y por tanto este momento especial nos viene desde Arriba.

»Concluimos este párrafo con las palabras: יַכִּירוּ בָנֶיךָ וְיֵדְעוּ כִּי מֵאִתְּךָ הִיא מְנוּחָתָם וְעַל מְנוּחָתָם יַקְדִּישׁוּ אֶת שְׁמֶךָ:- «Que reconozcan Tus hijos y sepan que de Ti viene su *menujá*-descanso, y por su *menujá* santifiquen Tu Nombre».

»Al llegar el momento de leer estas palabras, estamos listos a morir en *kidush Hashem*-santificar a Hashem. –Gueula asintió en silencio.

»Al decir las palabras finales del párrafo acerca de la santificación del Nombre de Hashem, podemos imaginar que estamos en las manos del enemigo...

»Eso no me será difícil –musitó Gueula con una sonrisa triste.

---

134. Proverbios 12, 4.

135. Véase al respecto «Yom Menujá uKedushá» en *Maamaréi Shabat*, 2.ª ed., págs. 597 y sigs.

—... y que te están forzando a cometer un acto de idolatría. Puedes, entonces, imaginar que entregas la vida en *kidush Hashem* para no caer en la idolatría.

»De algún modo, cuando mostramos entrega total al *avodat Hashem* de modo que ni siquiera nuestra vida es un obstáculo, podemos recibir la *shefa* Divina de *Atika Kadisha* al nivel de *Keter* que Hashem está dirigiendo hacia abajo en este momento. Y, dicho sea de paso, por eso merecemos el nombre de *goy ejad*-nación única, como indicado en la Amidá de Minjá: אַתָּה אֶחָד וְשִׁמְךָ אֶחָד. וּמִי כְּעַמְּךָ כְּיִשְׂרָאֵל גּוֹי אֶחָד בָּאָרֶץ -«Tú eres Uno y Tu Nombre es Uno, y quién como Tu pueblo Israel, nación *única* en la tierra». La palabra *ejad*-única alude a la luz de *Atika Kadisha* revelada en los Trece Atributos de Compasión que se consideran una sola entidad. A ese nivel, el amor y la bondad Divinos son tan incondicionales como completos y ahí es donde estamos ahora. Es en este momento de la experiencia del Shabat cuando podemos decir de pleno corazón: Hashem Tus hijos saben que *de* Ti viene su menujá- כִּי מֵאִתְּךָ הִיא מְנוּחָתָם. Si nos fijamos en las letras hebreas de *meitejá,* מֵאִתְּךָ notamos primero *me et* (מאת), que significa «de» y luego la letra *caf* (כ), la letra inicial de *Keter* (כתר).

—¡Tremendo! –dijo Gueula–. Es de ahí de donde proviene nuestra *menujá* en este momento.

—Tres pasos hacia atrás: el deleite espiritual de la cercanía a Hashem ya no es tan vivo como durante la Amidá. Sin embargo, su impresión perdura en nosotros durante la tercera comida de Shabat, la más alta, porque en estos momentos, ***nosotros, Kneset Israel,* somos la *calá*-novia,** ¿comprendes?

—Me doy cuenta de lo que me estás diciendo –comentó Gueula–. Sólo con pensar en lo que acabas de decirme, que en esta *seudá* somos la *calá,* no podré contener el sentido de deleite. Gracias –terminó.

—O sea, que por nuestra parte, duplicamos la plegaria de la Shejiná que se renueve la creación otros siete días para que podamos probar de nuevo esta cercanía el próximo Shabat.[136]

---

136. *Pitjéi Tefilá*, vol. 3, p. 140.

»La cualidad durante el tiempo el Shabat por la tarde evoca el versículo:[137] וַיִּפְגַּע בַּמָּקוֹם וַיָּלֶן שָׁם כִּי בָא הַשֶּׁמֶשׁ -«Se topó con el lugar y allí pasó la noche, pues el sol se había puesto».[138] El versículo se refiere al patriarca Yaacov antes de que tuviera su sueño de la escala celestial.

»Rashi expresa dificultad en comprender el versículo porque según las reglas de la gramática hebrea, debería haber dicho que el sol se estaba poniendo en el horizonte y por lo tanto Yaacov tuvo que pasar la noche allá. Sin embargo, no es eso lo que dice el versículo. Las palabras כִּי בָא הַשֶּׁמֶשׁ -pues el sol se había puesto implican que el sol se había puesto para él, de pronto, no en su tiempo habitual, para que él pasara la noche allá.

»Enseña el Midrash que Yaacov trató de continuar su viaje, pero repentinamente, el mundo se le presentó como una pared ante él, porque el sol se había puesto. Las dos palabras hebreas se había puesto- כִּי בָא deben pues leerse como una sola, apagado-כִּיבָה, como si Hashem hubiese apagado la luz del sol no en su momento habitual, para hablar con Su amado Yaacov en privado. El Midrash ilustra esta idea con un ejemplo. Puede compararse a un rey que recibe la visita repentina de un amado amigo y pide: apaguen las linternas, porque quiero hablar con mi amigo en privado. Asimismo, Hakadosh Baruj Hu apagó la luz del sol para hablar con Yaacov en privado.

—No me queda claro lo que estás diciendo –se quejó Gueula–, y por eso me cuesta comprender el Midrash. ¿Cómo puede la presencia de otros disminuir la calidad de un encuentro? ¡Los otros no pueden oír lo que están diciendo los compañeros!

—Te mencioné que un no judío que observa el Shabat merece la pena de muerte. El ejemplo para ilustrar esta severa advertencia es el de un rey que está junto con su esposa la reina. Viene una persona y pone su cabeza entre ellos…

—Sí, lo recuerdo –interpuso Gueula–, y queda claro que en el ejemplo que me has puesto, la persona está interrumpiendo el estrecho vínculo entre el rey y la reina. Pero, por otra parte, no es evidente cómo

137. Génesis, 28:11.

138. Rab Moshé Luria, «Maamar Vayalán sham ki ba hashemesh», en *Bet Genazái al haTorá; Bereshit,* vol. 2, págs. 692y sigs.

un no-judío que observa el Shabat está interrumpiendo la unión entre Hakadosh Baruj Hu e Israel.

—Lo comprenderás cuando discutamos las dos palabras clave en este contexto: una es *daat*-conocimiento íntimo, y la otra es *hasajat hadaat. Daat* es el conocimiento del amor Divino, y su característica esencial es *hasajat hadaat*-exclusividad total. En otras palabras, en la presencia de tal vínculo no hay lugar para ningún otro. El vínculo de *daat*-amor exclusivo entre el Altísimo y los Hijos de Israel fue expresado por el profeta:[139] רַק אֶתְכֶם יָדַעְתִּי מִכֹּל מִשְׁפְּחוֹת האדמה:-«Sólo a vosotros he amado de entre todas las familias de la tierra».

—Lo principal aquí es que en cuanto hay otro elemento presente, el conocimiento íntimo del *daat* ya no es relevante.[140] Moshé le pidió pues a Hakadosh Baruj Hu que Su Shejiná residiera exclusivamente con el pueblo de Israel:[141] «Yo y Tu pueblo nos distinguiremos de todos los pueblos sobre la faz de la tierra». Rashi explica su plegaria: «¡Que Tu Shejiná no resida más con las otras naciones del mundo!»

—De nuevo, tengo que confesarte que no comprendo la plegaria de Moshé, ya que, ¿qué malo tendría si la Presencia de la Shejiná residiera en miembros rectos de las naciones del mundo si verdaderamente lo merecieran?

—El significado profundo de la palabra *daat* es la unificación Celestial entre Hakadosh Baruj Hu y las almas colectivas de Israel. Por consiguiente, Moshé estaba pidiendo que la unificación fuera solamente entre el Altísimo y la Comunidad de Israel, porque si la Shejiná residiera también con las naciones, la calidad de *devekut* entre Israel y Hakadosh Baruj Hu disminuiría.

—¡Ahh! ¡Entonces, no! ¡Ahora sí que comprendo lo que pidió Moshé!

—Hemos visto que al contrario que todas las otras *mitzvot,* la de observar el Shabat es, como decimos en la Amidá del Shabat por la tarde, para que «reconozcan Tus hijos y sepan que de Ti viene su *me-*

139. Amós 3, 2; traducción mía.

140. Rab Moshé Luria, «*Yikavu haMayim el Makom Ejad*», en *Bet Genazái al haTorá: Bereshit* vol. 1, págs. 51 y sigs.

141. Éxodo 33, 16.

nujá-descanso». Este «descanso» alude a un período del íntimo conocimiento del amor que exige la exclusividad. Es decir, hemos de estar totalmente entregados a esta íntima cercanía e inconscientes de cualquier razón de tristeza o preocupación, como si hubiésemos terminado todo cuanto tuviésemos que hacer. Hemos de centrarnos en nuestro amor y apego a Hakadosh Baruj Hu, excluyendo todo lo otro.

»Vamos a reconsiderar ahora la historia del Midrash acerca del rey y su visitante –sugirió la Voz–. El rey desea un momento de intimidad con su amado; no quiere que esté nadie presente para poder concentrarse en su vínculo con su amado, sin distraer su atención con nada más. Y esto es lo que nos enseña el encuentro de Yaakov. Es decir, el sol se puso para indicar la calidad del vínculo que desea Hashem con todos los Hijos de Israel que descenderían de Yaakov: un vínculo íntimo de amor y apego en el que no hay nada que pueda distraer nuestro enfoque en este vínculo.

—¿No es mucho pedir de nosotros –objetó Gueula–, particularmente en nuestro tiempo, en el que todo contribuye a atraer nuestra atención a una cosa o a la otra?

—El alma adicional del Shabat te da la capacidad de hacerlo, si es lo que deseas con toda tu alma –respondió la Voz–. Siempre que sea eso lo que deseemos, siempre que lo ansiemos con cada fibra de nuestro ser.

—Me parece recordar que alguien me dijo una vez que el viernes por la tarde también es un momento en que se desea de nosotros *hasajat hadaat*-exclusividad total, o sea, no pensar en otra cosa que en nuestro vínculo con Hashem. En mi opinión, el viernes por la tarde me sería casi imposible de hacerlo. En cambio, debo confesar que el Shabat por la tarde sí que se podría intentar –comentó Gueula.

—¡Buena observación! –aprobó la Voz–. Han señalado nuestros Sabios que el patriarca Avraham se refería al recinto del Santo Templo como *har*-monte, mientras Yitzjak se refería a él como *sadé*-campo. En cambio, Yaacov se refería al precinto del Templo como *bayit*-hogar, evocando un espacio limitado en el que no se permiten presencias ajenas. Como resultado, el Shabat se denomina נַחֲלַת יַעֲקֹב אָבִיךָ-una herencia de nuestro padre Yaacov, porque estas palabras transmiten el significado del Shabat: un espacio interior de unión total, evitando toda intromisión ajena. Por eso dicen los Sabios que recibió Yaakov una herencia ilimitada. Creo que pueden aludir a esa clase de *devekut* que no está limitada por un elemento ajeno que disminuya la plena revelación de este vínculo.

»Además, existe otra razón por la cual es Yaacov quien nos muestra este vínculo íntimo con Hashem que tenemos sobre todo en el Shabat. El amor único que compartía Yaacov con su esposa Rajel ayudó a iniciar el amor del Novio y la Novia en el mundo celestial y a extenderlo a Kneset Israel de abajo. Un hombre cuya relación con su esposa es como la de Yaacov con Rajel no habla de amar a su esposa; lo que siente por ella es más que amor. Es como si su esposa formara parte de su propio ser y, en este sentido, su amor va más allá que las emociones. Las emociones pueden verse como una clase de luz en el sentido de que sabemos dónde estamos, podemos identificar nuestros sentimientos. Sin embargo, hay veces en las que estamos más allá de las emociones, y quien mire hacia adentro en este momento del Shabat puede encontrar que no es el amor de Hashem lo que encuentra, sino un infinito deseo de fusionarse con la Fuente. Asimismo, al sentarnos a la tercera *seudá* del Shabat, nosotros mismos estamos más allá del nivel de las emociones.

—Esto puede ser porque estás en un nivel muy exaltado, pero también puede ser porque has caído muy bajo..., porque ni siquiera sabes quién eres –musitó Gueula, como hablando consigo mismo.

—Pero piénsalo de este modo. ¿No es posible que sea por esta razón por lo que habías de encontrarte en esta situación? Porque a no ser por ello, nunca lograrías concentrarte exclusivamente en tu relación con Hashem.

»A veces el hombre se encuentra en una situación en la que se siente totalmente separado del ámbito Divino y la sensación de haber caído a las profundidades es lo que le da el impulso de energía de comenzar a ascender a la Fuente. Sin embargo, en cuanto hace un esfuerzo por imbuirse de energía pensando que es para Hashem, no para él, la Luz Divina se enfocará en él con la fuerza del imán más potente, para ayudarle a alcanzar un punto de re-unión más elevado que el que tenía anteriormente –dijo la Voz tratando de animarla.

—Gracias, gracias –susurró Gueula después de un momento de pausa en el que trató de integrar lo que estaba diciéndole–. Ahora me siento lista a decir la Amidá de la tarde.

Capítulo catorce – Compañeros del alma

- Repetición de Musaf: la unificación es con las almas colectivas del pueblo de Israel abajo
- Significado del versículo que decimos *vihi noam* al terminar el Shabat
- No leas *[banayij]* «tus hijos», sino *[bonayij]* «tus constructores»
- En qué consiste el servicio espiritual de «compañero del alma».
- En la tercera *seudá* de Shabat nosotros, las almas colectivas de Israel aquí abajo, somos la *calá,* novia.
- Conceptos de *daat*-conocimiento íntimo y *hasajat hadaat*-exclusividad total.

Capítulo quince

El punto culminante del Shabat

Gueula retrocedió tres pasos y miró a su alrededor, como si tuviera que examinar el lugar en que se encontraba. Se sentó un rato, tratando de ahuyentar todo su ruido interior y conectarse en el mundo celestial. Después de lo que le pareció largo tiempo, la Voz habló con ella.

—Cuando llega el momento de sentarnos a la tercera *seudá*-comida, ya hemos dicho Minjá, y está bajando hacia nosotros la excelsa Luz de la Voluntad Divina oculta. Con la ayuda de esta *seudá* podemos ahora canalizarla para que llegue dentro nosotros: por eso son éstos los momentos más elevados del Shabat. En cambio, por la mañana en el momento de Musaf era el momento más elevado para la Shejiná en el mundo celestial (Kneset Israel de Arriba), porque estaba recibiendo *shefa* Divina directamente de la Fuente.

»Es en este momento cuando somos llamados *goy ejad*-nación única, y después del encuentro especial de la Amidá de la tarde, cuando nos sentamos a la tercera comida, hacemos el papel de la *eshet jayil*-mujer de valor,[142] quien suscita el orgullo Divino. Es muy importante sentarse juntos a la tercera comida representando así a Kneset Israel, ya que sólo así estamos haciendo de compañeros del alma que comparten la alegría del Amado al gozar juntos de una *seudá* especial.

—No tengo hambre ahora –dijo Gueula.

—Has de tener en cuenta que quien quiere hacer de compañero del alma se asegurará de comer menos en la segunda seudá para poder honrar a Hashem en la tercera. Además, tratará de decir la oración de

142. Proverbios, 12:4.

la mañana más temprano para poder sentarse a la segunda *seudá* más temprano también.

»Nos dice el Zóhar que hay un ángel *jayá* que nos observa durante las *seudot* del Shabat. Los ángeles derivan deleite del deleite que sienten los hombres en el Shabat y les dan una bendición a los que se han esforzado por sentir deleite. En la tercera seudá este ángel tiene el permiso Celestial de bendecir al amo y a la ama de la casa. Dice este Zóhar:[143] ¿Y qué clase de bendición da la *jayá* a cada mesa que esté puesta, y en la cual se deleitan los participantes como se debe?[144] *Entonces te deleitaras en el Altísimo...*[145] [...] *porque la boca de Hashem así lo ha dicho.* Y todos [los otros ángeles] dirán, [añadiendo a la bendición de la *jayá]:*[146] *Y llamarás y el Altísimo te responderá. Clamarás y Él te contestará, «Heme aquí».* Cuando se deleita uno en la mesa de Shabat en las tres *seudot,* un espíritu Celestial dice en la tercera *seudá,* completando así [la primera bendición]:[147] *Entonces brillará tu luz como la mañana [...] y la Gloria del Altísimo te seguirá.*

—¡Bueno, pues me has convencido! –dijo Gueula, levantándose.

Fue al estante en el que estaba la comida y se sirvió de varias clases distintas de pescado ahumado. Se fijó en las ensaladas que había y movió la cabeza, estupefacta ante la cantidad de comida que le habían traído; los colores vivos de las ensaladas le tentaban el apetito. Se sirvió y regresó a la mesa.

—¿Debo decir *kidush* con el vino como lo hice para las otras dos *seudot?* –preguntó.

—¡No! Nos advierte el Arí z'l que en la tercera *seudá* no decimos *kidush* sobre el vino como en las otras dos *seudot.* Es recomendable tomar vino después de recitar la bendición apropiada, pero hacia la mitad de la *seudá* y no a su principio como en las otras *seudot*[148] –dijo la Voz.

---

143. Zóhar *Pikudéi*, pág. 252b. Todas las explicaciones incluidas en la cita del Zóhar provienen de Rab Daniel Frish, *Matok Midevash.*

144. Isaías 58, 14.

145. Incluido el resto del versículo, «y te haré cabalgar sobre los lugares elevados de la tierra, y te alimentará con la herencia de Yaacov tu padre».

146. Isaías 58, 9.

147. Isaías 58, 8.

148. Véase *Pri Etz Jayim – Shaar haShabat, perek* 24.

»Es en este momento del Shabat cuando puedes conectarte con Hashem al nivel excelso del que hablamos. Hemos sentido amor y temor reverencial de Hashem en la noche del Shabat, amor y deleite la mañana del Shabat, y ahora, después de Minjá-la oración de la tarde, estamos listos a trepar al último eslabón al lugar en que queremos apasionadamente lo que Hashem quiere...

—La *Gueulá*-Redención –dijo la joven en voz baja.

Se abrió la puerta bruscamente e irrumpió Fatma en la habitación.

—Acabo de oír que anoche alguien rompió la barrera que rodea tu prisión y que no van a poder repararlo hasta mañana por la mañana. ¡Puedes escaparte! ¡Ahora!

—¿Escaparme? –repitió Gueula como si se hubiese quedada muda de asombro–. Estoy en Marruecos. ¿Adónde puedo ir?

—Hay un bosque que rodea esta propiedad, pero en el punto en que se rompió la barrera se ve claramente un sendero; si lo sigues, llegarás finalmente al *shuk*-mercado al aire libre. Mañana es domingo, pero los puestos se abren bastante temprano. No me cabe duda de que encontrarás alguien quien te ayude... Ahí es donde podría tu Dios entrar en acción, me imagino. Puedes pedirle que te haga un milagro.

—Estaba en acción, conmigo, desde el principio, y... nosotros no pedimos milagros –respondió Gueula como automáticamente–. Aceptamos Sus decretos sobre nosotros, aunque no los comprendamos. –Hizo una pausa y añadió–: ¿Y tú, Fatma? ¿No va él a acusarte de haberme ayudado? ¡Me imagino que para él serías la sospechosa número uno!

—He aprendido mucho de ti –dijo la joven árabe–. He aprendido que soy yo quien debo abrir mi burbuja y salir de ella, confiando en el Ser Supremo, tú le llamas de una manera y yo de otra, pero Él es quien está detrás de todo lo que nos sucede. He aprendido la fuerza incondicional de la amistad, de la bondad. No tengo miedo. El que claramente te ha estado protegiendo se asegurará de que nada malo me pase a mí tampoco –terminó con serenidad, y después de un momento añadió–: Me encantaría poder expresarme a través de una canción, como lo haces tú.

—Te cantaré una canción que aprendí… no recuerdo dónde –dijo Gueula.[149]

Somos verdaderamente distintas, cada una con su camino emprendido.
Nada en común; nunca fuimos iguales.
Y, sin embargo, hemos sido buenas amigas, reímos y lloramos juntas.
Pensamos que nunca terminaría.
Y trepé mil alturas, porque tú me inspiraste.
Y toqué mil almas, porque me enseñaste la solicitud y el cariño.
¡Pero sin mil palabras no sé cómo darte las gracias por ello!
Querida amiga, has formado mi vida entre tus manos.
Yo estaba muy confusa y tú me ayudaste a comprender.
Pero ahora que hemos de separarnos, cada cual por su camino,
la diferencia que causaste en mí permanecerá en mi corazón.
Pero incluso cuando cada una de nosotras emprenda su propio camino,
me quedaré esperando el día en que murmure el tiempo.
Ahora tienes la oportunidad de corresponder…
Y trepé mil alturas, porque tú me inspiraste.
Y toqué mil almas, porque me enseñaste la solicitud y el cariño
¡Pero sin mil palabras no sé cómo darte las gracias por ello!
Dime, por favor, cómo me diste tu todo.

Fatma estaba llorando.

—¡Cómo desearía que te pudieras quedar!... Pero tengo que dejarte ir… –Las dos muchachas se abrazaron.

—¡Y yo quisiera que pudieras venirte conmigo! –suspiró Gueula–. Pero tú tienes que pensar en tus hijos. Yo también he aprendido de ti, ¿sabes? Aprendí el regalo de la amistad incondicional. ¡Estoy muy agradecida por tu presencia aquí desde el principio!

Salió Fatma del cuarto y Gueula se sentó con pesadez.

—¿Estás aquí? –preguntó–. No puedo creer lo que acaba de suceder. Y cuanto más pienso en ello, más me viene que, en realidad, ¡no quiero irme de aquí!

---

149. La autora de la canción original es la señora Adina Stilerman. Puedo enviar una copia electrónica de la canción cantada por una experta si se solicita por correo electrónico, así como la de la versión original inglesa.

—¿Qué quieres decir? –interrogó la Voz–. ¿Es que es una opción de quedarte aquí?

—Mi captor me dijo que no me pondría la mano encima. ¡Y mira qué clase de Shabat me han traído!

—¿Crees que en eso consiste el Shabat? –replicó la Voz–. Tenemos que «hacer» el Shabat. Es nuestro privilegio limpiar la casa y preparar deliciosas *seudot* para el Rey. Aquí te lo están haciendo todo. ¿Es eso lo que quieres? ¿En eso se basa tu relación? Me recuerdas a los Hijos de Israel mientras que estaban en el desierto. ¡Estaban poco dispuestos a entrar en la Tierra de Israel porque querían conservar el maná que recibían incondicionalmente; querían seguir siendo «receptores» en su relación con Hashem en lugar de crecer en un vínculo maduro en el sólo quieres dar, y ahí es cuando empiezas verdaderamente a recibir!

—¡Tengo miedo! –susurró la joven–. Está oscureciendo afuera y he visto en el calendario que es *Rosh Jodesh*-el nuevo mes esta noche:[150] ¡No habrá luna para iluminarme el camino!

—Si no te escapas ahora, en el momento más excelso del Shabat, no creo que tengas otra oportunidad de reunir el valor de hacerlo –dijo la Voz enigmáticamente, y no añadió más.

—¡No te vayas ahora, cuando más te necesito! –gimió Gueula.

Nada. No le vino ninguna respuesta. Helada, la muchacha se sentó y permaneció inmóvil. De pronto le pareció que podía oír una canción que cantaban no lejos de ella: «Si tuviéramos la boca llena de canción, tan llena de canción como el mar; si nuestra lengua pudiese cantar como muchas, muchas olas…».

«¿De dónde viene? –se preguntó–. ¡Es probablemente el ángel que vigila mi mesa del Shabat, que me está alentando a irme ya!» se dijo a sí misma. Fue a la pila de la esquina del cuarto, se lavó las puntas de los dedos echándose agua de un vasito de cartón, y regresó a la mesa. Recitó la bendición del sustento, haciendo un valiente esfuerzo por no ponerse a llorar, y se levantó con determinación. Estaba a punto de salir cuando de nuevo irrumpió Fatma en la habitación y le dio una manta.

---

150. El significado profundo de Rosh Jodesh se encuentra más adelante en este libro.

—Lleva esto contigo –le dijo–. Quizás haga frío por la noche...

Gueula le dio un largo abrazo. Se envolvió en la manta y salió del cuarto. Cuando pudo divisar el sendero, corrió, corrió.

Capítulo quince: El punto culminante de Shabat

- Después de Minjá, está bajando hacia nosotros la excelsa Luz de la Voluntad Divina oculta. Con la ayuda de esta *seudá* podemos ahora canalizarla dentro de nosotros: por eso son éstos los momentos más elevados del Shabat
- Nosotros adquirimos el papel *eshet jayil*-mujer de valor, representando a la Shejiná, al participar en esta tercera comida del Shabat
- Ensena el Zóhar que un ángel tiene la misión de vigilar nuestras comidas del Shabat, y bendecirnos para toda la semana en función de lo que vea en nuestra tercera *seudá*
- Quien quiere aspira a ser compañero del alma debe tratar (siempre que dependa de él/ella) de sentarse más temprano a la segunda *seudá,* de comer menos y de no picar entre la segunda y tercera *seudá* para poder honrar a Hashem al comer con apetito en la tercera *seudá.*

Capítulo dieciséis

¡Regreso al hogar!

Gueula se paró en seco y trató de escuchar para ver si la estaban siguiendo, pero sólo había silencio. Siguió adelante, reduciendo la velocidad de su marcha. Interrumpió todos los pensamientos que le resonaban en la mente:

—Concéntrate en seguir adelante –se dijo a sí misma–. Si permites que te supere el pánico, habrás perdido la batalla. ¿Qué fue lo que me dijo? «Aún no puedes ver la salvación, pero ten la confianza-*bitajón* que pronto la vas a ver», creo que *bitajón* es «certidumbre», más que «confianza». Pero él se refería al Shabat, y yo todavía estoy en el Shabat a pesar de que se está oscureciendo rápido, porque ¡aún no he dicho *havdalá!* Me siento muy mal porque estoy cubriendo mucho territorio, rompiendo así los límites del Shabat, pero si me quedará allá estaría poniendo mi vida en peligro. O sea, que estoy escapándome porque estoy en una situación de *pikuaj nefesh,* para salvar mi vida, y debo tener en mente que lo que estoy haciendo es una *mitzvá.*

Se arropó mejor con la manta mientras que trataba de recordar más enseñanzas acerca de la confianza.

–Cuando llegué a este lugar de cautividad, guau, me da la sensación de que fue hace mucho tiempo, me dijo algo así: **la *hashgajá*-intervención Divina personal que vaya a venirnos depende de la medida de la confianza que tengamos.** Depende de la confianza-*bitajón* que tengamos, de tu capacidad por retener la conciencia de que Hashem te está guiando a cada momento y cada cosita que sucede viene de Arriba y es lo mejor.

Gueula anduvo mucho tiempo, siguiendo el sendero que, afortunadamente, estaba bien marcado. Sin embargo, la noche estaba muy oscura y estaba teniendo dificultades de seguir adelante. De pronto chocó con un arbusto que no había visto y se le quedó la manta enganchada entre las espinas. Ahogando un grito de impaciencia, se sacudió con violencia para soltar su manta.

—¡Párate! –se dijo a sí misma–. No seas presa del pánico. Todo es por tu bien, ¿recuerdas? Respira profundamente.

Al concentrarse en su respiración, Gueula miró alrededor y divisó un hueco; era la entrada de una cueva. Dándose cuenta de que no podía continuar sin tener luz, desenganchó su manta y fue a investigar. Al entrar en la cueva miró alrededor y vio que había un pequeño fuego que no había distinguido porque estaba apagándose.

—No tengo muchas opciones –se dijo–. Voy a quedarme aquí hasta que comience el amanecer y Quien me ayudó a escapar me protegerá...

Fue a la esquina de la cueva y se sentó, cerrando los ojos.

—¡Te protegerá si es Su Voluntad! –dijo la Voz.

Gueula abrió los ojos, sentándose abruptamente.

—¡Ah, ahí estás! –dijo–. ¿Dónde estabas cuando más te necesitaba...? No importa –añadió–. Me imagino que tenía que decidir por mí misma, sin tu ayuda. Sí, me doy cuenta de que Él sólo me va a proteger si es Su Voluntad que llegue sana y salva; pero ¿sabes?, ¡sólo estoy ejercitando la característica de *bitajón*-confianza que tú me has enseñado!

—¡Tú ganas ésta! –reconoció la Voz.

Gueula se quedó dormida un rato hasta que algo la despertó. Se sentó bruscamente.

—¿Dónde estás? –preguntó–. No me dejes ahora, por favor.

Trató de escuchar y le pareció oír una canción a la distancia: אֵין עֲרוֹךְ לְךָ ה׳ אֱלֹקֵינוּ בָּעוֹלָם הַזֶּה. וְאֵין זוּלָתְךָ מַלְכֵּנוּ לְחַיֵּי הָעוֹלָם הַבָּא. אֶפֶס בִּלְתְּךָ גּוֹאֲלֵנוּ לִימוֹת הַמָּשִׁיחַ. וּמִי דוֹמֶה לָּךְ מוֹשִׁיעֵנוּ לִתְחִיַּת הַמֵּתִים-No hay comparación contigo, Hashem, nuestro D-s, en este mundo; y no hay nada más que Tú, nuestro Rey, en el Mundo Venidero...

—Creo que estás tratando de decirme algo...

La luz estaba apuntando en el horizonte. Gueula se levantó de un salto y comenzó de nuevo su carrera hacia la libertad.

Jadeando, la joven paró de correr al llegar a un campo más allá del cual podía verse una ciudad cuyas luces estaban despertando. «Sigue, sigue» la golpeaban sus pensamientos.

—Debo primero calmarme –se dijo, pero al respirar profundo, oyó el eco de perros que ladraban a distancia–. Seguro que están persiguiéndome –se dijo, y comenzó a correr de nuevo.

Cerca del campo vio a la derecha un grupo de lo que parecía tiendas de campaña en un vasto terreno.

—¡El *shuk!* –se dijo–. Debe ser el mercado al aire libre, hacia allá voy a dirigirme; será más fácil esconderme en un lugar tan público.

Siguió adelante, tratando de borrar el sonido de los ladridos de su conciencia.

—Si es la Voluntad de Hashem que llegue a casa sana y salva no tienen ningún poder sobre mí… Si no lo es, entonces confío que lo que desee Él para mí es en verdad lo mejor…

Rebuscó en su mente la presencia reconfortante de la Voz, pero no la encontró.

—No importa, está todo bien –se dijo–. Estoy agradecida por lo que he recibido hasta ahora; estas enseñanzas permanecerán conmigo pase lo que pase.

Había cruzado el campo y vio que, de hecho, era un *shuk*, tal como había pensado, aunque la mayoría de los puestos estaban vacíos por la hora temprana. Se metió por un callejón estrecho, buscando gente. A pesar de su agotamiento, seguía corriendo, su corazón latiendo fuerte. De pronto vio a distancia un vendedor que abría su puesto; un muchacho lo estaba ayudando. Aceleró el paso en su dirección. Cuando estaba por llegar, sin embargo, se resbaló en una bolsa de basura tirada en el suelo, que no había visto debido a su visión borrosa, y se cayó hacia delante con pesadez, sobre el puesto que el hombre acaba de destapar, cubierto por una selección de especias multicolores.

Aturdida por su caída, permaneció un rato sin moverse mientras se recuperaba, totalmente inconsciente de las exclamaciones de consternación del vendedor.

No muy lejos de esta escena, una joven pareja bajaba las escaleras de un majestuoso hotel, y la mujer estaba quejándose a su marido acerca de la llegada adelantada de su avión, y como consecuencia la dirección del hotel les había pedido que esperasen mientras se preparaba su habitación.

—El hombre de la recepción sugirió que fuéramos a visitar el *shuk,* que está abierto a esta hora –dijo su esposo–. Vayamos y veamos si podemos comprar algunas cosas para que podamos picar cuando estemos en la habitación.

Gueula seguía tendida sobre la selección de especias cuando creyó que estaba soñando o alucinando, porque le pareció escuchar voces israelíes detrás de ella.

—Mira –oyó–. ¡Qué escena tan extraordinaria! ¡Rápido, tómale una foto con tu cámara y mandémosla a YouTube! –El *flash* cegador de la cámara en sus ojos fue lo único que supo antes de perder el conocimiento de puro agotamiento.

En Israel, Tehilá estaba en casa de Batia. Las dos muchachas habían decidido encontrarse algunas veces por semana para estudiar la Torá juntas con la intención de enviarle méritos a Gueula. Tehilá tenía en la mano un texto que había estudiado antes con su padre, y ahora pensaba repasarlo con Batia.

—¿Qué vamos a estudiar hoy? –preguntó la joven anfitriona mientras que le servía a su amiga zumo de manzanas y un tazón de patatas fritas.

—Vamos a estudiar acerca de cómo prepararse para el Shabat, y cómo lograr hacerlo a tiempo, que son dos cosas totalmente distintas –dijo Tehilá.

—¡Sí! –sonrió Batia–. Es muy difícil. Me fijé el último viernes cuando estaba ayudándote a prepararlo todo: estábamos casi listas, pero en el último momento pasó algo y… sonó la campana del Shabat.

Se escuchó un grito del cuarto contiguo. Era Dmitri, el padre de Batia.

—¡Mirad, chicas, venid rápido! Estoy navegando por Internet y acaban de subir una imagen en YouTube. Se parece mucho a tu amiga desaparecida, Batia.

Las jóvenes se levantaron de un salto y corrieron al otro cuarto justo a tiempo para ver la cara de Gueula, totalmente identificable a pesar de las especias que le manchaban la piel, los ojos imbuidos de terror.

—¡Gueula! –gritó Tehilá–. Es mi hermana, es mi hermana…

En el acto, el hombre se puso en acción cogiendo el teléfono para llamar a la policía. En unas horas la *Shin Bet*-policía secreta tenía a Gueula.

Cuando Gueula recobró el conocimiento, el vendedor de especias le habló bondadosamente. Lejos de estar enfadado con ella, trató de reconfortarla lo mejor que pudo. Al oír su historia, le dijo:

—Mira, no puedes quedarte aquí, corriendo las calles. No puedo ayudarte a regresar a tu hogar y a tus seres queridos, en particular porque has perdido la memoria y no sabes quién eres. También, me es difícil ir a la policía.

«Si quieres, me ofrezco a llevarte a mi casa y mi esposa se ocupará de ti hasta que decidamos cómo podemos seguir ayudándote. No soy lo que parezco –añadió–. Vivo en una casa muy bonita y sólo vendo especias como *hobby*.

Gueula tenía en mente rechazarlo, pero el ladrido de los perros que aún resonaba en su mente la impulsó a aceptar la bondadosa oferta. El vendedor dejó su puesto con su joven ayudante y se dirigió al final del callejón hasta que llegó a un pequeño camión abierto.

—Quizás...–titubeó–, ¿quizás prefieras meterte en uno de esos cajones que llevó en mi camión?

—Sí por favor –dijo Gueula agradecida–. No quiero que me vean.

Unos minutos después, llegaron a una villa rodeada por un muro construido con estuco, con plantas de buganvilla de diferentes colores que trepaban hasta arriba. Cuando entraron vio un patio al estilo árabe con una fuente con su chorro de agua en el centro. El hombre la hizo entrar en la casa, llevándosela a su esposa. La mujer se ocupó de ella de inmediato, y su bondad cariñosa derritió la resistencia de Gueula.

No pasó mucho tiempo después de que el hombre regresara a su puesto, cuando vio a dos hombres acercarse a él. Uno de ellos se sacó una identificación del bolsillo y se la mostró.

—¡Policía! –dijo–. ¿Sabe usted dónde se encuentra una joven a quien algunos vieron caer en su puesto esta mañana?

Cuando Gueula vio que regresaba el vendedor con los dos hombres, se sobresaltó, regresándole el terror, pero después de ver la identificación que le mostraron estalló en lágrimas.

—¿Es usted Gueula Levy? –le preguntó el policía.

Gueula movió la cabeza.

—Lo siento, pero no tengo la menor idea de quién soy. Perdí la memoria después de que mi raptor me golpease en la cabeza.

—Bueno, pues según lo que estoy viendo, no me cabe duda de que es usted la persona que hemos estado buscando durante toda la semana pasada. Si acepta usted seguirnos la enviaremos de regreso a Israel por avión.

—Sí, por favor –dijo la joven.

Al salir del avión, unas horas más tarde, Gueula se sintió entumecida. «Dirige mis pasos, por favor» pedía en silencio. Una muchacha estaba corriendo en su dirección, y cayó en sus brazos, abrazándola, llorando. Gueula se enderezó y la miró estupefacta. Es igual que yo –pensó–, y ¡tiene un lunar sobre el labio! ¡Eso es lo que estaba yo buscando al mirarme al espejo en Marruecos!».

—Pero… ¿qué te pasa? –exclamó Tehilá al ver la mirada vacía en los ojos de su melliza.

Llegó Reubén acompañado por un policía.

—¡Gueula! –exclamó, abriendo los brazos… para bajarlos un momento después, ya que Gueula seguía en el mismo sitio, como si estuviera paralizada.

—Está bajo el efecto del *shock,* señor –dijo el policía, tratando de reconfortarle–. Es probable que no tarde en recobrar la memoria. No se preocupe acerca de sus raptores: me alegro de decir que atrapamos al culpable principal con algunos de sus ayudantes y están encarcelados. Estaban persiguiéndola y casi la habían alcanzado cuando se cayó en el puesto de especias. El hombre que está detrás de esto es un enfermo mental, y llevamos buscándole más de un año por delitos que cometió aquí en Israel. La policía marroquí cooperó con nosotros porque ellos también lo han estado buscando, o sea, que se están encargando de él y de sus ayudantes.

Reubén no respondió. Sus ojos penetrantes se fijaban en su hija, y las lágrimas no estaban muy lejos.

—Lo siento, lo siento –dijo Gueula, comenzando a llorar ella misma–. Te creo. Creo que pertenezco a este lugar y que formo parte de tu familia…, pero no lo sé dentro de mí. No me acuerdo de nada.

Reubén se enderezó.

No importa eso por el momento. Vamos a llevarte a casa y ocuparnos de ti. Lo demás vendrá luego.

Cuando llegaron a casa una hora después, Dmitri, el padre de Batia, estaba allí esperándolos. Se apartó para respetar la privacidad de Gueula, pero después de que entraran las muchachas en la casa, se dirigió a Reubén y le dio una palmada en la espalda».

—¡*Mazal tov!* –exclamó, dándole un abrazo al hombre que se había vuelto su amigo.

La reserva de Reubén se rompió y comenzó a llorar; los sollozos sacudían todo su cuerpo. Dmitri conservó el silencio como respeto por el dolor de su amigo, tratando de mostrar con su abrazo lo mucho que lo sentía y compartía su dolor. Unos minutos después, cuando vio que Reubén había recobrado su control, le dijo:

—¿Recuerdas lo que me has dicho a menudo? La medida de la confianza del individuo determina la *hashgajá*-intervención Divina personal que vaya a venirle.

—Gracias, amigo –dijo Reubén–. Necesitaba escucharlo. Y quiero decirte algo: D-s escoge sus mensajeros de buenas noticias con sumo cuidado, o sea, que has de tener un alma muy especial para haber estado allí en el segundo preciso en el que apareció mi hija en la pantalla, y por haber reaccionado tan rápido. Siento que la palabra «gracias» es totalmente inapropiada.

Dmitri sonrió con placer.

—¡Tú me estás dando las gracias a mí y me parece que soy yo quien debería dártelas a ti! –dijo–. Dios fue bondadoso al darme esta oportunidad de ayudar de este modo. No hay una persona en este *moshav* que no haya concentrado todos sus esfuerzos por encontrar a esta muchacha durante esta semana, y yo, un extranjero a quien aceptasteis en este lugar por bondad, me doy cuenta de ello; ¡fui yo quien la encontré! No obstante, me parece que son pocos los que podrían haberla encontrado porque ¡no creo que haya otra familia aquí que tenga acceso a Internet! –terminó con media sonrisa.

—La presencia de un Creador no tarda en volverse obvia para los quieren verlo –dijo Reubén–. Pido que Su Presencia se convierta en una realidad constante en tu vida.

—¡Amén! –exclamó Dmitri con toda su alma–. Por favor, entra a mi casa para un pequeño *lejayim* –pidió.

—Entraré con gusto –respondió Reubén–, pero reservemos el *lejayim* para el momento en que recupere a mi hija plenamente, *im yirtze Hashem*.

Los hombres llegaron en un instante a la caravana en la que vivía Dmitri y llamaron a la puerta. Una mujer se asomó por la ventana; la puerta se abrió de par en par.

—Entra, por favor –dijo.

—Quería darle las gracias también a usted, ya que fue gracias a ustedes como encontramos Gueula. Fueron lo que llamamos un buen *shalíaj*-mensajero. Quisiera que nos volviésemos a encontrar. ¿Quieren unirse a nosotros para la primera *seudá* del Shabat?

Ambos, Dmitri y su esposa, aceptaron la invitación con gusto.

—Lo que desearía hacer ahora, si no les importa –añadió Reubén–, es decir *bircat halevaná*-la bendición de la nueva luna, ya que han disminuido las nubes, y ahora se puede distinguir. ¿Quieres venir conmigo, Dmitri?

—¡Por supuesto! Por favor explícame lo que vas a hacer.

—Nosotros, el pueblo de Israel, tenemos un vínculo tan estrecho con D-s que las raíces de nuestras almas están apegadas a Él en el mundo celestial. Nos enseña la dimensión interior de la Torá que las raíces colectivas de nuestras almas juntas, en el punto en el que están apegadas a D-s, son lo que llamamos la Shejiná, es decir, la Presencia Divina.

—Pero ¡nuestras almas somos nosotros! –objetó Dmitri.

—Ése es el misterio del modo en que D-s emanó nuestras almas, para que nuestra cercanía a Él siempre pudiese ser determinada por la intensidad de nuestro deseo.

—O sea, que hasta qué punto deseamos vincularnos con Él es lo que determina nuestra cercanía. ¡Eso es increíble!

—Y, sin embargo, es un hecho –comentó Reubén–. Cuanto más deseamos acercarnos a Él, más hace Él que sucedan cosas que nos muestran su Presencia en el mundo. Y quien desea tal relación con su Hacedor podría comenzar simplemente por darle la bienvenida a la nueva luna, porque entre todos los elementos de D-s, la luna es muy importante para nosotros.

»¡Y fíjate cómo son las cosas! Se supone que debemos estar contentos al saludar a la nueva luna, pero yo... ¡no puede decirse que lo esté! No recuerdo haber estado nunca en un punto tan bajo como en el que estoy ahora. Me doy cuenta de que soy desagradecido porque acabamos de encontrar a mi hija de un modo milagroso, y no le hicieron daño alguno, pero aun así, es difícil; es difícil porque verla así es como perderla de nuevo. Esperando este momento, esperando, esperando, y cuando finalmente llega... –Reubén se cubrió los ojos para esconder sus lágrimas.

—Comprendo lo que sientes –dijo Dmitri con una sonrisa de empatía–, pero dime, si te sientes así, ¿por qué lo haces? Quiero decir, estoy seguro de que me vas a explicar algún ritual que tiene que ver con la luna, pero... si te sientes de ese modo, ¿por qué involucrarte en un ritual de alegría?

—Si tu relación se basa en amar y dar, no piensas en ti mismo. El Amado siempre viene primero. La luna está algunas veces llena de la luz que recibe del sol, y otras veces está oscura; debido a ello, representa a la Shejiná, a quien nos referimos como la Comunidad de Israel, el aspecto de D-s que está más cercano a nosotros. En un proceso que evoca los cambios de la luna, la Shejiná está a veces llena de Luz de Arriba porque nosotros, aquí abajo, nos conectamos con D-s del modo en Él que nos lo pidió. Y otras veces, la Shejiná está oscurecida porque no tenemos vasija para recibir; en otras palabras, piensa en nuestro cuerpo como en una vasija espiritual a la que le han concedido la posibilidad de recibir las bendiciones de Hashem. Nos corresponde a nosotros convertir ese potencial en realidad involucrándonos plenamente en nuestro servicio divino, y luego Hashem rellenará nuestra vasija aquí abajo, así como la de la Shejiná Arriba. ¿Comprendes? –terminó Reubén.

Al asentir Dmitri en silencio, Reubén continuó.

—El Shabat que viene antes de *Rosh Jodesh,* en el momento que abren el Arca que contiene los Rollos de Torá, el *jazán* que dirige la *tefilá* pide para todos nosotros que nos bajen bendiciones en el mes entrante. Nos basamos en los ciclos de la luna para establecer las fechas de nuestras fiestas, cada una de las cuales manifiesta una unión particular del Altísimo con Israel, o sea, que este momento es importante para nosotros. Vi que estabas en la sinagoga el Shabat pasado,[151] ¿recuerdas ese momento?

—Sí, claro –respondió Dmitri–. ¡Es más, me pregunté por qué estaba pidiendo todas esas cosas porque varias veces he oído a Batia decir que en el Shabat no se le debe pedir a Hashem nuestras necesidades personales!

—Tiene razón –dijo Reubén–, pero no estamos pidiendo beneficios personales. Antes de que comience el nuevo mes, estamos pidiendo que la *hanhagá*-modo de Providencia Divina para el mes entrante incluya una *shefa* que fluya hacia nosotros imbuida con una calidad que nos permita vincularnos a D-s con todo el bien que nos concedió. En el momento que estamos pidiendo esto, el mes aún no está aquí, su tiempo ha de renovarse. O sea, que a pesar de que sea Shabat, no estamos mostrando falta de fe al pedir por la calidad de mes que anhelamos tener.

»Hay diferentes modos de pedir por la calidad del mes entrante, y uno de éstos es de mostrar que tenemos conciencia del *molad*. El *molad* es el momento en el calendario judío en el que la luna está comenzando a renovarse, aunque si miras el cielo apenas si puedes vislumbrarla. Es un momento importante en el sentido de que encapsula todos los elementos en potencia para el mes entrante, y debido a ello, en el Shabat anuncian en la sinagoga a qué hora será el *molad* después de la santificación del nuevo mes.

»Para mostrar que tenemos conciencia del *molad,* podemos leer todas las oraciones y versículos de alabanza dedicados a *Rosh Jodesh;*[152] éste es el momento en el que se puede decir, «el punto más oscuro del cielo es antes del amanecer», porque, aunque el cielo está totalmente oscuro, estás presenciando el amanecer del mes entrante. Al leer estas oraciones, algunas de las cuales están en arameo, estás mostrando que

151. Las enseñanzas que siguen fueron adaptadas de *Maamar Tefilat Musaf beRashéi Jodashim,* en *Pitjéi Tefilá*, vol. 4, págs. 464 y sigs.

152. Véase el *sidur Kol Eliahu,* págs. 696-700; editado por Rab Mordejái Eliahu zt'l. Es el *sidur* más completo para la persona secular en la lengua hebrea. Puede comprarse en cualquier tienda judaica o bien a través de Internet en la siguiente dirección que sigue: www.mekorjudaica.com/store/detail.asp?ProdID=22554

tienes conciencia de lo que está sucediendo en el mundo celestial y te estás abriendo a toda la Luz que nos envía Hashem.

»Quiero subrayar este punto –añadió Reubén, mirando a Dmitri–: en el Shabat antes de *Rosh Jodesh* no estamos pidiendo que en este mes nos vengan todos los beneficios que necesitamos. Lo que sí estamos haciendo es que en el momento en el que el mes está siendo renovado pedimos que Hashem lo bendiga y lo imbuya de favor Divino, para que todas las buenas cosas que necesitamos vengan como producto del buen deseo de Hashem por Su pueblo Israel. ¡No hay problema de pedir eso en el Shabat!

—Comprendo –dijo Dmitri–. Pedimos todas estas cosas en el Shabat antes de *Rosh Jodesh,* y luego viene el día (o los dos días) de *Rosh Jodesh,* y entonces... ¿qué es lo que quieres hacer ahora?[153]

—Verás, en *Rosh Jodesh* apenas si podemos ver la luna porque su renovación acaba de comenzar y está disminuida. Y nosotros, la Comunidad de Israel en este mundo aquí abajo, también estamos en estado disminuido; nos falta la perfección espiritual... –Reubén cerró los ojos un momento y añadió–: Estamos en un estado de oscuridad interior, cada cual por su razón personal, pero en el momento de la santificación de la nueva luna, *kidush halevaná,* cuando comenzamos a vislumbrar el esbozo de la media luna, nos imbuye una tremenda alegría y anhelo de apego apasionado a Hashem como lo teníamos cuando nos dio la Torá, como se alude en el versículo:[154] פָּנִים בְּפָנִים דִּבֶּר ה' עִמָּכֶם בָּהָר מִתּוֹךְ הָאֵשׁ-«Cara a cara El Eterno habló con vosotros en la montaña, de entre el fuego». La idea de una comunicación *cara a cara* define la percepción experiencial que tuvimos en el momento de la Entrega de la Torá, a la que, de hecho, nos referimos como «una unificación cara a cara».

—Veo lo que dices –asintió Dmitri, quien parecía totalmente cautivado–. Se sentían tan cercanos a D-s en ese momento que es como si hubiesen estado cara a cara con Él, es decir, ahí mismo con Él.

—La razón por la cual se sentían tan cercanos es que las raíces celestiales de sus almas estaban en ese momento en la unión llamada *cara*

153. Las enseñanzas que siguen están adaptadas de «*Bircat halevaná*», en *Pitjéi Tefilá* vol. 4, págs. 470 y sigs.

154. Deuteronomio 5, 4.

a cara –asintió Reubén–. No se puede estar más cerca que eso mientras que estemos en nuestra envoltura física. Por lo tanto, decimos al terminar el texto de *bircat halevaná*: «Enseña la academia de Rab Yishmael: "Si tuvieran los Hijos de Israel la felicidad de recibir el semblante de su Padre Celestial (únicamente) una vez en el mes (en Bircat halevaná), sería bastante". Dijo Abayé: "Por eso vamos a recitarlo en pie"».

—La selección de palabras en esta declaración de los Sabios es fascinante –intercaló Dmitri–. La palabra «semblante» en particular, parece que nos está transmitiendo algo especial.

—¡Absolutamente! –dijo Reubén–. Si nosotros, quienes estamos ahora espiritualmente disminuidos, sólo lográsemos una vez al mes en el momento que se está renovando la luna tener una percepción experiencial del Semblante de nuestro Padre Celestial, en la clase de cercanía a la que se refieren las palabras «cara a cara», sería bastante-*dayenu*. Como la unificación *cara a cara* es la clase de cercanía con Hashem que tenemos en el Shabat y en las festividades, tenerlo todos los meses en este momento sería por supuesto una gran cosa. Hay una tradición que quien dice *Bircat halevaná*-la bendición de la nueva luna con toda su alma no morirá en el mes entrante. Y en verdad, si los dices del modo en que se habría de decir, con alegría en tu corazón de la idea de que tu servicio al Creador se está renovando en este momento con un nuevo nivel de cercanía, saldrías de inmediato de la oscuridad interior en la que te encuentras, ¡que es una clase de muerte espiritual!

—¡Guau! –exclamó Dmitri, palideciendo–. ¡Guau! –repitió–. Recuerdo que un amigo me contó una historia acerca de su abuelo, a quien atraparon los nazis en Alemania, y cuando iban a matarle, él miro la luna y dijo:[155] «Todos los condenados a muerte tienen el derecho de un último deseo, ¿no? Mi deseo es que antes de apretar el gatillo, me permitan cantar una canción». Los alemanes concedieron su petición, y dijo mi amigo que su abuelo cantó las plegarias para la luna nueva. En el tiempo en que me lo dijo, yo no tenía idea de qué estaba hablando, pero en el contexto en el que me lo dices, me doy cuenta de que lo

155. La historia que sigue es auténtica; sea la Voluntad del Todopoderoso que ayude a elevar el alma de Yehudá ben Yaakov Tzi Goldberger, protagonista del cuento.

que cantó era *Kidush halevaná,* lo que acabas tú de llamar *Bircat halevaná.* Los nazis escucharon, y enamorados de su hermosa voz, así como, no me cabe duda, del espíritu que la respaldaba, le dejaron vivir…, cosa que confirma totalmente lo que estás diciendo.

—¡Qué historia! –dijo Reubén sacudiendo la cabeza–. Gracias por compartirla conmigo; sí que confirma la tradición que te conté. Vamos, pues, y hagámoslo. En verdad habría de hacerse con un *minián-quorum* de diez hombres, pero esta semana todo ha estado revolucionado para mí, o sea, que voy a hacerlo lo mejor que pueda ahora. Diré las oraciones en voz alta para que las oigas, y luego podremos discutirlo más.

Ambos salieron; Reubén iba primero y siguió andando hasta que llegaron a una parte que era menos frondosa y les permitía buscar la luna. Reubén se sacó un pequeño *sidur* del bolsillo y dijo:

—Primero voy a decir la bendición. Te explicaré lo que estoy haciendo a medida que lo hago. Pero antes de todo te hago una advertencia: está terminantemente prohibido mirar la luna. Antes de decir la bendición tienes que ubicarla y asegurarte de que no esté cubierta por ninguna nube, y la miras rápido y luego dices la bendición y no vuelves a mirarla. «Bendito eres Tú, Eterno, nuestro D-s, Rey del universo, que con Su palabra creó los cielos, y con el soplo de Su boca todas sus huestes. Les entregó un decreto y un tiempo, a fin de que no alterasen sus asignaciones. Están felices y alegres por cumplir la voluntad de su Amo, el Hacedor de la verdad, cuya obra es la verdadera. Y a la luna le dijo que se renovase como una corona de esplendor para aquellos que son portados desde el vientre, ya que ellos también se renovarán como ella y glorificarán a su Creador por el Nombre de Su reino glorioso. Bendito eres Tú, Eterno, que renueva los meses».

—Para aquellos que son portados desde el vientre, ya que ellos también se renovarán como la luna… –repitió Dmitri en un susurro, como para sí mismo.

—Y ahora, decimos esta oración: «Sea Tu Voluntad, Hashem, mi D-s y el D-s de mis antepasados, rellenar la mengua de la luna para que no esté disminuida. Que la Luz de la luna sea como la Luz del sol y como la Luz de los siete días de la Creación, como era antes de ser disminuida, como se alude en el versículo: "Las dos grandes luminarias".

Y que se cumpla para nosotros el versículo que está escrito:[156] "Buscarán a Hashem, su D-s, y a David, su rey, amen"».

»Después leemos un versículo del Cantar de los Cantares:[157] «[No obstante, cuando llegue el momento, Israel dirán:] ¡He aquí la llamada de mi Amado! Viene [a redimirme antes de tiempo]; salta por los montes [en el mérito de los patriarcas]; brinca por las colinas [en el mérito de las matriarcas]. [En su prisa por redimirme] mi Amado es como una gacela o un ciervo joven; [yo pensé que me había abandonado para siempre, pero] he aquí que estaba [cerca todo el tiempo], en pie detrás de nuestro muro, vigilando por las ventanas, asomándose por los enrejados: [cierto, no me lo merezco, pero, por favor, considera:] ¿hay otra nación como ésta, que está lista a subir por el desierto [del exilio], ya que nunca cesó de apegarse alegremente a su Amado?».

Reubén cerró su sidur y comenzó a cantar:[158]

—«Créame un corazón puro, oh, Elohim, y renueva en mí un espíritu firme. ¡No me apartes de Tu Presencia, y no me quites Tu inspiración Divina!

Repitió los versículos una y otra vez hasta que su expresión facial torturada desapareciera, remplazada por una mirada brillante imbuida de anhelo.

A continuación, Reubén cantó *Shalom Aleijem,* repitiéndolo tres veces; después miró a Dmitri, indicándole con una sonrisa que había terminado.

—¿Por qué cantaste *Shalom Aleijem* como lo hacemos al principio del Shabat, Reubén? –preguntó Dmitri mientras ambos hombres andaban lentamente hacia la casa de Dmitri.

—Es una sugerencia que aprendemos del Arí z"l[159] –respondió Reubén–. Después de la bendición de la luna, decimos *Shalom Aleijem* como una oración en la que estamos pidiendo ¡que haya paz! Al cantar *Shalom Aleijem,* todo nuestro ser está clamando: por favor, Hashem, que la luna no tenga que pasar por fases de disminución, sino que siem-

---

156. Oseas 3, 5.

157. Cantar de los cantares 2, 8-9.

158. Salmos 51, 12.

159. *Shaar haCavanot Shabat; inian shinuy hatefilot.*

pre esté llena, su plenitud reflejando la compleción espiritual de *Kneset Israel* de Arriba, así como la de Kneset Israel ellos mismos aquí abajo.

La esposa de Dmitri estaba esperando a los hombres en el umbral de su casa; cuando los vio acercarse, les hizo un gesto de bienvenida, invitándolos a que entrasen.

—¿Puede la mujer decir *Bircat halevaná*? –le preguntó a Reubén.

—Aunque no todos están de acuerdo con esta opinión, el kabalista de nuestros días, Rab Israel Avijái, *rosh yeshivá* de la *Yeshivat haMekubalim Bet El*, opina que sí puede.

Cuando se sentaron, dijo Dmitri:

—No quiero faltarle el respeto a nadie, pero tengo que preguntarte lo que tengo en la mente: las cosas que dijiste acerca del pueblo de Israel, que son portados desde el vientre, y los versículos de *Shir haShirim...* estoy seguro que si me hubieses traducido esos versículos al ruso, me habrías dado una traducción interpretativa basada en lo que enseñan los comentadores, sé lo suficiente para darme cuenta de ello, pero yo oí las palabras que dijiste en hebreo y ¡comprendo su sentido literal! Todas estas cosas presentan el judaísmo como una historia de amor, y ése no es el judaísmo que me presentaron, ¡que no acepté por todas las limitaciones que disminuirían mi libertad!

—Primeramente no te preocupes de faltar respeto –respondió Reubén–. Somos amigos y sólo me estás comunicando tus sentimientos. Lo que dijiste es exacto. La historia interior acerca del judaísmo es, de hecho, una historia de amor; sólo que tienes que comenzar por aceptar sobre ti mismo lo que tú llamas limitaciones a tu libertad, ya que de no hacerlo, ¡nunca llegarás a ese vínculo interior! El ente femenino de *Shir haShirim* alude a la Shejiná, y como comenzamos a explicar, Su vínculo interior con Israel está encapsulado precisamente las palabras que escuchaste, «la Casa de Israel que son portados desde el vientre», que se basan en un versículo del profeta Isaías. La Shejiná se encuentra a menudo en un estado de oscuridad espiritual causado por los componentes de su «matriz» espiritual, o sea, por nosotros, el problemático grupo que somos. Debido a ello, está distanciada de las revelaciones más excelsas de D-s, y esta distancia dolorosa fue captada por el rey Shlomó en *Shir haShirim.*

»En las vidas de cónyuges que se aman, hay veces en las que están juntos íntimamente, y otras veces en las están cerca el uno del otro, y ella se hace más atractiva para él, pero no hay unión entre ellos. Y así como sucede abajo, así también Arriba.[160] El caso es que esas dos clases de unión se reflejan en lo que hemos de hacer en este mundo para cumplir nuestra parte de nuestra relación con D-s. La primera clase de vínculo es paralela a la unión espiritual de días como el Shabat y las festividades. La segunda refleja momentos de favor como el de ahora, por ejemplo, y nosotros, los componentes de la «matriz espiritual» podemos causar, inspirar, que se lleve a cabo la unificación Arriba.

»El final del último versículo que cité del Cantar de los cantares es: «¿No inspiré yo Tu amor hacia mí bajo el manzano?». El manzano alude a la experiencia que tuvimos en el Sinaí en la que aceptamos la Torá incondicionalmente, llegando a estar muy cercanos a D-s. La Comunidad de Israel le está diciendo a su Amado: «¿Recuerdas cómo, cuando estaba bajo el monte Sinaí que estaba suspendido sobre mí como un árbol de manzanas, inspiré Tu amor hacia mí?». Esto es como la conversación íntima que tiene un hombre con la esposa de su juventud, enseña Rashi.[161] Como en el resto de los días de la semana no hay unificación en el mundo celestial, así como la hay en Shabat o en las festividades, nos están diciendo que incluso durante las horas de la noche, o en otras palabras, en los tiempos en los que hay ocultamiento de la Presencia Divina, aun así, podemos encender en el mundo celestial el vínculo apasionado para la Comunidad de Israel.

—¡Qué bonito! –exclamó Dmitri, cuyos ojos parecían sospechosamente húmedos–. Nunca me fijé lo sugestiva que es la declaración de Rabí Yishmael: «Enseña la academia de Rab Yishmael: "Si los Hijos de Israel no tuvieran la felicidad de recibir el semblante de su Padre Celestial más que una vez en el mes (en Bircat halevaná), sería bastante". Dijo Abayé: "Por eso vamos a recitarlo en pie"».

—Eso es porque sólo te fijas en realidades espirituales cuando Hashem te lo permite, abriéndote los ojos para que lo veas –dijo Reubén–.

160. Citado en el nombre del trabajo *Avodat Panim.*

161. Citado del ensayo de Rab Luria.

¡Y hay más! La palabra *panim*-semblante, así como las palabras de Abayé que hay que recitarlas en pie, nos recuerdan la Amidá, oración que recitamos en pie, y en particular nos recuerdan su última bendición *sim shalom*-establece la paz, en la que le pedimos a Hashem que nos bendiga con «la Luz de Su semblante-*ohr paneja*». Mientras decimos esta bendición aquí abajo, la unificación está sucediendo Arriba. Excepto que en el momento de la Amidá, la unificación se basa en el orden de nuestras oraciones aquí abajo, que son como una escala espiritual por la cual ascienden nuestras almas de nivel a nivel, suscitando así la elevación de la Shejiná y participando en la unificación que tendrá lugar como resultado de esta elevación. En cambio, en momentos como el de la renovación de la luna, podemos ayudar a que suceda la unificación con el mero anhelo que expresamos, nuestro anhelo de cercanía que enciende la Voluntad Divina y también Su favor, en hebreo *ratzón elión*, como lo sugieren las palabras del versículo del Cantar «apoyada en su Amado».

—No puedes imaginar lo que me estás haciendo –musitó Dmitri–. Esto es lo que me he pasado toda la vida buscando, lo busqué en la ciencia, en otras tradiciones, y nunca encontré lo que mi alma me inspiraba el instinto de buscar.

—¡Baruj Hashem! –exclamó Reubén–. Es esencial que comprendas que estas dos clases de unificación «cara a cara» sólo tienen lugar en el mundo celestial cuando son iniciadas por nuestro servicio divino aquí abajo. La primera es como la del Shabat, iniciada desde Arriba, pero ha de completarse por nuestro servicio aquí abajo. La segunda es como la de *Rosh Jodesh,* en la que comienza la renovación de la luna y la de la Comunidad de Israel…

—… como dijiste en la bendición, «ya que ellos también se renovarán como ella» –interpuso Dmitri.

Reubén asintió con un gesto y se sacó un papel del bolsillo.

¿Sabes qué? –dijo–. Hay un versículo en el libro de Ezequiel acerca de la puerta del patio interior de nuestro santo Templo que permanecía cerrada con llave durante el resto de los días de la semana, pero se abría en Shabat y *Rosh Jodesh.* Déjame que te lea una enseñanza del Midrash sobre el tema.

Leyó del papel:[162]

—«Rabí Yehudá dijo: "Cada Shabat en los días del Templo los Hijos de Israel veían que la puerta del patio interior del Templo se abría sola, y así sabían que había comenzado el Shabat. [...] Y lo mismo sucedía en cada *Rosh Jodesh.* Los Hijos de Israel venían al Templo, y al ver que se había abierto la puerta sin que hubiera nadie detrás para abrirla, sabían que había comenzado la renovación de la luna y comenzaban entonces a leer las oraciones para santificar el nuevo mes. Cuando, al estar allá, veían que la puerta se abría milagrosamente, por sí sola, comprendían que la Presencia Divina, la Shejiná, estaba con ellos, y se inclinaban, prosternándose ante su Hacedor"».[163]

»Y aprendemos del Zóhar que esta puerta del patio interior del Templo aludía a la Misma Shejiná.[164] La puerta cerrada durante el resto de los días de la semana es comparado en el Zóhar a una rosa que cierra sus pétalos para ocultar su fragancia, en el sentido de que durante el resto de la semana, Ella se deja Su Luz en el mundo celestial. Ella actúa de este modo para impedir que las fuerzas impuras puedan usar el poder que tienen durante la semana para acaparar esta Luz, ni siquiera un poco. En cambio, en Shabat, *Rosh Jodesh* y las festividades, a las fuerzas impuras no les está permitido acercarse. Esta puerta interior que se abre se compara entonces a una rosa que floreció, que significa que la Shejiná puede ahora recibir la fragancia de las *mitzvot* de Sus hijos y presentarla en el mundo celestial sin temer de ser interceptada. Como resultado, en la unificación que tiene lugar en el momento de nuestras oraciones en el Shabat, *Rosh Jodesh* y las festividades, Ella les transmite a Sus hijos la *shefa* Divina que acaba de recibir para ellos.

»El texto cita un versículo para probar la veracidad de esta enseñanza, pero tenemos que ver las letras hebreas del versículo para ver lo que el texto está tratando de decirnos. Éste es el versículo:[165] וְהִשְׁתַּחֲווּ עַם הָאָרֶץ פתח הַשַּׁעַר הַהוּא»Las primeras tres palabras, *veyishtajavú am haa-*

162. *Pirkei Debei Eliezer*, cap. 51.

163. Véase el *Tikunei Zohar*, edición Matok miDevash, *tikún 6,* p. 22a y véanse las anotaciones de Rabbi Frish acerca de este párrafo.

164. *Tikunei Zohar; tikun 6,* p. 22a.

165. Ezequiel 46, 3.

retz, significan literalmente: «los habitantes de la tierra se prosternaron». La próxima palabra se compone de la letra פ, la letra ת y la letra ח. Si tratas de leer la palabra sin sus vocales, como aparece en el Rollo de la Torá, podrías leer sea *pétaj*-entrada (פֶּתַח) o bien *pataj*-se abrió (פָּתַח) En la traducción de los profetas que fue redactada de acuerdo con la interpretación de Rashi, se entiende esta palabra como un sustantivo que significa «entrada» (פֶּתַח). El versículo significaría entonces: «los habitantes de la tierra se prosternarán ante Hashem a la entrada de la puerta en Shabat y *Rosh Jodesh*». Sin embargo, el Midrash sugiere una lectura literal del versículo, es decir: «Cuando se prosternaban los habitantes de la tierra, esa puerta se abría (פָּתַח)».

»Además, enseña el Talmud que en las festividades, desenrollaban la cortina que estaba ante la cámara más recóndita para que el pueblo de Israel pudiera ver a los querubines, uno de los cuales representaba a Hashem, y el otro a la Comunidad de Israel.[166] En las festividades, los querubines estaban abrazados, y los *Cohanim* les decían al pueblo: «¡Ved cómo los ama el Altísimo!».

»Fíjate, que en *Yom Tov*-las festividades, tenían que desenrollar la cortina, es decir, que tenían que hacer algo para recibir esta revelación. En cambio, en el Shabat y *Rosh Jodesh* sucedía por sí solo, en el Shabat porque así estaba establecido desde Arriba y completado por nuestro servicio de abajo, y en *Rosh Jodesh* porque estaba inspirado por nuestro anhelo aquí abajo.

»Reexaminemos ahora el texto de la bendición de la luna: «Que con Su palabra creó los cielos, y con el soplo de Su boca todas sus huestes. Les entregó un decreto y un tiempo, a fin de que no alterasen sus asignaciones». Estas palabras aluden a la unificación celestial paralela a la acción de los cielos y de todas sus huestes. En cambio, las palabras que le siguen en la bendición: «Están felices y alegres por cumplir la voluntad de su Amo», aluden a lo que nosotros, el pueblo de Israel, hacemos aquí abajo con nuestro servicio divino y como sigue la bendición, «ya que ellos también se renovarán como la luna», que es una palabra código para aludir a la Comunidad de Israel.

---

166. Tratado *Yomá* 54b.

»Leemos después la declaración de Rabí Yishmael, y después de eso los versículos de *Shir haShirim* para indicar que al imitar la acción de *apoyada en su Amado,* podemos iniciar la misma clase de unificación de aquí abajo. Deja que me explique: hay momentos específicos en los que Hashem envía Su *shefa.* Estos momentos son designados e iniciados Arriba. Sin embargo, también es posible inspirar la acción Divina antes de su tiempo decretado al mostrar nuestro profundo amor y entrega. Por ejemplo, puedes participar en la bendición de la luna después de prepararte para este momento según las instrucciones de los Sabios, o te lo puedes perder porque... no te convenía esta noche, y piensas que lo harás mañana por la noche.[167] Excepto que mañana por la noche está lloviendo y te lo pierdes.

—¿Qué otra cosa puede hacerse para mostrar amor entrega antes de *Rosh Jodesh?* –preguntó Dmitri.

—Puede hacerse un ayuno en la víspera de *Rosh Jodesh* y también puede hacerse medio ayuno, digamos hasta la una y media de la tarde, pero hay que acordarse de anunciar el ayuno la víspera del día indicado. La víspera de *Rosh Jodesh* es como un pequeño Yom Kipur y el ayuno te purifica el alma antes de este momento en que se va a renovar tu servicio divino.

»En el mismo *Rosh Jodesh* hay que comenzar *arvit,* la oración de la noche, diciendo el salmo 104, *barejí nafshí*-«alma mía, bendice a Hashem», y es importante recordar decir el párrafo especial dedicado a *Rosh Jodesh* en la Amidá por la noche, así como por la mañana. Tienes que estudiar las *halajot*-leyes que explican que si se te olvida decir el párrafo especial para *Rosh Jodesh* por la mañana o por la tarde, en qué circunstancias tienes que volver a repetir toda la Amidá.

»Es deseable que te vistas con ropa festiva para recitar *bircat halevaná* y para el *Rosh Jodesh.* Y en el mismo *Rosh Jodesh,* puedes encender una vela en honor de la Shejiná, y participar en una comida festiva que incluya vino, pan y carne o pollo. Todo esto, lo que puedas hacer, te ayuda a mostrar tu amor y entrega.

167. Según Rab Israel Avijái puede hacerse *bircat halevaná* desde el primer día de *Rosh Jodesh.*

»Los que encienden la acción Divina por su intensa entrega pueden iniciar una unificación, incluso ahora en que no está teniendo lugar Arriba, así como lo sugiere el versículo de *Shir haShirim:* «*Él viene, saltando por los montes, brincando sobre las colinas...*».

—¡Guau! –exclamó Dmitri–. ¡Es decir, antes de tiempo!

—Así como el éxodo de Egipto –subrayó Reubén, levantándose–. Tengo que regresar a casa y ver lo que está pasando –terminó.

Dmitri se levantó también y le dio un apretón de mano con toda su fuerza, demasiado emocionado para hablar.

Capítulo dieciséis: Regreso al hogar

- *Bircat haJodesh*: El Shabat que viene antes de *Rosh Jodesh,* en el momento que abren el Arca que contiene los Rollos de Torá, el *jazán* que dirige la Tefilá pide para todos nosotros que nos bajen bendiciones en el mes entrante
- Tener conciencia del *molad:* El molad el es momento en el calendario judío en que la luna está comenzando a renovarse, aunque si miras el cielo apenas si se puede vislumbrar
- *Bircat halevaná,* o *Kidush haLevana:* Santificación de la nueva luna *–kidush halevaná–* cuando comenzamos a vislumbrar el esbozo de la media luna. Advertencia: Está prohibido mirar la luna
- Concepto de la unificación *panim bepanim*-«cara a cara»
- Berajá de la Amidá *sim shalom* comparada con *bircat halevaná*
- Dos unificaciones «cara a cara»: la primera es como la de Shabat y la segunda como la de *Rosh Jodesh*
- *Rosh Jodesh* en los días del Templo
- Costumbres que pueden adoptarse en honor a *Rosh Jodesh* para mostrar amor y entrega.

Capítulo diecisiete

Hacer el Shabat

Transcurrieron dos días. Gueula durmió doce horas seguidas. Al día siguiente, Reubén la llevó a un psiquiatra, sólo para oír la confirmación de lo que ya sabía. Su hija tenía amnesia, y podía írsele tan repentinamente como le había venido. Cualquier cosa podría rasgar el velo en su memoria. Mientras, sin embargo, su hija permanecía como una extranjera. Nunca le llamaba Abba; no sonreía, un esqueleto de lo que solía ser. Él trataba de dirigir su hogar con la normalidad anterior, tratando de ignorar las circunstancias presentes…, pero el dolor le quemaba de por dentro.

Que la misma Gueula también lo estaba pasando mal era una decir poco. «Sí –se decía a sí misma–, estoy sana y salva, confortable, pero me siento como una extranjera en casa ajena. Estoy tensa porque no sé quién soy ni lo que estoy haciendo aquí. El único "regreso al hogar" auténtico que tenía sucedía en las tres veces al día en que decía la Amidá». Tres pasos hacia delante y Gueula sabía que estaba penetrando en un espacio que era el verdadero Hogar; un lugar en el que sabía que todo estaba bien y estaría bien; un lugar en que internalizaba la enseñanza del versículo,[168] «estoy contigo en tu pena»; un espacio en el que no había miedo ni preocupación; un espacio del que no quería salir. Alargaba la oración lo más que podía, porque mientras estaba diciendo sus palabras, o alargándolas con una melodía *(nigún)* tenía paz interior…, pero en cuanto retrocedía tres pasos…

Tehilá recibió instrucciones estrictas de no hacerle preguntas a su hermana y de tratarla lo más normalmente que pudiera. El martes por

168. Salmos 91, 16.

la mañana, llamó a la puerta del cuarto de Gueula y cuando la abrió, vio que su hermana estaba arreglando su habitación, poniéndolo todo en orden.

Entrando en el cuarto, Tehilá movió la cabeza asombrada. ¡Gueula ordenando su cuarto? ¿Qué sucede aquí?

—¿Te pasa algo? –preguntó.

—No –dijo Gueula–. Estoy asegurándome que todo esté en orden.

—¿Por qué? –preguntó Tehilá.

—¡Por el Shabat!

—¡Pero sólo estamos a martes! –Recordando de pronto las advertencias de su padre, añadió rápidamente–: He quedado con una amiga para estudiar juntas acerca del Shabat. ¿Quieres venir y unirte a nosotras?

—Sí, me encantaría –dijo Gueula despacio.

La exclamación entusiasta de alegría de Batia al ver a su amiga recuperada pronto se apagó ante la indiferencia de Gueula. Abrió la boca para decir algo, pero la volvió a cerrar al ver que Tehilá estaba moviendo la cabeza en signo de negativa. Sin embargo, su intercambio no pasó inadvertido. Gueula se dirigió a Batia y le dijo:

—Creo que solíamos ser buenas amigas. De verdad que lo creo. Sin embargo, no lo sé dentro de mí; o sea, que si te doy un abrazo... ¡será una mentira! Y no quiero mentir, de ningún modo. ¿Me comprendes?

El estrecho abrazo de Batia le mostró hasta qué punto comprendía. Se sentaron las tres jóvenes y dijo Tehilá:

—Estábamos estudiando la preparación para el Shabat.[169] Estoy refiriendo lo que estudié con Abba sobre el tema.

—Íbamos a estudiarlo cuando mi padre te reconoció en Internet... –comenzó Batia, pero se interrumpió a sí misma cuando Gueula tuvo un largo escalofrío y Tehilá le envió una mirada furiosa.

—Abba trató de explicarme el significado del versículo,[170] *laasot*-hacer el Shabat *(ledorotam-* לדרתם). La palabra hebrea *dorot*-generaciones en *ledorotam* puede aludir a la palabra *dirá*-apartamento, porque en el

---

169. Adaptado de «Sidur haShujan vehaBayit beShabat», en *Maamaréi Shabbat*, 2.ª ed., págs. 295 y sigs.

170. Exodo 31, 16.

Rollo de la Torá está escrita sin la letra *vav* que indica el sonido «o», y la falta de la letra *vav* en este contexto puede sugerir que falta otra letra, la *yod.* Hashem está pidiéndonos que Le hagamos aquí un bello apartamento, o lugar de residencia aquí abajo...

—¡Claro! –dijo Batia, como para sí misma–. ¡La palabra לדירתם-*lediratam* se escribiría con una *yod*!

—Eso es precisamente lo que estaba tratando de hacer esta mañana –dijo Gueula.

—¿Y tú crees que se va a quedar así hasta el Shabat? –preguntó Tehilá con una sonrisa incrédula.

—No –musitó Gueula–. No me cabe duda de que no. Pero he aprendido que el Shabat es una cosa tan increíble que Hashem nos está dando..., tan increíble –repitió–, que quiero hacer todo lo que esté en mi mano para asegurarme que sea lo más especial posible, y como me he dado cuenta de que ponerlo todo en orden es un desafío para mí, no quiero darle al *yetzer hara'*-impulso al mal la más remota posibilidad de empujarme a caer de nuevo al espacio en que siento que solía estar.

Alzando una ceja sin comentario, Tehilá procedió:

—Dijo Abba que cuando él regresa de la sinagoga, la casa tiene que estar lista en honor al Shabat; y eso significa esencialmente tres cosas: la cama tiene que estar hecha, las velas han de estar encendidas y la mesa puesta. Y si estas cosas están hechas, los ángeles que vienen con él cuando regresa de *shul*-la sinagoga dicen una plegaria: «Sea la Voluntad Divina que esto suceda también el próxima Shabat».

»Fijaos que ni siquiera mencionamos que las comidas que han de estar listas, ni que la casa que tiene que estar limpia. ¡La casa tiene que estar limpia y las comidas preparadas antes de que pensemos en esas tres cosas: la cama, las velas y la mesa! Este punto que Abba mencionó es importante porque estos tres elementos transforman el hogar en un Templo en miniatura. Las velas del Shabat son una réplica de la *menorá*-el candelabro del Templo. Y la mesa puesta con elegancia es modelo de la mesa en el Santuario con los doce panes dispuestos en ella.

—Hablando de la mesa –dijo Gueula–, ¿qué clase de mantel usas... usamos?

—Tengo un mantel blanco, bastante viejo, pero aún puede usarse, y le pongo encima otro de nailon antes de poner la mesa –dijo Tehilá.

—Lo siento –dijo Gueula–, pero estoy oyendo una contradicción. ¿Por un lado, dices que poner la mesa es tan importante que tu casa se vuelve una réplica del Santo Templo-*Bet haMikdash*, y por otro, pones un mantel viejo con otro de nailon encima? ¿Es porque tienes muchos hijos de los cuales has de ocuparte? Quiero decir, veo que estás mucho en casa, ¿pero a lo mejor tienes un hogar en otro sitio y vienes a la casa a causa mía? ¡Perdóname por preguntarte, pero no sé nada de ti!

Tehilá ocultó con rapidez su mira de enfado y dijo en una voz sin tono:

—No, no tengo un hogar lleno de niños, pero sí que tengo otras cosas que hacer en mi vida. Además, no tenemos mucho dinero y ¡éste es el único mantel que tenemos!

—¿No recibes una paga? –preguntó Gueula.

—Sí –asintió Tehilá–. Y, dicho sea de paso, tú también la recibes. Abba me dio tu parte esta mañana para que te la entregue.

—¡Oh, *baruj Hashem!* –exclamó Gueula–. Entonces iré de compras y compraré un mantel nuevo con mi paga. ¿Podrás venir conmigo para mostrarme dónde ir?

—Ssssí –dijo Tehilá con un deje de exasperación en su voz–. Iré contigo si quieres. Como estaba diciendo…

—No, no, por favor –pidió Gueula–, antes de que sigas, quiero preguntarte acerca de la comida. No veo a ninguna otra mujer en la casa, cosa que significa que la responsabilidad de la cocina deber caer sobre ti… sobre nosotras –corrigió.

«Ni siquiera se acuerda de Imma», pensó Tehilá.

—Tienes razón; así es –dijo–. Pero no te preocupes, tenemos una maravillosa mujer marroquí que nos hace la comida para el Shabat en su casa y nos la trae los viernes en raciones empaquetadas y listas para calentar. ¿Recuerdas?, incluso te ayudó a aprender el árabe que se habla en Marruecos… pero ¿qué te pasa? –añadió al ver que Gueula había palidecido.

—Una mujer marroquí… traer comida… comida que ya está lista… No, no, no –gritó Gueula–. *Yo* quiero hacer la comida. Es un privilegio. Éstas son las *seudot* para la Reina Shabat… ¡No quiero que nadie nos lo haga!

—Mira, mira, mira –dijo Tehilá–, tenemos que aclarar las cosas o no vamos a llevarnos bien. Sí, comprendo que has sufrido y… créeme –dijo, limpiándose una lágrima–, estábamos todos allí contigo, cada uno de nosotros. Pero ahora vuelves y revolucionas la casa. Tienes que planear comidas, ir de compras, preparar, saber qué servir en qué comida… ¡Apenas si puedo funcionar cuando trae ella la comida lista, la deja en nuestra cocina y se va!... Lo siento –dijo mirando a Batia–, ¡allá se fue nuestra sesión de estudio-*shiur!*

—¡Esto forma parte del *shiur!* –dijo Batia en tono conciliatorio–. Estáis mostrándome cómo ponerlo en práctica.

—Comprendo –dijo Gueula–. Pero ahora, escúchame tú. Vengo de un lugar en el que… por uno de los milagros de Hashem, me trajeron la más increíble comida de Shabat. Y luego… de algún modo, nunca podré comprender cómo sucedió, pero no importa eso ahora, aprendí acerca del significado interior de las *seudot* de Shabat del punto de vista de Hashem, y ahora estoy pensando, ¡qué lástima que me lo hicieran todo! Me hubiera encantado haber sido la que preparara las comidas. Ahora bien, comprendo tus preocupaciones prácticas y no cabe duda de que tienes razón. Pero ¿no podríamos comprometernos y tomar alguna parte activa en las preparaciones? Digamos, en lugar de hacerlo todo en su casa, ¿no podría la mujer venir aquí los jueves por la mañana y hacer las preparaciones en nuestra cocina, y yo estaría allí para hacerlo con ella y aprender de ella?

—Eso sí puede ser –dijo Tehilá sonriendo a regañadientes–. Estoy segura de que no le va a importar. Yo hablaré con ella. Ahora deje que continúe; como decía, la palabra *ledorotam* puede comprenderse como *lediratam*, es decir nuestro *dirá*-apartamento, refiriéndose a nuestras almas interiores como si fueran un apartamento o lugar de residencia para la Presencia Divina, y también al apartamento físico en el que vivimos, tienen que convertirse en un lugar de residencia adecuado para la Shejiná, por dentro y por fuera…

—Por favor déjame a mí explicar eso –pidió Batia–. Recuerdo, aunque parece que sucedió hace muchísimo tiempo, lo que pasó la última vez que estuvimos juntas –dijo, señalando a Gueula–, y tú, Tehilá, no estabas con nosotras. Tu Abba nos explicó que cuando Hashem les pidió a los Hijos de Israel que Le hicieran un Templo, dijo: «Que Me hagan un Santuario, y Yo residiré en[tre] ellos». Cada uno de nosotros tiene que esforzarse por llegar a ser un lugar de residencia aquí abajo, *dirá betajtonim*-lugar de residencia aquí abajo, dijo vuestro Abba. Vuestro Abba nos dijo que es en el Shabat cuando en realidad llegamos a ese nivel, pero yo he visto cómo él estaba allá todo el tiempo, incluso después de que terminara el Shabat. Vi cómo pudo apartar su tremenda congoja personal y seguir enseñando la Torá sin desmoronarse como le hubiera sucedido a cualquier otra persona. Y yo creo que eso es lo que verdaderamente me ayudó a decidir que iba a cumplir el Shabat con toda mi alma, y para conectar esto a nuestra *shiur,* me di cuenta cuando el viernes pasado fui a ayudarte a hacer las cosas de último minuto, ¡lograr estar lista antes de que suene la campana que anuncia el Shabat es un desafío formidable!

El final de su frase fue ahogado por la risa de todas.

—Dicho sea de paso –continuó Tehilá–, Abba me pidió ayer, junto antes de que encontraran a Gueula, que hiciera un esfuerzo el Shabat que viene para tenerlo todo listo en la cocina antes del mediodía-*jatzot.* Me explicó que después de eso, la Luz-*orá* de Shabat ya está con nosotros. Y aunque en ese tiempo está aún en ocultamiento, si lo tienes todo listo en tu casa para recibir a la Reina Shabat, estás contribuyendo a la conciencia de *shalom* Arriba como abajo, esa *menujá* interior que sientes cuando todo está bien.[171]

—¡Tenerlo todo listo a las doce! –exclamó Batia–. ¡Guau, eso es difícil!

—No a las doce –corrigió Tehilá–. A la hora de *jatzot,* y esta hora cambia según la época del año. No puedes saber cuándo es *jatzot* a menos de que consultes un calendario judío.[172] Sí, es muy difícil, y, no obstante, en seguida lo adopté, comprometiéndome a hacerlo, ¡para ti, Gueula! Y ahora…

—Ahora, lo haremos juntas –dijo Gueula, apretando la mano de su melliza en un gesto de cariño.

---

171. Las enseñanzas que siguen están adaptadas de «Tosefet Shabat». en *Maamaréi Shabat,* 2.ª ed., págs. 301 y sigs.

172. El calendario electrónico llamado Hebrew Calendar, que requiere el uso de Internet, es recomendable.

Tehilá espontáneamente abrazó a su melliza, diciéndole,

—¡Perdóname, perdóname!

—¿Perdonarte? –preguntó Gueula sorprendida–. ¿Por qué?

—Por ser tan mala contigo antes… antes de que te quitaran de nosotros.

—Por una vez me alegro de poder decir: ¡no me acuerdo! De verdad no me acuerdo, y es más, incluso cuando recupere la memoria, eso es algo de lo que no me quiero acordar porque eso es lo que él me enseñó: el pasado no existe. En cada momento específico tenemos una tarea que completar…

—Dices que él te enseñó –musitó Tehilá–, ¿a quién te refieres?

—No puedo responder a eso –dijo Gueula–. Por favor continúa.

—Creo que lo más importante que hemos de tener en cuenta, al tratar de prepararnos para el Shabat –dijo Tehilá, respondiendo a la petición de su melliza con una sonrisa de aquiescencia–, es lo fácil que es de enfadarse ante las muchas pequeñas dificultades que se nos presentan en este momento. Si nos damos cuenta, es decir, si tratamos de recordar que todos esos problemas son causados por el lado de la impureza, quien pronto va a parar de molestarnos porque en el Shabat no tiene el derecho de hacerlo, es más fácil evitar de caer en la trampa de impacientarse. Yo trato de recordarme a mí misma que al enfadarme, o incluso al impacientarme, le estaré dando un poco de la Luz del Shabat que tanto me esfuerzo por merecer.

—Tan sólo el saber eso debería ayudarme a quedarme de buen humor todo el día –bromeó Batia–. Pero dime, una vez que tu Shabat está listo en la mitad del día y aún te queda toda una tarde ante ti: ¿qué haces? –preguntó.

—Ah, sí, gracias, Batia –dijo Tehilá–. Se me habría olvidado hablar de ese punto si no lo hubieses mencionado. Le pregunté a Abba si ésa era mi oportunidad de hacer todas las compras que no pude hacer esa semana y luego encontrarme con mis amigas por un rato. Y creo que debe haber sido la única vez desde que te fuiste que vi a Abba sonreír, Gueula. Me dijo: «Si eso es lo que vas a hacer con ese tiempo, sería mucho mejor que terminaras el trabajo del Shabat a la hora que siempre lo terminas. ¿Sabes? –añadió–, tenemos diferentes modos de comunicar. Hay un lenguaje corporal que puede decirle a quien está contigo más que todas las palabras que podrías haberle dicho. Si de verdad crees que el Shabat es un tiempo en el que puedes acercarte a Hashem de un modo que no te es asequible durante el resto de la semana, y todo tu ser ansía esta cercanía, entonces vas a querer hacer cosas que muestren tu anhelo interior. Cosas que, de hecho, van a acercarte a Hashem. Por ejemplo, podrías leer la *perashá* semanal, leer *tehilim*-salmos, escuchar charlas de la Torá, o cualquier cosa de este tipo que tenga que ver con el Shabat. Sea lo que sea que escojas, sin embargo, has de tener en mente que tu objetivo de intensificar tu *devekut* a Hashem en este tiempo en que estás dejando tu semana detrás y preparándote a ascender al Palacio Celestial en el Shabat.

»Yo le dije, «Eso es lo que deseo, pero temo que en este punto de mi vida podría ser que me impaciente, y tengo la sensación de que eso empeoraría mi situación espiritual». Él reconoció que yo tenía razón y sugirió que adelantara yendo hacia atrás. En otras palabras, primero trataré de estar lista una hora antes de que suene la campana y ver si puedo usar ese tiempo de modo productivo. Recalcó lo importante que era de empezar a hacer las cosas de último minuto como calentarlo todo y ponerlo en el calientaplatos, la placa eléctrica de Shabat, una hora antes de la campana (o bien ponerlo todo en la placa con la intención de que se caliente allí), para no subestimar las dificultades que pudieran acaecer.

»«¡Es un error colosal de entrar en el Shabat corriendo, sin darte el tiempo de... de simplemente PARAR todas las actividades semanales y concentrarte en vincularte con Hashem!» me dijo. «Y el impulso al mal tiene todas clases de trucos, uno más astuto que el otro, de mantenernos ocupados hasta el ultimísimo minuto. Escucha lo que le pasó a uno de mis *javrutot*-compañeros de estudio –dijo Abba–, un hombre que estudia la Torá con su esposa a intervalos fijos. Su esposa, que se llama Batsheva, recibió la llamada de una de sus estudiantes, que pidió que la invitaran con su esposo para todo ese Shabat. Ella aceptó con la intención de cumplir la *mitzvá* de *hajnasat orjim*-tener invitados, advirtiendo a la mujer que llegara temprano el viernes por la tarde. Batsheva había terminado sus quehaceres y lo tenía todo listo para el Shabat como una hora antes del tiempo en que había de encender las velas cuando se acordó que había aceptado invitados y no estaba lista para recibirlos. Se pasó la mayoría del tiempo que le quedaba para prepararlo todo para sus invitados, y pudo encender las velas en el momento planeado, pero sentía que no estaba lista y su mente estaba aún galopando a la misma velocidad que el resto de la semana. Cuando llegó el momento de decir sus oraciones, trató de concentrarse lo mejor que pudo, e incluso se acordó de tener en mente que estaba recibiendo los niveles del alma adicional indicados como explicó Abba, pero cuando comenzó a decir la Amidá, de pronto se dio cuenta que acababa de recitar la primera de las bendiciones semanales de la Amidá. ¡Os podéis imaginar cómo se sintió!».

—Entonces, ¿cuál es la moraleja de la historia? –preguntó Gueula–. No invitar a nadie y decir que no cuando alguien te lo pide?

—Le hice la misma pregunta a Abba –respondió Tehilá–; y sólo dijo que el dar es maravilloso siempre que tengas lo que dar y no estés tomado de lo que necesitas para tu propia *avodat* Hashem. La lección que Batsheva derivó de su experiencia fue que como se había comprometido a aceptar sobre sí misma la *avodá* especial de recibir el Shabat temprano, como su marido estaba aprendiendo de Abba, tenía que darlo todo para asegurarse de que podría hacerlo según los requisitos de su hogar. De ahí en adelante, cualquier invitado que viniera a pasar el Shabat con ellos tendría que llegar dos horas antes de la hora de encender las velas.

—¿Y si trabajan y no pueden venir tan temprano? –preguntó Batia.

—Entonces que no vengan –dijo Tehilá–. Tenemos que priorizar lo que concierne nuestra *avodat Hashem.* Es curioso que su esposo Ben tuvo una experiencia similar ese mismo Shabat. Por primera vez, había logrado tenerlo todo hecho hacia el mediodía y pudo decir Minjá temprano ese viernes por la tarde, cuando le llamó su patrón y le dijo que habían entrado ladrones en la fábrica en la que trabajaba. «¿Te importaría ir allí ahora mismo y evaluar los daños?» le pidió. Ben no podía decirle que no a su patrón y fue, pero estaba lleno de enfado interior hacia su patrón, así como hacia sí mismo por permitir que le sucediera tal cosa. Decidió que, en lo sucesivo, apagaría su teléfono a partir del momento en que comenzara a prepararse para el Shabat.

—Entonces, si su hijo se encontrase en una situación de urgencia, tampoco podría ponerse en contacto con él –objetó Batia.

Tehilá no contestó y sólo se quedó mirando fijamente a su amiga. Finalmente dijo Batia:

—Sí, lo sé: hay cosas que podría haber hecho para quedar disponible exclusivamente para sus hijos... –Hizo una pausa y añadió–: Como tú misma señalaste, hay que estar listo para dar tal paso.

—Ahí tienes la razón –concedió Tehilá–. Y es lo que le dije a Abba, pero él me dijo: «Sé lo buena que eres con la multitarea, pero desde el momento que lo tienes todo listo para el Shabat, tu cama hecha, la comida calentándose en la placa de Shabat, tú vestida y tus de velas de Shabat preparadas, no importa cuánto tiempo te quede, diez minutos o dos horas, apaga tu móvil y concéntrate en acércate a Hashem».

»Me costó trabajo aceptar lo que me estaba diciendo Abba. «No veo por qué tengo que apagar mi móvil –le dije–. ¿Por qué *apagarlo* antes de que sea el Shabat? A lo mejor me pierdo una llamada importante...»

«Dentro de la comunicación existe el lenguaje corporal –me dijo de nuevo–. El apagar tu móvil es un acto de lenguaje corporal a través del cual estás emitiendo tu deseo de apegarte a Hashem». Me sugirió que si me quedaba muy poco tiempo disponible leyera el salmo 63, que es uno de los salmos del rey David más emocionantes en el que expresa su profunda sed de cercanía a Hashem en momento difícil de su vida.

»Hablamos un poco más del tema y me dijo que el acto de apagar el móvil hoy en día puede verse como una entrega, ya que no es fácil cortar tu contacto con el mundo exterior. Y ese acto de entrega te va a permitir entrar en la dimensión de Shabat porque si apagas tu teléfono y de sopetón enciendes las velas, muchas veces no logras salir de la conciencia del resto de la semana.

—¿Hay algo en particular que pueda hacerse en el Shabat para crecer espiritualmente? –preguntó Batia.

—¡Por supuesto! Puedes tratar de decir más *tefilá,* añadir a lo que lees de las *tefilot* de Shabat, y también esforzarte por mejorar la calidad de tu *tefilá,* es decir, mejorar tu concentración, y podrías ir a la sinagoga en lugar de decir *tefilá* sola en tu casa, porque allí tu *tefilá* se eleva con la de todos... –comenzó Tehilá.

—Ir a la sinagoga el viernes por la noche es difícil porque tenemos que asegurarnos que todo está listo en la mesa, y también estamos físicamente cansadas a esa hora –objetó Batia.

—Cierto –replicó Tehilá–, pero tu argumento no se aplica al Shabat por la mañana ni por la tarde. El ir a la sinagoga en esos momentos nos permite de escuchar la lectura de la Torá y según Rab Luria, me dijo Abba, escuchar la lectura de la Torá de un Rollo de Torá *kasher* nos acerca a la Entrega de la Torá. Además, puedes tratar de mejorar la calidad de tus *seudot* del Shabat: ¿estás pasivamente sentada, o estás tratando de tomar parte en lo que sea apropiado para ese momento? Podría seguir dándote sugerencias, pero Abba recalcó que a medida que vas creciendo en tu *avodat Hashem,* estás guiada desde Arriba en lo que concierne lo que puedas hacer para seguir creciendo, si es lo que deseas.

—Siempre he tenido una pregunta acerca de una declaración rabínica que parece contradecirse –dijo Gueula–. Por un lado, dicen que si todo el pueblo de Israel cumpliera dos Shabat serían redimidos de inmediato, y por otro, dicen que con sólo un Shabat que todo Israel cumpla serían redimidos. ¿Sabes algo de eso?

—Me alegro de que lo hayas mencionado –dijo Tehilá–, porque Abba sí que habló de eso. Abba primero me explicó que nuestra alma tiene tres niveles principales:[173] la *neshamá* (de *neshimá*-soplo), el *rúaj* (literalmente, «viento»), y el *nefesh* (de *nafash*-reposó).

»La *neshamá* reside en el cerebro, el *rúaj* en el corazón y el *nefesh* está apegado al hígado. El *nefesh* y el *rúaj,* que son responsables por las emociones del hombre, están vinculados directamente con el cuerpo. En cambio, quizás por su excelso origen, la *neshamá* no está completamente apegada al cuerpo; el cuerpo y la *neshamá* son dos entidades distintas que viven juntas.

»El *rúaj* está en constante movimiento entre el *nefesh* y la *neshamá.* Durante el resto de la semana, el *rúaj* se apega al *nefesh;* en el Shabat, en que el *rúaj* no está involucrado en ninguna actividad secular, se separa del *nefesh* y se apega a la *neshamá.* Además, durante todo el Shabat, cada judío recibe una *neshamá yeterá*-alma adicional. Cuando se

---

173. Adaptado de Rab R. M. Luria «*Maamar neshamá yeterá beShabat*», en *Bet Genazái* págs. 85-87.

despide el Shabat, el *rúaj* regresa al *nefesh,* y la *neshamá yeterá* regresa al mundo celestial.

»Ahora bien, te mencioné antes que cuando la *avodat Hashem* de una persona es muy elevada, entonces las Luces que recibió para ese Shabat pueden quedarse con él incluso después de que termine el día, y luego puede recibir otras Luces circundantes, más excelsas que las anteriores. Como resultado, el próximo Shabat esas Luces circundantes se volverán parte de su alma interior durante el resto de la semana. Entonces dijo Abba que pueden reconciliarse ambas enseñanzas, porque el primer Shabat la Luz circundante de la *jayá*-alma viva vendrá a vivir en la persona, y si continúa creciendo, el Shabat que viene entrará en él el aspecto de *yejidá*-alma única. En este momento tendrá la persona en él las cinco Luces de su alma y será para él una *gueulá shelemá*-redención total. Es como si su alma estuviera prisionera en algún lugar y cuando cumple el Shabat de tal modo que se merece los cinco aspectos de su alma, su alma completa está redimida porque ahora tiene la estructura espiritual completa de las Luces y recibirá un nuevo set de Luz circundante. Eso se considera un solo Shabat porque uno completa el otro, pero el proceso habrá durado dos semanas.

—¡Es increíble que hayas podido decir todo esto! –exclamó Batia con asombro–. Recuerdo que cuando comenzamos a estudiar juntas, apenas podías comprender la materia que aprendíamos. Y ahora, ¡mírate!

—¡Es porque no estaba haciéndolo para mí! –respondió Tehilá–. Estaba tratando de enviarle créditos a… –terminó levantando un hombro en la dirección de Gueula.

—Pues no cabe duda de que me llegaron –dijo Gueula–. Y estoy de acuerdo con Batia. Yo misma he aprendido mucho, no importa cómo, pero no lo podría repetir con coherencia, de modo integrado, como lo has hecho tú. –Después de un largo silencio, añadió–: Dime, dijo algo… –se interrumpió para volver a formular su pregunta–, ¿hablasteis del efecto del sufrimiento?

Tehilá titubeó.

—Bueno –dijo finalmente–, el proceso de refinar tus vasijas se compara al de refinar el oro, y refinan el oro quemando todas las impurezas que lo rodean… –se interrumpió al ver que su hermana estaba llorando.

La semana pasó rápido. Las preparaciones de Shabat tuvieron lugar como lo habían planeado las jóvenes. Excepto en los momentos en que estaba involucrada en las preparaciones de Shabat, Gueula permanecía en su habitación sola, evitando a su padre para no tener que presenciar su sufrimiento.

Todo el jueves por la mañana Gueula estaba en la cocina con la mujer, quien se prestó con gusto a lo que las muchachas le pidieron. Cuando Tehilá regresó a casa temprano por la tarde, se encontró con una Gueula cansada pero contenta. Dio un silbido de apreciación cuando vio todo lo que habían preparado, y la cocina limpia.

—¡Guau! –exclamó–. ¡Bien hecho! ¿Qué nos queda por hacer?

—Sólo las cosas de último minuto –dijo Gueula–. Puedo hacerlas mañana. La señora Benjayón me lo ha explicado todo. Lo único es que... ¡no tengo nada que ponerme!

—¿Qué quieres decir? –preguntó Tehilá–. ¡Nadie ha tocado tu armario!

—Lo sé –dijo Gueula–. Lo único es que... no hay nada en mi armario que me pueda poner. Había un vestido negro que parecía apropiado para una ocasión elegante, pero en cuanto me lo probé sentí que... no puedo, no puedo. No quiero ver ese vestido. Además, no quiero vestirme de negro en el Shabat.

Tehilá le dio un abrazo caluroso.

—No te preocupes –dijo–. Encontraremos algo que te puedas poner. Yo te prestaré algo, o bien cogeremos algo prestado de Batia si no te gusta lo que tengo.

Capítulo diecisiete – Hacer el Shabat

❋ Al regresar el hombre de la sinagoga se precisan tres cosas: la cama hecha, las velas encendidas y la mesa puesta

❋ Estos tres elementos –la cama, las velas y la mesa– transforman el hogar en un Templo en miniatura

❋ La Luz-*orá* de Shabat comienza a llegar los viernes a *jatzot*-mediodía

- El pasado no existe. En cada momento específico tenemos una tarea que completar
- El peligro de enfadarse el viernes la tarde
- Dejarse el tiempo suficiente para dejar la velocidad semanal detrás antes de encender las velas y entrar en la dimensión de Shabat con armonía interior
- El apagar el móvil antes del Shabat es un acto de entrega que nos permite penetrar en la dimensión de Shabat

Capítulo dieciocho

¡Sólo para Hashem!

Llegó el Shabat esperado y todos se reunieron alrededor de la mesa, que les había quedado hermosa. Batia y sus padres se habían unido a la familia para la *seudá* del Shabat por la noche. Reubén hizo *kidush* sobre el vino y fueron a lavarse las manos. Después de comer un trozo de *jalá,* Reubén cerró los ojos y comenzó a cantar, y su bella voz de tenor llenaba la sala.

Nuestros hermanos, toda la Familia de Israel
que viven con problemas y en cautividad entre el mar y and la tierra firme, que el Todopoderoso se apiade de vosotros
y os lleve de los problemas al alivio,
de la profunda oscuridad a la Luz y de la esclavitud a la redención ahora, rápido y pronto.

אַחֵינוּ כָּל בֵּית יִשְׂרָאֵל
הַנְּתוּנִים בַּצָּרָה וּבַשִּׁבְיָה
הָעוֹמְדִים בֵּין בַּיָּם וּבֵין בַּיַּבָּשָׁה.
הַמָּקוֹם יְרַחֵם עֲלֵיהֶם
וְיוֹצִיאֵם מִצָּרָה לִרְוָחָה.
וּמֵאֲפֵלָה לְאוֹרָה.
וּמִשִּׁעְבּוּד לִגְאֻלָּה.
הַשְׁתָּא בַּעֲגָלָא וּבִזְמַן קָרִיב:

Cuando la voz de su padre llegó a las altas notas de la última frase *me shi'bud legueulá*-de la esclavitud a la redención, era obvio que a Gueula le costaba retener las lágrimas.

—Esta canción es muy apropiada para esta *seudá* –dijo Reubén mirando en dirección de Gueula, para ayudar a su hija a recuperarse–, porque es equivalente al éxodo de Egipto. La canción se basa en un párrafo de la *Hagadá* del Pésaj que celebra la redención. Se dirige a todo el pueblo judío que se encuentran en alguna clase de oscuridad, atrapados entre el mar y la tierra firme, y expresa el deseo de que el Altísimo los saque de su desgracia-*tzará* hacia la recompensa-*revajá*, y de la oscuridad-*afelá* hacia la luz-*orá,* y de la esclavitud-*shi'bud* hacia la *gueulá*-redención. Ahora bien, en la *Hagadá*, agradecemos a Hashem que nos sacó del trabajo forzado hacia la libertad, de la congoja hacia la alegría, del luto a la festividad, de la oscuridad hacia la gran Luz y de la esclavitud a la redención.[174]

—Parece que la canción va hacia adelante y luego hacia atrás, porque si Hashem nos llevó a la alegría, la festividad y a la gran Luz, ¿cómo es relevante decir que nos sacó de la esclavitud a la redención? Y si había una gran Luz en esos momentos, ¿cómo podía seguir habiendo un elemento de esclavitud? –preguntó Tehilá.

—Estas palabras aluden a diferentes aspectos de la redención –aclaró Reubén–. Cada uno de ellos alude a una forma de redención más elevada que la anterior.

»Mientras estaban en Egipto, los israelitas eran como un feto en el seno. Explicó el Arí z"l que la idea de gestación indica que se les fue la conciencia elevada, dejándolos así como un feto que no tiene identidad propia. Depende de su madre para su sustento y para su misma existencia, y es como si fuera una de las partes del cuerpo de ella. Los israelitas en Egipto estaban en una situación parecida, totalmente envueltos y absorbidos en la impureza egipcia, y por tanto dependían totalmente de los egipcios según el decreto Divino.

»Y así sucede cuando una persona se va en exilio: se olvida de quien es, y de lo que vino a hacer al mundo. Y luego comienza a cometer errores y como resultado pierde los aspectos de su alma, uno por uno, hasta que sólo le queda un fragmento de su *rúaj* y de su *nefesh.* Si pierde más, entrará en un estado de gestación hasta que suceda algo que le despierte de su estupor y decida regresar a su Hacedor. Entonces comienza él a reconstruirse a través de la *teshuvá,* y poco a poco le vuelven todos los niveles del alma que perdió gradualmente hasta que se con-

174. Las enseñanzas que siguen están adaptadas de Rab M. Luria «Maamar Shtiyat arba cosot», en *Bet Genazái: Leil Shimurim*, págs. 85 y sigs.

vierte en una estructura espiritual completa-*binián shalem*, incluyendo todos los niveles de alma.

»Entonces, cuando decimos que nos sacó del trabajo forzado hacia la libertad, nos referimos al acto de dejar la gestación, o en otras palabras, dejar el estado de dependencia total para pasar a otro ente, denominado trabajo forzado, en el sentido de que quien está obligado al trabajo forzado no tiene nada más que lo que le da su amo. El esclavo no tiene identidad personal; no puede hacer nada por sí mismo, así como el feto en el seno materno. Por lo tanto, agradecemos a Hashem que nos sacase de Egipto, del trabajo forzado hacia la libertad, permitiéndonos de recobrar nuestro ente espiritual independiente.

»En este momento, sin embargo, aún somos como un recién nacido que carece de conciencia. Este estado se denomina congoja, así como una persona que no tiene acceso a lo que está guardado en su mente. Por lo tanto, la noche de Pésaj, Hakadosh Baruj Hu nos hace bajar una conciencia elevada que hace que dejemos la congoja detrás y nos llenemos de alegría.

»Aún no hemos dejado el estado de duelo. Una persona de duelo es alguien que ha perdido algo que le es esencial. Así estamos todos después de las graves trasgresiones cometidas, y como estamos como nación antes de que comience Pésaj. Hemos perdido los tres aspectos elevados de nuestra alma y aún no los hemos recuperado. Por tanto, aún estamos como quien llora por lo que perdió. Por el amor y la bondad de Hashem recibimos la *neshamá*-alma excelsa y esto nos ayuda dejar el duelo e ir hacia la festividad.

»Sin embargo, todavía estamos en estado de oscuridad, la oscuridad de quien se encuentra ante una gran Luz, pero no tiene lo requerido para percibirla. Cuando atraemos hacia abajo la excelsa alma *jayá* al tomar las cuatro copas de vino la noche de Pésaj, decimos con justicia que Hashem nos sacó de la oscuridad hacia una gran Luz.

»Termina nuestro párrafo diciendo que Hashem nos sacó de la esclavitud a la redención: a pesar de que tenemos alegría, festividad y una gran Luz, aun así, siempre que nuestra voluntad, que es la corona de nuestra estructura espiritual, no haya regresado, seguiremos esclavizados a nuestro impulso al mal. Por lo tanto, al tomar la cuarta copa de vino la noche de Pésaj, agradecemos a Hashem que nos sacase de la esclavitud a la redención al restaurar el aspecto más elevado de nuestra alma, de modo que tenemos ahora una estructura espiritual completa-*komá shelemá.*

—La canción utiliza la palabra *tzará*-desgracia de modo que incluye todo lo otro que mencionaste: trabajo forzado, congoja, duelo, oscuridad y esclavitud reunidos en una sola entidad. ¡Éste es un problema general que afecta a muchas personas judías en el mundo! Y dijiste que cada problema les vino porque perdieron uno de los niveles del alma..., pero eso no sucede necesariamente por transgredir, ¿no? –preguntó Dmitri.

—No –asintió Reubén–. Explican los Sabios que Hashem puede causarle sufrimiento y oscuridad a una persona para ayudarla a conectarse con el sufrimiento colectivo de nuestros hermanos, la Familia de Israel, como lo expresa la canción, y con el de la Shejiná, compartiendo Su dolor por el sufrimiento de Sus hijos.

»Todos nosotros juntos somos Kneset Israel, la Shejiná de abajo compuesta por nuestras almas colectivas, y en el resto de los días de la semana la mayoría de nosotros estamos encerrados en una célula de indiferencia. Nos toca, pues, a nosotros aprender a vislumbrar la verdad a través de las paredes de nuestra célula y recordar lo que vinimos a hacer aquí. La manera de salir de nuestra oscuridad espiritual es olvidarnos a nosotros mismos y dedicar cada onza de nuestra fuerza de causar alegría en el mundo celestial ...

—¡Tremendo! –exclamó Gueula como si hubiese vuelto a la vida–. Entonces, ¡es así como se hace! Cuando puedes dejar a un lado todos tus asuntos personales y concentrarte totalmente en agradarle a Hashem en el Shabat, es como nos has dicho, como si recuperásemos toda la Luz que nos quitaron las fuerzas de la impureza y la devolviésemos a la dimensión de santidad.

—Y, ¿sabes qué? Amada hija mía, a quien pensé que nunca volvería a ver, a través de tus palabras me doy cuenta de que me he equivocado durante todo este tiempo. Bueno, equivocado quizás no sea la palabra correcta –se corrigió a sí mismo–, pero... podría haber esperado más de mí mismo: cuando desapareciste hice un esfuerzo frenético por mejorar mi observancia del Shabat, así como por enseñar a otros, con la misma intención de transmitirte *zejuyot*-créditos espirituales, porque sé que, aunque hay otros factores, lo que te sucede en la semana que le sigue a cualquier Shabat es en gran parte consecuencia de la calidad de tu observancia del Shabat. ¡Sin embargo, mi motivación no era correcta!

—¿Qué problema puede haber con eso? –preguntó Dmitri con una mirada de incredulidad.

—Tienes razón, Dmitri, y de nuevo, ésta no es la mejor manera de expresarme porque siempre tenemos que juzgarnos a nosotros mismos por bien. Deja que me exprese de otro modo. Hay dos palabras claves en la Torá vinculadas con la observancia del Shabat:[175] la palabra *zajor,* que significa «recuerda» y está vinculada con la idea del hombre-*zajar,* y la palabra *shamor* que literalmente significa «guardar» y está vinculada con la idea de la mujer. La Torá interior conecta el concepto de *nekevá, nukva* en arameo, al de recibir, mientras que el de *zajar, dejurá* en arameo, conecta con el de dar. Cuando guardas el Shabat con la intención de tener un día a la semana de paz interior y deleite, en otras palabras, si sólo quieres un día de descanso y renovación, estás actuando como un receptor. Ahora bien, si observas el Shabat con la intención de que sea una fuente de alegría y deleite para tu Hacedor sin tener beneficios personales en mente, entonces estás actuando como donador. Y entonces podrás servir a Hashem con un intelecto desarrollado y con los nuevos niveles de conciencia que te dirigirán de Arriba en el Shabat, y como resultado se dirigirán desde Arriba niveles de alegría hacia los mundos celestiales y hacia abajo, en particular hacia el pueblo de Israel.

—¡Vamos, Reubén! –exclamó Dmitri–; me vas a decir que has estado guardando el Shabat todo este tiempo *con la intención de tener un día de paz y deleite?* –preguntó con una sonrisa.

Reubén le sonrió a su vez.

—Bueno, no exactamente. Quiero decir: por supuesto que ése no era mi único propósito. Aun así, en estas dos semanas cruciales, he tenido en mente un beneficio personal al ayudar a mi hija a elevar su experiencia del Shabat, hasta que de pronto me di cuenta de que no debería de ser así. Nuestro esfuerzo por mejorar nuestro Shabat debe ser cómo lo explica Rab Heshel en *Ohev Israel,* בִּלְתִּי לַה׳ לְבַדּוֹ -*Sólo y*

175. La enseñanza que sigue es adaptada del trabajo *Ohev Israel* por Rav Avraham Heshel, *Tisa,* págs. 151-152.

exclusivamente para Hashem. Por ejemplo, les enseñé a mis estudiantes que si leemos los textos del Zóhar indicados para cada comida del Shabat estaremos internalizando la Luz de *Ein Sof Baruj Hu*-el Ser Infinito, bendito es. Bueno, pues ¡no debe ser por esa razón por la que hacemos el esfuerzo de leer el Zóhar en el tiempo que sería más fácil sentarse y gozar nuestra comida! Nuestra intención debe ser que por medio de esta lectura estamos expresando conciencia, cada cual al nivel en que esté, del nivel de revelación Divina que honramos en esta *seudá*.

—Comprendo lo que dices; pero tengo una pregunta, Abba –dijo Tehilá–. ¿Y si tu intención incluye el deseo de que tus transgresiones sean perdonadas y expiadas, cómo se relaciona eso con los conceptos de *zajor* y de *shamor*? Estoy pensando que esto no es un deseo egoísta porque sé que nuestras transgresiones causan muchos problemas Arriba y que ¡es muy difícil rectificar algunos de los graves errores que cometemos!

—Buena pregunta, Tehilá –asintió Reubén–. Pero es un punto tan delicado que me cuesta expresar mi respuesta. En lugar de responderte yo mismo, voy a leerte una bella explicación de *Ohev Israel*:[176] «Me parece que una consecuencia de las transgresiones que comete el hombre es que interrumpe [la Luz Divina que viene a imbuir su alma], distanciando su alma de la Fuente de la Vida, y dejando una tacha en su alma, no lo permita el Cielo. Sin embargo, hay un hombre que se dispone con toda clase de preparaciones [espirituales] durante el resto de los días de la semana, como hemos mencionado, para poder recibir la santidad de Shabat que estará dirigida hacia él desde el Cielo, y espera ansioso, anhelando que llegue la santidad del Shabat. Luego, en el Shabat, en el tiempo que la Luz de santidad le está bajando de Arriba, Hakadosh Baruj Hu ilumina el alma de este hombre dirigiendo hacia él desde los mundos celestiales ocultos una gran Luz que le permite a su alma de regresar a su raíz».

»No hay mayor regalo que ese; es decir, que cuando observa el Shabat según sus leyes, se le perdonan y expían sus transgresiones.[177] Si el

---

176. *Ohev Israel*, pág. 151b.

177. Existen transgresiones graves que sí requieren la participación activa del individuo, como explico en mi libro *La luz de Efraim para las mujeres y las parejas*.

hombre tiene en mente que por medio de su observancia del Shabat podría recibir el buen regalo de que le perdonaran sus pecados, ésa también es una buena motivación, pero no es el mejor camino que podría haber escogido, en el sentido que si el hombre tiene en mente que en recompensa por su cumplimiento de las *mitzvot* podría recibir un beneficio que aumentaría su bienestar, incluso si el bienestar que ansía recibir es de índole espiritual, aun así es considerado una *nukva* en el sentido que quiere recibir una recompensa o pago del Altísimo en cambio por su cumplimiento de las *mitzvot.*

»Decimos todos los días en nuestras oraciones diarias,[178] *tenu 'oz l'Elohim,* que podría traducirse como «Denle fuerza a *Elohim*», que es uno de los Nombres de Hashem vinculado con la Shejiná, y continúa el versículo *al Israel gaavató* «Cuyo orgullo reside en Israel». Nos están diciendo hasta qué punto nuestra entrega para cumplir la Torá, para vivir una vida de la Torá, le da fuerza a Hashem y le enorgullece de nosotros –terminó cerrando los ojos para ocultar sus lágrimas.

—No estoy seguro de comprender lo que estás diciendo –objetó Dmitri–. El texto que acabas de leernos dice que si preparas el Shabat como debes y si guardas el Shabat según sus leyes, cosa que significa que las has estudiado y sabes cómo aplicarlas, entonces tu alma recibe una energía divina que le permitirá regresar a su Fuente y entonces que tus pecados serán perdonados. Si es así, ¿qué tiene de malo tener esto en mente? Quiero decir, ¡el mismo texto señala que no hay mayor regalo que el perdón y la expiación de nuestras transgresiones!

—Buena pregunta –aprobó Reubén–, y me alegro mucho de que hayas mencionado este tema. Nadie cuestiona de que sea una gran cosa que se te perdonen tus pecados, y si tu Shabat es muy alto, tus transgresiones pasadas no te impedirán apegarte a Hashem en Shabat, pero he de subrayar, eso es, siempre que tengas la firme intención de rectificar tus transgresiones en el futuro cercano. Éstas no son olvidadas, nunca, hasta que rectificas el daño causado en el mundo celestial a través de

178. Salmos 68, 35; mi traducción de este versículo se basa en la de Rab Avraham Sutton al inglés.

tus transgresiones. Sin embargo, el tema que estoy recalcando es que ser perdonado no debe ser tu motivación por guardar el Shabat.

»A pesar de que el *Ohev Israel* subraya que dedicar tu servicio divino בִּלְתִּי לַה' לְבַדּוֹ -sólo y exclusivamente para Hashem es un nivel muy elevado que no todos alcanzan, creo que aun así todos deberíamos tratar de lograrlo. Quizás si ése es nuestro profundo deseo, recibiremos la ayuda divina para alcanzarlo, porque la Providencia o intervención Divina que recibimos refleja los anhelos de nuestra alma.

—Ahora, Reubén –pidió Dmitri–, por favor, cierra el libro y vamos a discutir lo que estas enseñanzas significan para nosotros y cuál es el mejor modo de ponerlas en práctica. Lo que estás diciendo es que si algo difícil sucede en la vida de una persona, lo mejor que puede hacer es ignorarlo y seguir con su servicio divino, ¿no?

—No –respondió Reubén lentamente–. No –repitió–. Eso tampoco sería apropiado. Si algo difícil sucede en tu vida es como si te estuvieran poniendo a prueba y entonces tienes que reaccionar. Puedes esforzarte por mejorar la calidad de tu servicio divino en lo que te sea posible, y en lo que concierne cualquier aspecto de tu servicio divino relacionado sean el resto de los días de la semana o sea Shabat, has de mantener la conciencia que tus esfuerzos están dedicados a Hashem, excluyendo cualquier otra cosa. Como lo enseña el Shulján Aruj, nuestro código de ley judía:[179] «En todo cuanto haces, tu intención ha de ser que lo estás haciendo para el Cielo, no para ti mismo. Por ejemplo, incluso si tienes hambre y sed, si comes o bebes para satisfacerte no es digno de alabanza. Has de tener en mente que estás comiendo y bebiendo para dar fuerza a tu cuerpo para continuar a servir a tu Hacedor».

El final de la *seudá* transcurrió tranquilamente, pero con una diferencia. Era como si Gueula hubiese salido de su cápsula. En apariencia no había cambiado nada porque seguía sufriendo de amnesia, pero estaba resplandeciente como si estuviera reaccionando a una Luz que sólo ella podía ver.

A la mañana siguiente, las jóvenes fueron a la sinagoga antes del amanecer, junto con su padre, pasando por la casa de Batia para reco-

---

179. Véase *Shulján Aruj, Caf haJayim, Halajot Berajot, simán* 231.

gerla, como les había pedido. Pronto estaba cada una de ellas sumergida en su propio *sidur.* Reubén, quien dirigía las oraciones, estaba leyendo en voz alta de su *sidur.* Justo antes de llegar a *Nishmat,* dejó su asiento y subió al Arca, como de costumbre. Comenzó a recitar *Nishmat* en voz alta, pero de pronto cambió, y en lugar de leer el hermoso texto, se puso a cantarlo. Todos los congregantes levantaron los ojos de sus libros, emocionados por la alegría que emanaba de su semblante; muchos de los presentes cerraron los ojos para ocultar lágrimas de empatía.

—Si tuviéramos la boca llena de canción, tan llena de canción como el mar, si nuestra lengua pudiese cantar como muchas, muchas olas…

Un grito penetrante sacudió a cada uno de los congregantes: «¡Abbaaaa!».

Capítulo dieciocho - ¡Sólo para Hashem!

- Mientras estaban en Egipto, los israelitas eran como un feto en el seno. Explicó el Arí z"l que la idea de gestación indica que se les fue su conciencia elevada, dejándolos así como un feto quien no tiene identidad propia
- El servicio divino בִּלְתִּי לַה' לְבַדּוֹ-sólo y exclusivamente para Hashem es un nivel muy elevado que no todos alcanzan
- Si algo difícil sucede en vida de una persona es como si le estuvieran poniendo a prueba y hay que reaccionar

Epílogo

¡He venido a Mi jardín, Ajotí Calá!- בָּאתִי לְגַנִּי אֲחֹתִי כַלָּה.

Hemos visto que el amor entre Hakadosh Baruj Hu y Kneset Israel refleja el lazo matrimonial, y evoca la cercanía de compañeros del alma. Sin embargo, los compañeros de alma humanos se consideran tradicionalmente un alma sola con su mitad masculina y su mitad femenina que se separaron para nacer en este mundo como hombre y mujer. Luego, si merecen encontrarse cuando crezcan, se casarán y tendrán una relación perfecta. Dada esta explicación nos preguntamos: ¿cómo puede aplicarse el concepto de compañeros de alma humanos a nuestra relación con Hakadosh Baruj Hu?

La creación de Hakadosh Baruj Hu de la Torá y de Kneset Israel precedió Su Creación de este mundo como lo conocemos. La excelsa expresión de la relación de Kneset Israel con Hashem está representada en *Shir haShirim* con las palabras *Ajotí Calá*-mi hermana, mi novia. Como explica Rab Luria:[180] «Enseña el Zóhar que la Torá, Hakadosh Baruj Hu e Israel son uno, porque la Torá vincula a Israel con Hakadosh Baruj Hu, haciéndolos Uno del modo sugerido por las palabras "*ajotí*-Mi hermana"».

De nuevo nos preguntamos: ¿cómo puede representarse la cercanía de compañeros de alma con una imagen de amor fraterno? Si la intensidad del amor de los padres es como aguas durmientes en comparación al de compañeros de alma, ¡el amor fraterno no puede ni siquiera compararse al amor de padres, y menos a la pasión entre hombre y mujer!

---

180. «Ajotí Rayatí Yonatí Tamatí», en *Bet Genazai al haTora: Shir haShirim,* pág. 145 a.

La idea del amor fraterno mencionado en los versículos y así como en el Zóhar no se centra en la intensidad del amor de hermanos, sino más bien en el grado de parentesco entre ellos. En el vínculo de *Ajotí Calá* el amor de novios adquiere la permanencia del grado parentesco de hermanos: un lazo de esta índole nunca puede romperse. En cambio, el hombre y la mujer que desean casarse tienen que pasar por la ceremonia nupcial de *kidushín* y *nisuín* para llegar a ser uno. Después de la ceremonia nupcial, la novia formará parte de la esencia de su novio y se volverán uno. Sin embargo, el lazo entre ellos podría romperse, ya que un divorcio podría cancelar el vínculo creado por la ceremonia de *kidushín* y *nisuín,* pero un vínculo presente desde antes de la Creación es imposible de romper.

La primera manifestación de la relación entre Hakadosh Baruj Hu y Kneset Israel con la cercanía singular de compañeros de alma sucedió a consecuencia del exilio en Egipto.[181] Hashem les prometió:[182] אָנֹכִי אֵרֵד עִמְּךָ מִצְרַיְמָה וְאָנֹכִי אַעַלְךָ גַם עָלֹה. Este versículo se traduce, «Yo descenderé contigo a Egipto y yo ciertamente te haré subir luego». No obstante, hay algunos versículos que parecen pedirnos que investiguemos su significado con más profundidad.

He aquí la importancia de la dimensión interna de la Torá, que nos transmite el significado no solamente de cada palabra en un versículo, sino más aún, de cada letra. Si nos fijamos en el versículo citado, nos damos cuenta de que la palabra que expresa «elevación» aparece dos veces, repetida en formas diferentes gramaticales. אַעַלְךָ es expresado en el futuro, y significa «causaré que asciendas» , y גַם עָלֹה es una intensificación de la declaración anterior que significa «te haré ascender de nuevo».

Más aún, el día del éxodo, dice el versículo:[183] יָצְאוּ כָּל צִבְאוֹת ה׳ מֵאֶרֶץ מִצְרָיִם - Todas las legiones Hashem salieron de la tierra de Egipto.

---

181. Rab Moshé Luria, «*Maamar Anojí H' Elokeja asher hotzetija meEretz Mitzrayim*», en *Geulat Mitzrayim,* 1.ª edición, págs. 265-80. Véase mi adaptación de este ensayo al español en *Cabalá: Espiritualidad auténtica para nuestro tiempo* (capítulo «He perdido mi fuego»).

182. Génesis, 46:4.

183. Éxodo 12, 41.

Este versículo implica que así como el pueblo de Israel bajó a su exilio egipcio, así también, si puede decirse, las צְבָאוֹת-legiones de Hakadosh Baruj Hu bajaron con ellos y al final de su exilio dejaron Egipto con ellos. Explicaron nuestros Sabios que cuando Moshé recibió la revelación de la zarza ardiente, estaba percibiendo la revelación de la Shejiná como lo sugiere el versículo:[184] עִמּוֹ אָנֹכִי בְצָרָה-Estoy con él en tiempo de [su] aflicción.

Subrayan los Sabios que esto no sólo significa que Hashem compartía su aflicción, sino también, hasta el punto que pueda expresarse, que se infligió el exilio egipcio a Sí Mismo. El exilio egipcio se considera, pues, un período de *ibur*-gestación en un seno espiritual. Al compartir su gestación y emerger junto con ellos, Hashem estaba creando el lazo singular en el que Kneset Israel se volvió parte de Su propia esencia: de ahí el concepto de compañeros del alma relativo a nuestro vínculo con Hashem.

En su obra acerca de *Shir haShirim* declara Rab Luria que Rab Akiva tenía una conexión única con la obra maestra del rey Salomón. El gran sabio se sentía atraído por el Cantar porque evidentemente podía comprender todas las alusiones que contiene. La lectura del Cantar provocaba, pues, su percepción de nuestra cercanía singular a Hashem. El Zóhar menciona una escena en la que Rab Akiva estaba leyendo *Shir haShirim* en Shabat y le cayeron las lágrimas, ante la sorpresa de sus discípulos de que su gran maestro de Torá pareciese estar llorando en Shabat. Como les dijo Rab Akiva, sus lágrimas no eran de tristeza, sino que se emocionó al pensar que todo el sufrimento de los Hijos de Israel en la esclavitud egipcia fue lo que les permitió llegar a ser עֶצֶם מֵעֲצָמַיו, o sea, a formar parte de Su esencia.

El gran Sabio no podía contener sus lágrimas de *oneg*-deleite al pensar en la *devekut*-apego apasionado que resultó de ese vínculo. Rab Akiva comprendió que todos los mandamientos son esencialmente instrucciones que nos dicen lo que hacer y qué evitar para alcanzar y retener la intención fundamental de la Torá: estar en un estado de *devekut* constante con la Fuente de la vida.

---

184. Salmos 91, 15.

«El mundo no valía la pena hasta que apareció *Shir haShirim*: todos los cantares son santos, pero *Shir haShirim* es Santo de los Santos» dijo Rab Akiva.[185] Para explicar esta declaración de Rab Akiva, Rab Luria explica los tres niveles de santidad en el Templo, señalando que el servicio divino que se hacía en éstos correspondía a los tres niveles de cercanía entre Hakadosh Baruj Hu y Kneset Israel: estaba la *Azará*-el Patio, el *Hejal*-Santuario y el *Kodesh Kodashim*-(cámara más recóndita de Templo). El Patio es donde solían presentar las ofrendas y en este sentido corresponde a la cercanía de un *eved*-sirviente con su patrón. En el *Hejal* estaba la mesa, el pan de proposición *(lejem hapanim)* y el candelabro, todo lo cual evoca los hijos a la mesa de su padre.

Mientras que el *Hejal* se denominaba *kodesh*-santo, la cámara más secreta, en la que se encontraban el *Arón*-Arca y los *Kerubim*-querubines, se denominaba *Kodesh Kodashim.* En el *Hejal* estaba la *menorá*-el candelabro, cuya luz representa la Luz de la Torá. En el *Kodesh Kodashim* se encontraba el Arca que contenía las Tablas de la Torá.

La Luz de la Torá se encontraba, pues, en ambos el *Kodesh* y el *Kodesh Kodashim,* pero eran dos clases de luz diferentes. En el *Hejal* estaba la *menorá* que evocaba la cercanía que era prevalente *antes* del éxodo de Egipto. La *menorá* tenía siete ramas, cada una de ellas separada de las demás, y su rama central no se apagaba nunca como señal milagrosa de la residencia de la Shejiná con el pueblo de Israel.[186] En otras palabras, la menorá era la señal del estrecho vínculo de la Shejiná con el pueblo de Israel.

Explica Rab Luria que la idea del *Kodesh Kodashim* representa la unificación entre Hakadosh Baruj Hu y Kneset Israel Su compañera del alma después de que dejaran Egipto, volviéndose *etzem meatzamav* a consecuencia del período de gestación. Si puede decirse así, emergieron de allí como almas gemelas, como compañeros del alma.

Por lo tanto, la esclavitud en Egipto puede verse por un lado como un período de *ibur*-gestación y por otro como una *nesirá*-separación en la que esta Alma había de partirse en dos para que las dos secciones

---

185. Midrash *Tanjuma* acerca de la *Parashá Tetzavé;* citado por Rab Luria, «*Shir haShirim* Kodesh haKodashim», en *Geulat Mitzrayim.*

186. *Tratado Shabat,* pág. 21; citado por Rab Luria, pág. 269.

pudiesen luego reunirse y volver a ser Una. El vínculo que finalmente tendrían como *etzem meatzamav* estaba realizándose durante su esclavitud, pero, por otra parte, el tiempo de la esclavitud también representó una separación. Así como no hay conciencia mientras se está en el seno materno, asimismo el pueblo de Israel perdió el sentido del apego a su Hacedor durante la difícil esclavitud: el concepto de gestación excluye el de la conciencia.

Después de la *nesirá* del período de esclavitud en Egipto sucedió la unificación en la Entrega de la Torá. El Arca y las Tablas de la Torá que contenía representaban el vínculo Celestial en la Entrega de la Torá. Como lo enseña el Zóhar, «Hakadosh Baruj Hu, la Torá e Israel son Uno», porque la Torá es la sabiduría de Hashem y Su esencia, que extiende Él a nosotros para que nuestra *devekut* hacia Él pueda reflejar que somos parte de Su esencia.

Por consiguiente, la idea de amor fraterno mencionado en los versículos, así como en el Zóhar, no se centra en la intensidad del amor entre los hermanos, sino en que son parientes consanguíneos. Por eso llama Hashem a Kneset Israel *Mi hermana, Mi amada, Mi paloma, Mi perfecta,* y también *Ajotí Calá.* La idea de «hermana» que aparece en *Shir haShirim* alude a un concepto muy excelso; Rab Luria nos revela que la profunda emoción de Rab Akiva al leer el Cantar en Shabat se debía a su percepción de la naturaleza extraordinaria de nuestra relación con Hashem.

Han dicho los Sabios que una de las cosas que distinguían a Rab Akiva era su comprensión de que el amor entre Hakadosh Baruj Hu y Kneset Israel nunca disminuiría, ni siquiera en presencia del exilio y de la aflicción, porque hasta el punto en que podemos expresarlo, ellos son עֶצֶם מֵעֲצָמָיו -forman parte de Su propia esencia. Por lo tanto, aunque la entidad espiritual de Kneset Israel ya existía antes de la Creación, su relación singular con Hashem sólo se manifestó después del éxodo de Egipto, y es imposible cancelar tal vínculo.

La contribución especial de Rav Akiva fue, pues, ayudarnos a comprender el misterio del amor de Hashem por Kneset Israel, que también fue transmitido por los profetas, como dice el versículo:[187] «*¿Dónde está la carta de divorcio de vuestra madre,* con la cual Yo la repudié?»- אֵי זֶה סֵפֶר כְּרִיתוּת אִמְּכֶם אֲשֶׁר שִׁלַּחְתִּיהָ. Aunque la expresión hebrea *sefer keritut* se traduce como «divorcio» –si consideramos el sentido literal de las palabras, *keritut* significa «cortar»– y tal ruptura no puede aplicarse a un vínculo en el cual la esencia del uno forma parte de la del otro.

Fue Rab Akiva quien enseñó:[188] «¡Afortunados sois, oh, Israel! ¿Ante Quién os purificáis? ¿Quién os purifica? Vuestro Padre en los Cielos. [...] Y también está escrito: "Hashem es mikvé de Israel".[189] Así como la *mikvé* purifica a los que están impuros, asimismo Hakadosh Baruj Hu purifica a Israel».

Estas citas acerca de la pureza aluden a las dos clases de cercanía representadas en los conceptos de *Kodesh* y de *Kodesh Kodashim.* Existe una clase de pureza que proviene de «Vuestro Padre en los Cielos», y el texto de la Mishná aquí nos dice que evoca la cercanía de *banim*-hijos. A continuación, hay una clase más elevada captada por las palabras de la Mishná: «Hakadosh Baruj Hu purifica a Israel», porque son *etzem meatzamav.* Como Él es la Fuente misma de la pureza, ellos han de ser puros también.

El gran Sabio comprendió que la *tahará*-purificación del pueblo de Israel no proviene de una fuente externa, como en el caso de los que precisan sumergirse en una *mikvé* para obtener pureza. Cuando el pueblo de Israel se vuelve observante de la Torá y se apega a su Fuente, se despojan automáticamente de su antigua impureza. Como se alude en la profecía:[190] «Para Mí Mismo, para Mí Mismo lo haré» - לְמַעֲנִי לְמַעֲנִי אֶעֱשֶׂה... Hashem nos está diciendo que está ayudándonos a deshacernos de nuestros errores acercándonos a Él, para Sí Mismo. La expresión לְמַעֲנִי-para Mí Mismo implica por Su Shejiná quien sufre debido ante la separación de Su Amado, porque formamos parte íntegra de Ella, somos la base de Su Corona y no puede haber Rey sin súbditos.

---

187. Isaías 50, 1.
188. Tratado *Yomá* 8, 9.
189. Jeremías 17, 13. Traducción mía.
190. Isaías 48, 11.

En la Entrega de la Torá tuvo lugar una unificación a consecuencia de la cual el pueblo de Israel se apegó a su Fuente y se despojó de toda impureza. Comprendió por tanto Rab Akiva que como en su esencia, los Hijos de Israel son *etzem meatzamav,* la unificación celestial en la que recibieron la Torá fue –como lo expresa Rab Luria–בחינה של כחד. La palabra *kejad-* כחד –es decir, como Una entidad completa– es un vínculo de esa misma clase e intensidad.

Explica Rab Luria que inmediatamente después del becerro de oro, perdimos la capacidad de formar parte de tal vínculo y para reconfortarnos, Hashem nos pidió que construyésemos el *Mishkán*-Santuario portátil mientras que estábamos en el desierto, en lugar de esperar hasta que llegáramos a la Tierra como se planeó originalmente. Señala Rab Luria que por esa razón comienza el Cantar con un deseo: «Béseme Él...», expresando así el deseo del pueblo de recuperar el vínculo de la Entrega de la Torá.

Este anhelo no podía cumplirse hasta que purificaran todos los niveles de su alma del terrible error cometido. Hashem les permitió, pues, construir un Templo portátil para que tuvieran algún modo de recapturar lo que habían probado, aunque sólo fuera parcialmente hasta que aprendieran a retener lo que habían perdido.

El *Mishkán*-Santuario portátil sólo revelaba la unificación de dos entidades separadas que se reúnen, pero no el lazo más elevado en el que –si puede decirse así– la estatura espiritual de las almas colectivas de Israel llega a ser similar a la del Altísimo. Este lazo más elevado sólo podría revelarse en la Tierra de Israel ya que sólo tras entrar en la Morada del Rey, Su *dirá betajtonim,* que era el propósito interno de la Creación, podría suceder el equivalente espiritual de *biá*-culminación del lazo matrimonial que sella el aspecto de *nisuín,* convirtiéndose los novios en una sola entidad. Por lo tanto, en el caso del Templo construido en Jerusalem:[191] «[Rab Akiva] captó el mensaje del Cantar. Comprendió el Sabio que la idea del *Kodesh haKodashim* transmitida por el abrazo de los querubines no sólo [evocaba una unificación] com-

---

191. Rab Luria, «*Shir haShirim; Kodesh haKodashim*» en *Bet Genazai: Shir haShirim,* pág. 11b.

parable a la de *kidushín* y *nisuín*, sino que era [una extensión del] vínculo en el que formaban parte de Su esencia.

Explica Rab Luria que la revelación de la Shejiná en el Santo Templo era para todos los Hijos de Israel que iban allí y no todos merecen una revelación completa.[192] En cambio, en el caso de los *etanéi olam*-las almas selectas como las de los patriarcas, que habían alcanzado el grado de perfección requerido, los rectos cuyas vidas mostraban su esfuerzo de merecer tal nivel, la unificación era completa. No obstante, añade Rab Luria:[193] «En el día de la Entrega de la Torá, la unificación era con cada alma de Israel, como lo indica el versículo,[194] "cara a cara". [...] El significado de estas enseñanzas es que ese día el pueblo de Israel ascendió al exaltado nivel espiritual en el que la unificación pudo tomar lugar con *Israel Ellos Mismos* y no tuvo que limitarse a sus raíces de alma en el mundo celestial».

Pregunta Rab Moshé Alshej,[195] que era maestro de Rab Jayim Vital antes del santo Arí, z'l: ¿cuál era el propósito del Santo Templo? Rab Alshej comienza por citar el versículo en que Hashem nos pide construirlo:[196] «Ellos Me harán un Santuario para que pueda habitar entre ellos»-וְעָשׂוּ לִי מִקְדָּשׁ וְשָׁכַנְתִּי בְּתוֹכָם. Rab Alshej examina la selección de palabras y se pregunta: ¿por qué dice בְּתוֹכָם que literalmente significa «en ellos» en lugar de decir בְּתוֹכוֹ –en él– es decir, en el Templo?

En verdad tendría sentido si dijera el versículo בְּתוֹכוֹ –en él– porque el Templo había de proporcionar un lugar puro en el que la Shejiná pudiera residir. Más adelante, sin embargo, cita Rab Luria la respuesta de Rab Alshej: el propósito principal del Templo se realizaba durante el resto de los días de la semana, en los cuales la Shejiná residía en el Santuario, בְּתוֹכוֹ -en él. Con el Templo en su lugar correspondiente, podían los Hijos de Israel arrepentirse de cualquier transgresión cometida durante la semana y logar su expiación al presentar una ofrenda en el

---

192. Citado en el nombre de Rab Yosef Gikatilia, *Shaaréi Orá*, capítulo 5.

193. Rab Moshé Luria «*Dodi yarad leganó*», en *Shir haShirim*, pág. 172.

194. Véase Éxodo 5, 4: «Cara a cara El Altísimo habló con vosotros en la montaña, de entre el fuego».

195. Adaptado de *Bati leGaní* en *Shir haShirim*, págs. 141-142.

196. Éxodo 25, 8.

Santuario. Como resultado, quedaban purificados y con la capacidad de formar parte de la elevación del Shabat.

En cambio, en el Shabat, todos los elementos de la Creación adquieren perfección espiritual y no se necesitaban ofrendas de expiación, o sea, que la Presencia Divina residía literalmente en cada alma de Israel, como está escrito: «Habitaré en cada uno de ellos- ושכנתי בתוך כל אחד ואחד. Por lo tanto, en el Shabat cada persona era un Santuario para la Presencia Divina, ya que la unificación no se limitaba a nuestras raíces del ama al nivel de la Shejiná Celestial como lo es durante el resto de la semana. Aunque cuando el Templo ya no estaba en su lugar el *yijud* de Shabat no era tan excelso como lo había sido en los días del Templo, aun así, nos incluía a todos nosotros en el mundo terrenal; es decir incluía a Kneset Israel también. De nuevo, la expresión Kneset Israel Ellos Mismos se refiere a la entidad colectiva de nuestras almas interiores en estado de unión, en oposición a Kneset Israel de Arriba, que alude a nuestras raíces del alma en el mundo celestial, de la cual no tenemos percepción.

Como he indicado, los diferentes grados de cercanía en estas dos clases de unificación –la unificación de dos *nifradim*-entidades independientes y la unificación de unidad total en la que dos entidades se apegan Una a la Otra *kejad*-como Una– se manifiestan en la oración. Rab Luria conecta estas dos clases de unificación a la emocionante cita del profeta Oseas:[197]

197. Rab Moshé Luria, «*Shinuy Tefilot Jol veShabat,[ב]* » en *Pitjéi Tefilá*, vol. 3, pags. 134y sigs.

Como dijeron los profetas:[198] «Y será en aquel día [...] que tú Me llamarás Ishí y no Me llamarás más Baalí». La palabra *baalí* alude a la unificación entre dos *nifradim*-entidades separadas con el propósito de transmitir *shefa* del Donador [Hakadosh Baruj Hu] al Receptor [la Shejiná, Quien la recibirá y la nos la transmitirá]. En cambio, el aspecto de *Ishí* connota un grado de parentesco que se convierte en un vínculo de unidad total a través del *yijud* de *kejad* [...]. Y ésta es la singularidad del Shabat: en el *yijud* que tiene lugar, dos entidades se apegan Una a la Otra *kejad*-como Una, porque los mundos celestiales ascienden desde el comienzo del día, y cuanto más ascienden, más se revela el grado de cercanía; es decir, que todas [las almas de Kneset Israel] emanan de Una misma Fuente. [Esta revelación] está oculta durante el resto de la semana y en consecuencia, el *yijud* de las oraciones semanales es el de dos entidades separadas. [...]

כמו שמבואר בנביאים ביום הוא תקראי לי אישי ולא תקראי לי בעלי, כי בעלי הוא יחוד של שני נפרדים שיש בזה תכלית של השפעה מהמשפיע למקבל, אבל בחינת אישי הוא שיש ביניהם קרבה שנעשה כחד עם היחוד, וכמו שהוא נקרא איש כך היא נקראת אשה. וזה מעלתו של שבת שהיחוד בו על ידי שנעשו כחד, וזה משום שהוא יום שבו העולמות עולים למעלה מיד עם תחילת היום, וכל מה שהם עולים למעלה מתגלה יותר הקשר של הנאצלים שהם באים משורש אחד ודבר זה נעלם בחול ולכן זה נשאר יחוד של נפרדים [...]

Es importante ser consciente de estas enseñanzas, porque lo que sucede en el mundo celestial los momentos de la Amidá nos afecta directamente según nuestro nivel de comprensión, así como de preparación o mérito.

198. Oseas 2, 18.

Por lo tanto, si podemos volver a exponer lo que precede, en el Shabat cada persona puede llegar a ser un Santuario para la Presencia Divina; todo depende de su entrega para prepararse para el Shabat.

Como dice claramente Rab Luria:[199] ולכן, אין עלי׳ לרגל בשבת משום שכל אחד יש בו אותה בחינה של מקדש כנסת ישראל בת זוגו[...]-«Por lo tanto, no había peregrinación al Santo Templo en el Shabat, porque cada [alma judía tiene el potencial de llegar a ser] un Santuario-Kneset Israel, Su compañera del alma».

En el Shabat, los Hijos de Israel no tenían que ir al Templo como lo hacían en las festividades, porque ascendían al mundo celestial y sus almas se apegan al Altísimo.

En el tiempo de las festividades, en los días del Templo, cuando los Hijos de Israel no cumplían la voluntad Divina, los querubines volvían la faz hacia el Templo mismo en lugar de mirarse el uno a la otra, y en tales casos los *cohanim*-sacerdotes no descorrían la cortina *(parojet).* En cambio, en el Shabat, los querubines siempre se miraban el uno a la otra con amor, sugiriendo así el *yijud* con Kneset Israel ellos mismos.

Cuando superó el enemigo a Israel antes de la destrucción del Templo, irrumpieron en el Santo Templo. Al entrar a la cámara más recóndita, el *Kodesh haKodashim,* se encontraron con los querubines abrazados. ¿Cómo podía ser eso? Si se permitió Arriba que ganase el enemigo, ¡había de ser que la gente no estaba cumpliendo la voluntad Divina! De ser así, ¿cómo podían estar los querubines abrazados al irrumpir el enemigo?

Responde Rab Luria que fue en Shabat cuando entró el enemigo, y en este día los querubines estaban siempre abrazados, sea cual fuera el comportamiento del pueblo.

---

199. «*Maamar hayijud beShabat uMoadim baMikdash veEretz Israel*», en *Bet Genazai: Eretz Israel,* vol. 2, pág. 548ff.

Por lo tanto, en los días del Templo, así como después de su destrucción, la unificación con Kneset Israel continúa sucediendo. Como cantamos en las *zemirot*-santas canciones:[200] «Los que aman a Hashem y anticipan la reconstrucción de Ariel [el Santo Templo], festejan y se regocijan en el día de Shabat como en la Entrega de la Torá». Puede compararse a la Generación del Desierto, quienes adoptaron el papel de *calá*-Novia Divina desde que sucedió la Entrega de la Torá. No obstante, dicha unificación sólo puede tener lugar en la Tierra de Israel, el lugar apropiado para la unificación. Fuera de Israel, tal unificación no podría tener lugar porque las Fuerzas Externas predominan.

נמצא שבשבתות בזמן המקדש ואחר החורבן הם באותה בחינה יחוד עם כנ״י עצמם, ולכן אומרים בזמירות אוהבי ה׳ המחכים בבנין אריאל ביום השבת שישו ושמחו כמקבלי מתן נחליאל כמו דור המדבר שהאיר אצלם בחינה זו של הם עצמם כלה לז״א מעת מתן תורה. והאומנם נראה שיחוד זה אינו יכול להיות אלא בארץ ישראל ששם הוא המקום של היחוד אבל בחו״ל אין מקום ששם יכול להיות היחוד שהרי כוחות הטומאה שולטים שם.

En nuestros días, antes del comienzo del Shabat, leemos *Shir haShirim* y recordamos que incluso ahora, en este día tenemos la capacidad de dejar atrás nuestros errores y merecer el ansiado nivel de Kneset Israel, Su compañera del alma.

No existe mayor deleite que leer los bellos versículos del Cantar cuando comprendemos cuánto amor y anhelo se ocultan en cada versículo. Dice uno de los versículos,[201] «¡He venido a Mi jardín, *Ajotí Calá!*»- בָּאתִי לְגַנִּי אֲחֹתִי כַלָּה.

Como explica Rab Luria, *Kneset Israel Ellos Mismos* –es decir, todos nosotros– somos «el jardín de Hashem» y por eso se denomina el Shabat *vuestro día de alegría*- וביום שמחתכם, porque la unificación es también con Israel Ellos Mismos.

---

200. *Kol Mekadesh Shevii.*

201. Cantar de los Cantares 5, 1.

Y como escribe Rab Aryeh Kaplan: el alma adicional entra en el Shabat, y [...] [hasta el punto de que puede expresarse] el Altísimo reside en el hombre. Por tanto, está escrito: «Ven a Mi jardín».[202]

202. El Maggid de Mezzrij, *Maggid Devarav leYaacov* 39; citado de Rab Aryeh Kaplan, *The Light Beyond: Adventures in Hassidic Thought*. Nueva York: Moznaim Publishing Corp., 1981., pág. 271.

Apéndices

Vihé Raavá

En esta oración, formulada en arameo, pedimos que la *shefa*-bendición Divina, nos baje del nivel excelso de revelación Divina, llamado *Atika Kadisha,* directamente hasta llegar a nosotros.[203] Nos referimos a esta oración por sus primeras palabras *Vihé raavá.* Hay que leer esta oración en cada una de las tres *seudot*-comidas del Shabat, después de leer la canción que escribió el Arí z"l para dicha *seudá.*

וִיהֵא רַעֲוָא מִן קֳדָם עַתִּיקָא קַדִּי־
שָׁא דְכָל קַדִּישִׁין. טְמִירָא דְּכָל טְמִי־
רִין סְתִימָא דְכוֹלָא דְיִתְמַשֵּׁךְ טַלָּא
עִלָּאָה מִינֵהּ לְמַלְיָא רֵישֵׁיהּ דִזְעֵיר
אַנְפִּין וּלְהַטִּיל לַחֲקַל תַּפּוּחִין קַדִּישִׁין
בִּנְהִירוּ דְאַנְפִּין בְּרֵעוּ וְחֶדְוָא דְכוּ־
לָא וְיִתְמַשֵּׁךְ מִן קֳדָם עַתִּיקָא קַדִּי־
שָׁא דְכָל קַדִּישִׁין טְמִירָא דְכָל טְמִירִין
סְתִימָא דְכוּלָא רְעוּתָא חִנָּא וְחִסְדָּא
וְרַחֲמֵי בִּנְהִירוּ עִלָּאָה בִּרְעוּתָא וְחֶדְוָא
עָלַי וְעַל כָּל בְּנֵי בֵיתִי וְעַל כָּל בְּנֵי יִשְׂ־
רָאֵל עַמֵּיהּ וְיִפְרְקִינָן מִכָּל עַקְתִין בִּי־
שִׁין דְיֵיתוּן לְעַלְמָא. וְיַזְמִין לָנָא וּלְכָל
נַפְשָׁתָנָא חִנָּא וְחִסְדָּא וְרַחֲמֵי וְחַיֵּי
אֲרִיכֵי וּמְזוֹנֵי רְוִיחֵי וְרַחֲמֵי מִן קֳדָמֵיהּ
אָמֵן כֵּן יְהִי רָצוֹן אָמֵן וְאָמֵן:

Sea la voluntad ante [el nivel de revelación Divina al cual nos referimos como] *Atika Kadisha,* santo de los santos, oculto entre lo más oculto, más escondido de todos, de atraer hacia abajo y revelar Su Voluntad al extender rocío-luz celestial de Sí mismo y llenar la conciencia del [nivel de revelación Divina asociado con la justicia real denominado] *Zeír Anpín* y dirigirlo al [nivel de revelación Divina al que nos referimos como] el *Jakal Tapujin Kadishin* (la Shejiná, la Madre de las almas de Israel); sea Su voluntad de extender la Luz de Su semblante con buen deseo y alegría para todos.

203. *Véase* el capítulo diez para la explicación de los niveles de revelación Divina.

Y que provenga de *Atika Kadisha* –el más santo de todo lo santo, más oculto de todos– buen deseo y compasión, gracia, amor y bondad con Luz Celestial, deseo y alegría hacia mí, hacia todos los miembros de mi hogar, y hacia todos los Hijos de Israel Su pueblo, y que nos salve de todas las malas ocurrencias y desgracias que afectan al mundo. Sea Su voluntad de concedernos gracia, amor y bondad, vida larga y amplio sustento con compasión ante Él. Amen, ésa sea Su voluntad.

Oración de *Rabenu Yoná*

Aprendemos del *Sefer Jemdat Yamim* que los viernes, después de leer la *perashá*-sección de la Torá semanal –cada versículo dos veces en hebreo y una vez en arameo– hemos de meditar unos momentos, examinando lo que hemos hecho durante la semana que acaba de transcurrir con un ojo crítico, con la intención de hacer *teshuvá* por todo lo que no sea digno.[204] Todos sabemos que no es fácil sentir pesar, pero en este momento tenemos la ayuda de Arriba, ya que después de que terminemos de leer cada versículo de la *perashá* dos veces en hebreo y una en arameo, el lado de impureza se ha separado de la santidad como consecuencia de nuestra lectura. Por lo tanto, ésta es nuestra oportunidad de conectarnos con la inspiración para sentir arrepentimiento y limpiarnos de transgresiones, para poder merecer,[205] *contemplar la dulzura de Hashem y residir en Su Santuario.*

---

204. La enseñanza que sigue está adaptada de la obra *Jemdat Yamim, Shabat Kodesh, perek gimel.*
205. Salmos 27, 4; mi traducción se basa en la de Avraham Sutton.

Después de esta meditación podemos decir esta oración, añadiéndola después de nuestra confesión detallada de todos los errores cometidos durante la semana pasada. La oración fue escrita por Rabenu Yoná de Gerona y está incluida en la obra *Ohr haShabat* preparada por la *yeshivá* kabalística Nahar Shalom.[206] La oración viene de la obra *Sefer Yesod HaTeshuvá le Rabenu Yoná meGerona.* Como lo sugiere el Talmud, algunos leen esta oración antes de comer con la intención de que la comida en la que van a participar pueda expiar cualquier transgresión cometida inadvertidamente.

---

206. He puntuado la oración como ha indicado en *Ohr haShabat* de la *yeshivá* Nahar Shalom.

אָנָּא ה' חָטָאתִי עָוִיתִי פָּשַׁעְתִּי **כָּזֹאת וְכָזֹאת** עָשִׂיתִי מִיּוֹם הֱיוֹתִי עַל הָאֲדָמָה עַד הַיּוֹם הַזֶּה. וְעַתָּה נְשָׂאַנִי לִבִּי וְנָדְבָה אוֹתִי רוּחִי לָשׁוּב אֵלֶיךָ בֶּאֱמֶת וּבְלֵב טוֹב וְשָׁלֵם בְּכָל לִבִּי וְנַפְשִׁי וּמְאוֹדִי ,וְלִהְיוֹת מוֹדֶה וְעוֹזֵב, לְהַשְׁלִיךְ מֵעָלַי כֹּל פְּשָׁעַי וְלַעֲשׂוֹת לִי לֵב חָדָשׁ וְרוּחַ חֲדָשָׁה, וְלִהְיוֹת זָרִיז וְזָהִיר בְּיִרְאָתֶךָ. וְאַתָּה ה' אֱלֹהַ"י, הַפּוֹתֵחַ יָד בִּתְשׁוּבָה וּמְסַיֵּיעַ לַבָּאִים לִטָּהֵר, פְּתַח יָדְךָ וְקַבְּלֵנִי בִּתְשׁוּבָה שְׁלֵימָה לְפָנֶיךָ, וְסַיְּיעֵנִי לְהִתְחַזֵּק בְּיִרְאָתֶךָ, וְעָזְרֵנִי נֶגֶד הַשָּׂטָן הַנִּלְחָם בִּי בְּתַחְבּוּלוֹת וּמְבַקֵּשׁ נַפְשִׁי לַהֲמִיתֵנִי לְבִלְתִּי יִמְשׁוֹל בִּי. וְהַרְחִיקֵהוּ מִמָּאתַיִם וְאַרְבָּעִים וּשְׁמוֹנָה אֵבָרִים שֶׁבִּי, וְתַשְׁלִיכֵהוּ בִּמְצוּלוֹת יָם, וְתִגְעַר בּוֹ לְבִלְתִּי יַעֲמוֹד עַל יְמִינִי לְשִׂטְנִי. וְעָשִׂיתָ אֶת אֲשֶׁר אֵלֵךְ בְּחֻקֶּךָ, וַהֲסִירוֹתָ לֵב הָאֶבֶן מִקִּרְבִּי, וְנָתַתָּ לִי לֵב בָּשָׂר.

Por favor, Hashem, He pecado;[207] he actuado con perversión; he transgredido ante Ti y he hecho **esto y lo otro**,[208] desde que vine al mundo hasta hoy. Y ahora mi corazón me inspira y mi espíritu me mueve a regresar a Ti, con buen corazón y con el corazón lleno, con todo mi corazón, mi alma y todos mis medios, a admitir, abandonar y enviar lejos de mí toda transgresión, y crear para mí un corazón y espíritu nuevos, a ser cauteloso y celoso en mi temor reverencial ante Ti, y Tú, Hashem, mi D-s, quien abres la Mano a los arrepentidos, y ayudas a los que viene a ser purificados, abre la Mano y acepta mi arrepentimiento total ante Ti, y ayúdame contra el Satán que está combatiendo contra mí con engaño y que quiere coger mi alma y matarme, impidiéndole de superarme, y aléjale de mis doscientas cuarenta y ocho partes de cuerpo [la mujer debe decir doscientas cincuenta y dos, en hebreo *mataim jamishim veshtaim]* y échale a las profundas hendiduras

207. La palabra hebrea *jet* (*jatati*) alude a las transgresiones que afectan el alma nefesh; *avón* (*aviti*) alude a las transgresiones que afectan el espíritu-rúaj; *pashá* (*pasha'ti*) alude a las transgresiones que afectan el alma excelsa neshamá ya que fueron consecuencia de la rebeldía a la Voluntad Divina.

208. Las palabras hebreas *cazot vecazot* aluden al proceso spiritual causado por la trasgresión y han de leerse así como aparecen en el texto hebreo.

del mar, y elimínale para que ya no esté a mi lado derecho para poder acusarme, y haz que me comporte según los dictados de Tu ley, y por favor saca el corazón de piedra de mi interior y dame un corazón de carne.

Te suplico, Hashem mi D-s, escucha la plegaria de Tu siervo y su súplica, y acepta mi arrepentimiento. No permitas que ninguna transgresión bloquee mi oración ni mi arrepentimiento. Haz que haya ángeles que hablen en mi nombre para traer mi oración ante Ti, y si mi pecado es tan grave que no tengo ángel defensor, hazme Tú un túnel bajo tu Trono de Gloria y acepta mi arrepentimiento, para que no regrese con las manos vacías, porque Tú eres El que escuchas la plegaria.

אָנָּא ה׳ אֱלֹהַ"י שְׁמַע אֶל תְּפִלַּת עַבְדְּךָ וְאֶל תַּחֲנוּנָיו, וְקַבֵּל תְּשׁוּבָתִי, וְאַל יְעַכֵּב שׁוּם חָטא וְעָוֹן אֶת תְּפִלָּתִי וּתְשׁוּבָתִי. וְיִהְיוּ לִפְנֵי כִּסֵּא כְּבוֹדֶךָ מְלִיצֵי יוֹשֶׁר לְהַמְלִיץ בַּעֲדִי לְהִכָּנֵס לְפָנֶיךָ. וְאִם בְּחֶטְאִי הָרַב וְעָצוּם אֵין לִי מְלִיץ יוֹשֵׁר, חֲתוֹר לִי אַתָּה מִתַּחַת כִּסֵּא כְּבוֹדֶךָ וְקַבֵּל תְּשׁוּבָתִי וְלֹא אָשׁוּב רֵיקָם מִלְּפָנֶיךָ, כִּי אַתָּה שׁוֹמֵעַ תְּפִלָּה:

Después de esta plegaria, el *Jemdat Yamim* sugiere que leamos los salmos 92 y 93 para recibir la primera afluencia del alma adicional del Shabat.

Niveles del alma adicional

- Para recibir la afluencia del alma adicional del Shabat en todos los momentos en que baja para nosotros hemos de tener la intención mental de recibirla.
- Recibimos el primer nivel del alma adicional del Shabat la quinta hora del viernes por la mañana; para este nivel, así como para el siguiente es útil poner un despertador para recordárnoslo.
- Recibimos otro nivel a *jatzot*-mediodía según el calendario judío. Puede consultarse con en Internet *Hebrew Calendar* o bien *Myzmanim*.com para verificar las horas de los acontecimientos judíos.
- Recibimos otros niveles al decir *vaijulú:* antes de la Amidá de la noche del Shabat (viernes por la noche), durante la Amidá, y durante el *kidush.*
- Recibimos el nivel de *nefesh* asociado con la noche al decir *boi calá*-ven, oh, novia, al final de *Lejá Dodí* durante *Kabalat Shabat.*
- Recibimos el *rúaj* adicional cuando los congregantes en la sinagoga dicen *barejú.* La mujer que dice Arvit de Shabat en casa puede decir una declaración alternativa para recibir este nivel de alma.[209]
- Otra alternativa es decir la oración *Kegavna* como aparece en el *Sidur de ArtScroll completo.*
- Recibimos el nivel de *neshamá* asociado con la noche al decir «extiende sobre nosotros Tu palio de la paz» וּפְרוֹשׂ עָלֵינוּ סֻכַּת שְׁלוֹמֶךָ justo antes de decir la Amidá, en *Hashkivenu.*
- El Shabat por la mañana recibimos los niveles más elevados del alma adicional de *nefesh* al decir *nishmat col jai,* y cuando los congregantes están diciendo *barejú.*

209. *Véase* el final del capítulo tres, «El tren celestial».

- Recibimos el nivel de *rúaj* al decir las palabras *Hashem sefatái tiftaj*-Hashem, abre mis labios, al comenzar la Amidá de la mañana.
- Recibimos el nivel de *neshamá* en la *kedushá* de *Musaf*, la Amidá adicional, cuando el que dirige la oración está diciendo *ayeh mekom kevodó*-¿dónde está el lugar de Su gloria?
- Recibimos otro nivel del alma adicional durante la segunda *seudá* del Shabat pero el Arí z"l no dejó indicado en qué preciso momento.
- Recibimos otro aspecto del alma adicional hacia el final de la Amidá silenciosa de Minjá el Shabat por la tarde, antes de la repetición de la Amidá.
- Recibimos el último aspecto del alma adicional al decir *tzidkateja* después de la Amidá del Shabat por la tarde.

Índice

La luz de Efraim, de un modo asombrosamente sencillo y didáctico, aborda los temas más actuales y complejos: el dificultoso desarrollo personal y las delicadas relaciones humanas entre hombres y mujeres.

El protagonista es un cabalista que transmite sus enseñanzas a una pareja joven, ayudándola y guiándola a encontrar la espiritualidad auténtica que ésta tanto desea y ansía. Sin embargo, el tema subyacente de *La luz de Efraim* es la conciencia mesiánica que se vincula con la figura del Yosef bíblico y la difícil prueba a la que es expuesto en su vida personal: conciencia que está descendiendo al mundo de un modo oculto, de manera aparentemente natural, mas reflejando el propósito Divino de encender los corazones hacia la dimensión espiritual indispensable para preparar la Redención.